Torsten Schwarz

PERMISSION
macht Kunden süchtig
MARKETING

Torsten Schwarz

PERMISSION
macht Kunden süchtig
MARKETING

2. Auflage

MAX SCHIMMEL
VERLAG

PARTNER FÜR ERFOLGE

Aktuelle Praxis-Beispiele:
www.torstenschwarz.de

MAX SCHIMMEL VERLAG
PARTNER FÜR ERFOLGE

ISBN 3-920834-88-7
2. Auflage 2001

Im Kreuz 9, 97076 Würzburg

Herstellung: Triltsch, Print und digitale Medien GmbH, Ochsenfurt

einleitung

Vorworte, Stimmen, Meinungen rund um das Thema „Permission Marketing"

Permission Marketing ist eine auf dem Einverständnis des Empfängers basierende Direktmarketingstrategie. Mit interaktiven Kommunikationstechnologien - vorwiegend eMail - werden Nachrichten versandt, die ausdrücklich erwünscht sind. Die Erlaubnis dazu kann vom Empfänger jederzeit widerrufen werden. Ziel des Permission Marketing ist es, eine nachhaltige Beziehung aufzubauen, indem im Einverständnis mit dem Empfänger Wissen über diesen gesammelt wird, um damit Angebote zu personalisieren.

Das wertvollste Gut ...

Das wertvollste Gut, das ein Unternehmen besitzt, sind seine Kunden. Vertrauensvolle Kundenbeziehungen lassen sich nicht auf die Schnelle herstellen, sondern sind gewachsen. Kunden werden jedoch immer anspruchsvoller und die Bereitschaft, den Anbieter zu wechseln, wächst mit zunehmendem Wettbewerbsdruck und attraktiven Konkurrenz-Angeboten.

Umso wichtiger wird heute eine überzeugende Strategie, um bestehende Kunden zu halten, anstatt sie zum Mitbewerber wechseln zu lassen. Einen Stammkunden zu binden ist um ein Vielfaches kostengünstiger, als einen Neukunden zu gewinnen. Dieses Buch soll Ihnen die neuartigen und preiswerten Instrumente aufzeigen, die das Internet bietet, um wirkungsvoll die Kundenbindung zu erhöhen.

Jeden Tag quellen die Briefkästen über, weil immer mehr Unternehmen beginnen, Kunden und Interessenten per Direktmailing anzusprechen. Immer öfter landen die Briefe ungeöffnet im Papierkorb. Immer schwieriger wird es, die Aufmerksamkeit von Kunden zu gewinnen, weil diese permanent mit Werbebotschaften überschüttet werden. Keinen Ort gibt es mehr, an dem man nicht mit Werbung konfrontiert wird.

Immer mehr muss investiert werden, um im Wettbewerb um eine begrenzte Ressource bestehen zu können: Die Aufmerksamkeit des Kunden! Je mehr Anbieter darum buhlen, desto teurer wird der Preis und desto wirkungsloser werden gleichzeitig einzelne Aktionen, weil sie in der Springflut der übrigen Werbe-Maßnahmen einfach untergehen.

In dieser Situation taucht nun das neue Medium „Internet" auf und schon suchen Direktmarketers allenthalben nach Anbietern von eMail-Adressen, da sich herumgesprochen hat, dass dieses Medium mit nur 0,05 Pfennig pro elektronischem Brief so günstig ist. Dazu kommt der Trend, dass sich ein ständig wachsender Anteil der Kommunikation auf das Internet und auf eMail verlagert. Je mehr eMails jedoch versandt werden, desto weniger werden sie beachtet. Darüber hinaus darf in Deutschland gar keine unaufgeforderte Werbung per eMail verschickt werden.

Aber wie schaffen es Unternehmen in dieser Lage trotzdem noch, eMail zu ihrem effektivsten Direktmarketing-Instrument zu machen? Sie holen sich von ihren Kunden die Erlaubnis ein, eMails zu senden! Diese Erlaubnis kann wenn die Firma zum Beispiel nur plumpe Werbung schickt auch jederzeit bequem widerrufen werden.

Die erwünschten eMails erreichen Response-Raten, bei denen jedem Marketer förmlich die Luft wegbleibt: bis zu 30% und in Einzelfällen auch bis zu 90%, wo normalerweise vielleicht gerade einmal jeder hundertste Kunde reagiert. Wie das funktioniert, beschreibt dieses Buch unter dem von Seth Godin geprägten Begriff „Permission Marketing". Es sind eMails mit süchtig machenden Botschaften, die laut Godin drei Bedingungen erfüllen: sie müssen erwünscht, persönlich und relevant sein. Erfahren Sie alles über die Geheimnisse solcher Botschaften und wie Sie selbst solche Botschaften entwerfen!

War es bisher den Marketing-Abteilungen großer Unternehmen vorbehalten, mit ausgeklügelten Methoden individuelle Kontaktmanagement-Programme zu entwickeln, so steht diese Möglichkeit nun auch allen kleineren Firmen zur Verfügung. Nicht mehr die Großen, sondern die Schnellen und Flexiblen sind die Gewinner der digitalen Revolution. War es bisher allein aufgrund des Aufwandes und der Portokosten für einen Optiker oder ein Reisebüro nicht rentabel, einen Rundbrief an alle seine Kunden zu versenden, so wird es jetzt möglich, diesen nicht nur fast zum Nulltarif zu verschicken, sondern sogar auf die individuellen Bedürfnisse einzelner Kundengruppen abzustimmen.

Auf der anderen Seite nutzen auch immer mehr Kunden die bequeme Möglichkeit, sich via eMail persönlich relevante Informationen zukommen zu lassen, denn die Kontrolle darüber, wer wann was zusendet, liegt voll beim Kunden. Damit wächst natürlich die Macht von Kunden, eine mühsam geknüpfte Beziehung auch wieder zu lösen. Umgekehrt wächst der Druck auf Unternehmen, Kundenorientierung durch Kommunikation auch wirklich mit Leben zu erfüllen. Welche neuen Chancen sich ergeben, Kunden individueller anzusprechen, Trends früher zu erkennen, Kundenzufriedenheit und -bindung zu steigern, lesen Sie in diesem Buch.

Im ersten Kapitel erfahren Sie, wie weit die Abkehr vom Massen-Marketing schon ist und wie sich Kunden derzeit schon wehren, um nicht gegen ihren Willen von Werbung belästigt zu werden.

Das zweite Kapitel beschreibt, welche Vorteile Ihnen Permission Marketing bringt. Echte Kundenbindung entsteht nicht alleine durch Geschenke und regelmäßige Anschreiben. In einer funktionierenden Beziehung kennen die Partner die Wünsche und Vorlieben des Anderen. In Zukunft entscheidet nicht mehr der Besitz von Maschinen und Patenten über den Wert eines Unternehmens, sondern die Qualität seiner Kundenkontakte.

Im dritten Kapitel lernen Sie, wie Sie den ersten Schritt des Permission Marketing konkret umsetzen und Interessenten zum Dialog anreizen. Sie erfahren, wie Sie am Anfang einer Beziehung zunächst einmal die Aufmerksamkeit auf sich lenken.

Im vierten Kapitel lesen Sie, wie Sie den Erstkontakt so gestalten, dass es der Kunde ist, der Sie gerne kennenlernen will. Was hilft eine Adresse, wenn jemand keinen Folgekontakt wünscht? Sie erfahren, welche Wege sich in der Praxis bewährt haben, um Adressen von Interessenten zu erhalten, die sich auf den ersten Brief von Ihnen freuen werden.

Das fünfte Kapitel erläutert, wie Sie bestehende Kundenbeziehungen durch regelmäßige Botschaften pflegen, die freudig erwartet werden. Sie lernen, worauf Sie bei der Gestaltung von eMails achten müssen, damit die Mails gelesen werden.

Im sechsten Kapitel lernen Sie, wie Sie die versteckten Wünsche Ihrer Kunden kennenlernen. Anhand zahlreicher praktischer Beispiele wird gezeigt, wie Sie responsestarke Mailings entwerfen und die Beliebtheit Ihrer Inhalte auch präzise messen können.
Im siebten Kapitel wird verraten, wie Sie Ihr Kundenwissen einsetzen, um Ihre Kunden süchtig zu machen! Sie lernen, was Ihre Kunden inter-

essiert und senden nur noch Botschaften, die erwünscht, relevant und persönlich sind.

Das achte Kapitel enthält die wichtigsten Informationen, um Botschaften zu entwerfen, die Ihre Kunden zum Kauf bewegen. Sie setzen Ihr gesammeltes Kundenwissen ein, um gezielt dem richtigen Kunden im richtigen Moment das richtige Angebot zu machen.

Torsten Schwarz
Waghäusel im September 2000

Vorwort zur zweiten Auflage

Durch die überwältigende Nachfrage war dieses Buch schon nach wenigen Monaten vergriffen und eine Neuauflage fällig.
Immer mehr setzt sich die Ansicht durch, dass eCommerce nur durch eMarketing erfolgreich wird. Marketingleiter verraten mir hinter vorgehaltener Hand, dass ihr eMail-Newsletter das eigentliche Profit-Center ihres Online-Shops ist. Ein Großteil der Online-Umsätze wird heute via eMail generiert.

Besonders freuen mich natürlich auch die Zuschriften aus kleinen Unternehmen, für die regelmäßige Mailings an Kunden bisher aus Kostengründen nicht in Frage kamen. Einige berichteten mir begeistert, wie Sie nun mit preiswerten „eMailings" die Kundenbindung verbessert haben.

Viele Leser haben mir bestätigt, dass die beschriebene strategische Vorgehensweise praxisnah und konkret umsetzbar ist. Daher habe ich Ihnen bei der Überarbeitung des Buches noch einige Checklisten an die Hand gegeben, die sich in der Seminarpraxis gut bewährt haben, um erfolgreich via eMail die Kundenorientierung zu verbessern.

Torsten Schwarz
Waghäusel im März 2001

Vorwort

Im Zentrum der Arbeit von Marketingabteilungen steht mehr und mehr die Beschäftigung mit zwei knappen Gütern: Kundentreue und Aufmerksamkeit. Vorbei sind die Zeiten, in denen die hohe Qualität eines Produktes dem Unternehmen automatisch treue Kunden bescherte.

Ebenfalls vorbei ist die Zeit, in der eine Werbekampagne automatisch zumindest mit einiger Wahrscheinlichkeit die Aufmerksamkeit potenzieller Kunden erregen konnte. Stattdessen haben wir es mit ausgesprochen sprunghaften Konsumenten zu tun, die vor der wachsenden Werbeflut zunehmend in Deckung gehen, indem sie diese schlicht ignorieren oder sich sogar dagegen wehren - etwa durch „Bitte keine Werbung"-Aufkleber auf immer mehr Briefkästen.

Mit dem Internet schien die Lösung beider Knappheitsprobleme möglich, es bietet im Prinzip einzigartige Werbemöglichkeiten. Kunden können individuell angesprochen werden, somit können Streuverluste von Werbemaßnahmen denkbar gering gehalten sowie eine hohe Kundenbindung erreicht werden.

Das so genannte „One-to-One-Marketing", also die personalisierte direkte Ansprache des Kunden, ist der Traum jedes Werbetreibenden und wird durch das Internet möglich gemacht - aber eben nur im Prinzip. Tatsächlich nutzen viele der bisher eingesetzten Werbemittel im Internet das Potenzial des neuen Mediums nur unzureichend und erreichen das Gegenteil dessen, was mit ihnen beabsichtigt war. Die herkömmliche Bannerwerbung erringt lange nicht die erhoffte Aufmerksamkeit, im Gegenteil - die kleinen virtuellen Werbeanzeigen werden von den Besuchern von Internetseiten zunehmend als störend empfunden.

Auch so genannte „Pop-Ups", also Fenster, die sich auf dem Bildschirm automatisch öffnen und eine Werbebotschaft vermitteln sollen, treffen bei vielen Internet-Nutzern auf Ablehnung. Besonderes Missfallen erregen die unaufgefordert zugestellten eMail-Werbebotschaften, so genannte „Spams". Rund 35 000 Internetnutzer haben jetzt sogar eine Petition an das Europäische Parlament unterzeichnet, in der gesetzliche Maßnahmen gegen Spams gefordert werden.

Wer solche unaufgeforderten eMails verschickt, sollte sich also nicht darüber wundern, statt treuer Kunden Feinde fürs Leben gewonnen zu haben. Die anspruchsvolle Aufgabe besteht dabei darin, einen potenziellen Kunden zielgerichtet mit Werbung im Internet anzusprechen, ohne ihn durch Penetranz zu verprellen.

Am besten erreicht man dies, indem man ihn selbst entscheiden lässt, ob er mit Werbung versorgt werden möchte oder nicht. Derart unaufdringliche Werbeformen werden als „Permission Marketing" bezeichnet. Der Kunde erklärt dabei ausdrücklich seine Bereitschaft für den Empfang weiterer Werbebotschaften, der „Bitte keine Werbung"-Aufkleber auf dem elektronischen Briefkasten gilt also für das betreffende Unternehmen nicht. Jetzt muss es den Marketing-Abteilungen nur noch gelingen, diese Erlaubnis auch zu bekommen.

Das vorliegende Buch zeigt hierzu Wege auf und gibt einen praxisnahen Überblick über das junge Thema „Permission Marketing" sowie die Umsetzung der notwendigen Maßnahmen. Es zeigt, wie man durch Aufbau und Pflege von Kundenbeziehungen vom „Massen-Marketer" zum „One-to-one-Manager" werden und so das kostbarste weil knappste Gut gewinnen kann, das ein Unternehmen hat - treue Kunden.

Ralf Nöcker, Wirtschaftsredaktion,
Frankfurter Allgemeine Zeitung

Meinungen und Stimmen zum Thema „Permission Marketing"

Schenken Sie Ihren Kunden das kostbarste Gut unserer Zeit: Zeit. Dialogstrategien, die bis vor wenigen Jahren noch als clever galten - z.B. dem frankophilen Werbeleiter eine Auswahl edler Bordeaux Weine anzubieten, fällt heute unter die Kategorie „nervend". Mehr noch, das Wein-Versandhaus hat seinem vermeintlichen Neukunden mangels Interesse Zeit gestohlen und das ist heutzutage ein Kapitalfehler.

Wir leben in einer Welt, in der wir täglich beinahe 24 Stunden einem Feuerwerk an Informationen ausgesetzt sind. TV, Zeitungen, Handy und Internet stellen uns in den Mittelpunkt eines multimedialen Trommelfeuers, das letztlich zum Zusammenbruch der Aufnahmefähigkeit führt. Es fehlt einfach die Zeit, um neue Reize aufzunehmen und zu verarbeiten.

Die Welt dreht sich immer schneller, Produktzyklen verkürzen sich rapide, Unternehmen entstehen quasi aus dem Nichts und verschwinden genauso schnell. Wir arbeiten mehr, schlafen weniger und konsumieren im Zeitraffer. Wie schön wäre es doch, wenn es in dieser hektischen Welt jemanden gäbe, der Zeit verschenkt.

Wie dankbar wären wir, wenn Produkte und Informationen genau dann bei uns einträfen, wenn wir sie brauchen. Ja, es wäre einfach fantastisch, wenn wir von Überflüssigem befreit würden und nur das erhielten, was uns wirklich interessiert. Aber wie soll das Weinversandhaus wissen, dass der Werbeleiter zwar Frankreich liebt, aber von schweren Rotweinen Kopfschmerzen bekommt. „Hätten sie ihn doch nur vorher gefragt" werden Sie sagen. Richtig! Denn dann hätte man ihm statt der Rotweine ein höchst willkommenes Angebot von leichten Weißweinen unterbreiten können. Er hätte Zeit gespart und dem richtigen Produkt seine volle Aufmerksamkeit schenken können. So einfach ist das!

Permission-Marketing bietet genau diesen Effekt. Die neue Währung im Kampf um den Kunden heißt nicht nur Geld gegen Ware, sondern auch Aufmerksamkeit gegen persönlichen Service, oder Auskunft gegen passgenaue Information.

Lernen Sie, wie Sie Vertrauen bei Ihren Kunden aufbauen, wenn Sie Ihnen dafür Orientierung geben und Zeit ersparen. In diesem Sinne: „Nehmen Sie sich die Zeit, mehr über Permission-Marketing zu erfahren und im harten Kampf um den Kunden erfolgreicher abzuschneiden.

Monika Beumers, Geschäftsführerin b.a.s. dialog GmbH, München

Die Aufmerksamkeit des Menschen ist ein zu kostbares Gut, um sie dem althergebrachten Penetrations-Marketing preiszugeben. Permission Marketing eröffnet den Zugang zu individuellen und vertrauensvollen Beziehungen mit selbstbestimmt handelnden Nutzern. Permission Marketing ist die einzig richtige Antwort auf die neuen Herausforderungen der Aufmerksamkeitsökonomie.

Dr. Christian Bachem, .companion : New Economy Consulting

Permission Marketing bringt es auf den Punkt: Das alte Marketing-Denken: „Wie komme ich zum Kunden?" funktioniert immer weniger, weil Menschen sich nicht länger bedrängen lassen. Das neue Marketing heißt Sog-Marketing. Wer im Marketing auf die Überholspur will, fragt sich: Wie kommt der Kunde zu mir? Wie positioniere ich mich als Experte? Wie werde ich in meiner Zielgruppe bekannt für den überragenden Nutzen, den ich biete? Hier bietet Permission Marketing eine Fundgrube an Ideen und Werkzeugen, die Zukunft des One-to-One-Marketing schon heute beginnen zu lassen. Studieren und nutzen Sie Permission Marketing, bevor Ihre Wettbewerber es tun!

Alexander Christiani, Motivationstrainer,
Vorstand der Christiani Unternehmer AG

Es geht bei Permission Marketing nicht um Spionage, nicht um Big Brother oder um den gläsernen Verbraucher, sondern um Service- und damit um Lebensqualität. Ein Unternehmer, der die persönlichen Daten seiner Kun-

den missbraucht oder unerlaubt an Dritte weitergibt, begeht wirtschaftlichen Selbstmord, denn er handelt gegen das Interesse seines Kunden. Wenn dieser das bemerkt, ist er längste Zeit Kunde des Unternehmens gewesen.

Das natürliche Misstrauen gegen das Sammeln von persönlichen Daten lässt sich nur abbauen, wenn ein Anbieter solche Informationen niemals zum Nachteil des Kunden einsetzt, sondern stets zum Vorteil, etwa in Form von verbessertem Kundendienst oder gezielten Empfehlungen, die der Kunde als nützlich und erfreulich empfindet. Auswüchse und Fehlverhalten werden künftig nicht per Gesetz, sondern mit den Mitteln der Marktwirtschaft bestraft werden. Die Kraft des Wettbewerbs wird sich als der beste Datenschutz erweisen.

Tim Cole, Publizist, Internet-Spezialist

Der Jäger wird zum Gejagten... ist eine logische Konsequenz aus der Demokratie der Medien, die uns durch die neue Medientechnologie geschenkt wird, und damit ist nicht nur das Internet gemeint. Während bislang die Unternehmen versuchen, mit ihrer Kommunikation die richtige Zielgruppe zu finden und ungefragt zu „treffen", hat heute der Konsument die Freiheit der Wahl, mit wem und über was er kommunizieren möchte. Ein neues demokratisches Selbstverständnis.

Dr. Heinz Dallmer, Direct-Mailing Spezialist,
Geschäftsführer AZ Bertelsmann GmbH

Wenn Marketing über die Direktansprache per eMail / Internet erfolgreich sein soll, dann muss die Integrität des Nutzers gewahrt werden! Zwar sind auch plumpe Spams mitunter als „erfolgreiches" Marketing zu bewerten, dies ist stark abhängig von der Produktgruppe. Ein seriöses Direktmarketing ist das nicht und bringt für die gesamte Branche und den Erfolg des Direktmarketings langfristig erhebliche Nachteile. Der Nutzer / Konsument im Netz hat grundsätzlich nichts gegen Informationen/Werbung, sofern sie seinen Bedürfnissen entsprechen, d.h. wenn er sich sein Informationspaket selber zusammenstellt, in diesem Akt ist seine Zustimmung implizit enthalten. Ein Nutzer der willentlich Informationen / Werbung bestellt, bekommt was er will und wird somit auch auf Dauer ein zufriedener, loyaler Kunde.

Alexander Felsenberg, Vizepräsident und Geschäftsführer des Deutschen Multimedia Verbands

Das Internet wird Direktmarketing revolutionieren. Der Endkunde wird vom passiven Konsumenten zum aktiven Gestalter. Die Vision ist simpel: Künftig entscheidet der Endkunde, zu welchen Themen, wie lange, wie oft und auf welchem Ausgabekanal er Werbung und Produktinformationen bekommen will. Der Schlüssel zum Endkunden ist dabei die eMail-Adresse. Wer sie besitzt oder nutzen kann, wird Permission Marketing für sich erfolgreich einsetzen können.

Uwe Frigge, Geschäftsführer eVITA und ePost, Deutsche Post eBusiness

„Permission Marketing zeigt eine interessante Variante des clienting. Der Kunde entscheidet was er will. Nicht der Anbieter. Der Kunden und damit der Mensch steht im Mittelpunkt und seine Rechte gehen vor. Diese Buch leistet einen lesenswerten Beitrag zur Verbesserung der Kundenbeziehungen."

Edgar K. Geffroy, Geffroy Informationsagentur GmbH

Genauso, wie früher die ersten Autos wie Kutschen aussahen, sehen heute die meisten Webseiten wie Printkataloge aus, statisch und streng nach dem Gießkannenprinzip. Personalisierung und Permission Marketing bedeuten einen Quantensprung. Allmählich beginnen wir das Potenzial der digitalen Medien zu verstehen und auszunutzen. Personalisierung wird dabei nicht auf das Internet beschränkt sein, sondern insbesondere in mobilen Endgeräten, im Fahrzeug und zu Hause zur Verbesserung der Lebensqualität der Nutzer beitragen.

Tim Gotthardt, Audi AG

Wenn man heute ein Produkt am Markt „versauen" will, dann muss man es einfach nur in alter Manier auf allen Kanälen bewerben. Es gibt inzwischen einen „Penetranz-Faktor", bei dem der Konsument sehr allergisch reagiert. Wer viel wirbt, so wird immer deutlicher, hat es nötig. Wer ein gutes Produkt hat, kommuniziert - leise, diskret, ehrlich, mit offenem Visier - auf vielen Kanälen und ohne eingebauten Kaufzwang.

Matthias Horx, Trendforscher, Publizist und Essayist

Mit „Permission Marketing" hat Seth Godin einen griffigen Audruck geprägt, der auf den Punkt bringt, was erfolgreiche, kundenorientierte Markenkommunikation heute ausmacht: einen partnerschaftlichen, aber unaufdringlichen Dialog. Das Internet ist dafür das perfekte Werkzeug: per E-Mail, personalisierten Websites oder geschlossenen Online-Kundenclubs schaffen Unternehmen individuelle Markenerlebnisse, die zu langfristigen Kundenbeziehungen führen.

Prof. Peter Kabel, CEO, Kabel New Media AG

Egal, wie die Medien der Zukunft aussehen, in welcher Form z.B. Internet mit mobiler Telefonie und TV verschmilzt, der Kunde als Individuum wird mehr und mehr im Fokus stehen. Allerdings ist er in einer Gesellschaft der Informationsflut nur das bereit zu akzeptieren, was ihm als Orientierungshilfe dient. Seine Zustimmung zur Information, zur Werbung wird die Wirkung und Markenwahrnehmung maßgeblich bestimmen.

Permission Marketing wird, im Gegensatz zum Broadcasting der vergangenen Dekaden, den Unterschied zwischen positiver Wahrnehmung und Reaktanz von Marken und Werbung ausmachen. Nur wer die Zustimmung der Kunden genießt, hat die Chance, erfolgreiche Kundenbindung zu praktizieren.

Lars Kirschke, Managing Director, 24/7 Media Deutschland GmbH

Alle Welt redet derzeit über Customer Relationship Management - CRM - oder Kundenbindung, wie es einst genannt wurde. Dabei hat sich der One-to-One-Dialog längst wieder weiterentwickelt, Permission Marketing ist jetzt das Zauberwort. Diese schnelle Entwicklung des Direktmarketings überrascht im Internet-Zeitalter keinen, ist doch Permission

Marketing primär eine elektronische Dialogform. Neu dabei ist dies: Zum ersten Mal gibt es ein Dialoginstrument, das hundertprozentig vom Kunden gesteuert werden kann. Gibt er keine Informationen preis, findet Permission Marketing nicht statt.

Permission Marketing ist daher für Direktmarketer Herausforderung und Chance zugleich. Die Herausforderung ist, Nutzer zu überzeugen, persönliche Daten anzugeben, um damit einen für beide Seiten sinnvollen Dialog aufnehmen zu können. Die Chance besteht darin, einen wirklichen One-to-One-Dialog zu initiieren, einen Dialog, in dem sich der Kunde als Partner des Absenders betrachtet, nicht als bloßer Empfänger von Werbebotschaften.

Mit Permission Marketing kann ein Kunde oder Interessent dort „abgeholt" werden, wo er sich gerade befindet: Er erhält die Botschaft zu dem Zeitpunkt, den er ausgewählt hat. Auch die Inhalte werden vom Empfänger bestimmt. So gesehen, ist Permission Marketing die Königsdisziplin des Direktmarketings. In einer Zeit der stetig zunehmenden Informationsflut wird Permission Marketing zunehmend über Erfolg oder Mißerfolg im Direktmarketing entscheiden.

Prof. Bernd Kracke, Präsident des Deutschen Direktmarketing-Verbands DDV

Permission Marketing stellt eine sinnvolle und notwendige Ergänzung des Customer Relationship Management (CRM) dar. CRM zielt auf die Herstellung und Aufrechterhaltung erfolgreicher Kundenbeziehungen; dies bedingt notwendigerweise den Aufbau eines Vertrauensverhältnisses zum Kunden. Der Kunde darf sich zu keinem Zeitpunkt manipuliert vorkommen, sondern muss das Gefühl haben, dass er gleichberechtigter Partner in der Beziehung Anbieter/Kunde ist. Damit muss ihm die Möglichkeit eingeräumt werden, jederzeit autonom Entscheidungen zu fällen, ob er Botschaften des Anbieters erhalten bzw. empfangen will, ob seine Daten in einer Kundendatei gespeichert werden usw.

Sofern der Anbieter es versteht, dabei dem Kunden einen Nutzen in Aussicht zu stellen, wird das Einverständnis des Kunden kein Problem darstellen. Ein solcher Nutzen kann z.B. darin bestehen, dass der Kunde durch bestimmte Botschaften einen Informationsvorsprung erhält, oder dass die Preisgabe bestimmter persönlicher Daten der Anpassung von Produkten an die kundenspezifischen Merkmale dient (Customization).

Insofern kann Permission Marketing auch als logische Konsequenz des grundsätzlichen Marketinggedankens gesehen werden: Marketing als Führung des Unternehmens vom Markt her bedingt eine konsequente Kundensicht; nicht der Anbieter, sondern der Kunde definiert, was Nutzen ist und welchen Aktionen des Anbieters er daher seine Zustimmung erteilt. (Quelle: Link, J./Tiedtke, D. (Hrsg.), Erfolgreiche Praxisbeispiele im Online Marketing, 2. Auflage, Heidelberg 2000, S. 5f.)

Prof. Dr. Jörg Link, Database- und Direktmarketing-Spezialist,
Universität Gesamthochschule Kassel

Verfolgen wir zwei Dinge, die in Deutschland, wenn nicht sogar weltweit, noch nicht abgehoben haben: E-Commerce und One-to-One-Marketing. Die Gründe für die Diskrepanz zwischen Vision und Realität sind vielschichtig. E-Commerce soll vor allem von der persönlichen, individuellen Zielgruppenansprache leben. Nun braucht One-to-One-Marketing als Basis nicht nur eine solide technische Grundlage in Form eines ausgereiften Data-Warehouse und eines dazwischen gelagerten Data-Mining, sondern lebt vor allem vom Einverständnis der Zielgruppe, Daten auch verwenden zu können.

Dieses kann nicht nur über ein einfaches, sogenanntes „opt-in"-Verfahren gehen. Dabei muss der Kunde pro-aktiv das Einverständniskästchen kennzeichnen. Der eigentliche Prozess fängt im sinnvollen Marketing-Ansatz an, dem Kunden plausibel zu machen, warum es auch in seinem Sinne ist, seine persönlichen Daten verwenden zu dürfen. Zielgruppenansprache, profiladäquate Bedienung, Ausfilterung von nicht-tangierenden Inhalten und jederzeit die Kontrolle über die Datenverwendung sind die Argumente, die dem Vertrauen des Kunden in den Anbieter Vorschub leisten. Denn eines ist sicher: E-Commerce lebt in erster Linie von Vertrauen!

Patrick Palombo, Vorstandsvorsitzender/CEO der WWL Internet AG,
Vizepräsident E-Commerce im Deutschen Direktmarketing Verband

Wer sich wie ein wahrer Freund gegenüber den Kunden verhält, wird viele neue Freunde gewinnen.

Gesine Reimerdes, Marketing Director, Amazon GmbH

Personalisierte Dienste werden im Internet und im Mobile Commerce zunehmend an Bedeutung gewinnen. Ein gut gemachtes Permission Marketing ist ein wichtiges Element hierbei, das vor allem die Akzeptanz von Werbung deutlich erhöhen kann. Es kann nur Seth Godin zugestimmt werden: „Turning Strangers into Friends, and Friends into Customers". Dies ist ein vielversprechendes Konzept, um Electronic Commerce noch weiter voranzubringen.

Prof. Dr. Bernd Skiera, Lehrstuhl für Electronic Commerce, Johann-Wolfgang-Goethe-Universität Frankfurt am Main

Für Dell sind Permission-Based eMails schon seit langem einer der wesentlichen Erfolgsfaktoren bei der direkten Kundenansprache. Der Erfolg von Direktmarketing-Kampagnen wird damit konkret messbar und die Inhalte unseres eMail-Newsletters lassen sich somit optimal auf die Wünsche unserer Kunden einstellen.

Mathias Schädel, Vice President and General Manager Central Europe, Dell Computer GmbH

In der New Economy zeigt sich, wie stark die Macht der Marke ist. Ob Botschaften ankommen oder nicht hängt vom guten Namen des Absenders und dieser wiederum von der Einhaltung der Grundregeln des Permission Marketing ab. Unerwünschte Massenmailings ruinieren den Ruf.

Harald A. Summa, Geschäftsführer ecoForum e.V., Verband der Deutschen Internet-Wirtschaft

Wir haben heute das Glück, die Geschichte aktiv mitgestalten zu können. Klassische Werbeträger wie Zeitungen, Fernsehen und Radio werden um eine Vielzahl neuer und spannender Medien ergänzt. Email, SMS, WEB-Seiten und WAP-Geräte bilden nur den Anfang einer Ära neuer Kommunikationsmöglichkeiten.

Jede Kommunikationsform bietet wiederum neue Möglichkeiten, mit jedem einzelnen Kunden - im Medium seiner Wahl - auf eine ganz individuelle Art in Kontakt zu treten. Die intelligente Vernetzung aller Bereiche des Lebens birgt ungeahnte Chancen zur Steigerung der Lebensqualität. Situative und räumliche Kontexte führen hierbei zu dynamischen Bedürfnisprofilen.

Das 21 Jahrhundert ist das Jahrhundert des elektronischen Marketings. Eine Botschaft mit Mehrwert wird nicht mehr als Belästigung empfunden, sondern als gerngesehener Tipp in allen Lebenslagen.

Mario Tiedemann, Geschäftsführer LLynch eMarketing GmbH

Jeden Kunden als eigenständigen Markt begreifen: Das Marketing-Umfeld im Internet ist in vielen Bereichen sowohl von einer Sättigung als auch von einer starken Internationalisierung der Mitbewerber geprägt. Ein immer schärfer werdender Verdrängungswettbewerb ist das Resultat. Hinzu kommen immer größer werdende Anforderungen seitens der Kunden. Diese zufrieden zu stellen und langfristige Bindungen zu knüpfen ist wichtiger denn je.

Der Strategieansatz des One-to-one-Marketings kann hier auch in bezug auf professionelles Permission Marketing gute Erfolge bringen. Dabei wird jeder Kunde als eigenständiges Marktsegment begriffen. Es geht nicht mehr in erster Linie darum, mehr Käufer für seine Produkte zu finden, sondern mehr Produkte für seine Käufer.

Das Ziel für jedes Unternehmen besteht darin, sich einen Stamm solventer Käufer aufzubauen und diesen durch hochindividualisierte Dienstleistungen und Produkte („One Customer at a Time") an das Unternehmen zu binden. Voraussetzung dafür ist die Pflege einer „permanent lernenden Beziehung" mit jedem einzelnen Kunden, um auf dessen sich ständig verändernde Bedürfnisse eingehen und die Produktangebote präzise auf ihn ausrichten zu können.

Dem World Wide Web, das auf Grund seiner Struktur individualisierte Kommunikationsformen ermöglicht, sollte dabei das Hauptaugenmerk gelten. Gerade im Finanzdienstleistungsbereich wird die technische Entwicklung in den nächsten Jahren zu einem weiteren Umbruch führen. Bereits im Jahr 2010 - so die Prognosen - wird das Internet der strategisch wichtigste Vertriebskanal für Bankdienstleistungen sein, gefolgt vom Telefon und dem traditionellen Filialnetz.

Volker Tietgens, Vorstandsvorsitzender der Concept! AG in Wiesbaden

Im Internet geht es nicht mehr darum, Werbebotschaften zu formulieren, sondern darum, möglichst exakt auf Kundenwünsche zu reagieren. Im Internet ist der Wunsch des Kunden also die unabdingbare Voraussetzung jedes Marketing-Ansatzes. Insofern ist „Permission Marketing" der einzig adäquate Weg zu einer kommerziell erfolgreichen Internet-Strategie.

Ossi Urchs, Autor, Filmemacher, Kommunikationsexperte, 3W4U - Netzagentur

Die Grenzen der Aufnahmemöglichkeit für herkömmliche Werbung scheinen bei immer mehr Menschen erreicht. Sie immunisieren sich bewusst durch Verweigerung oder unbewusst durch Abstumpfung. Eine Ursache liegt darin, dass konventionelle Werbung unterbricht: Der Fernsehspot stört mich bei meinem Film, der Radiospot beim Musikgenuss, die Werbung in der Zeitschrift zwingt mich zum lästigen Überblättern. Das Ergebnis: Herkömmliche Werbung verpufft immer mehr.

Wir haben das auf schmerzliche Weise bei der Auswertung unserer `99er Aktienkampagne festgestellt. Bei drei unserer Zielgruppen hatten wir erfreuliche Ergebnisse gemacht, aber die Entscheider der Wirtschaft hatten wir überhaupt nicht erreicht.

Diese Zielgruppe kann sich in ihrer Arbeit nicht unterbrechen lassen und will die wenige Zeit, die zur Erholung bleibt, intensiv nutzen. Sie liest nicht die Zeitungen und Magazine, in denen wir Anzeigen schalten, sondern holt sich Informationen aus den hochprofessionellen firmeneigenen Pressespiegeln. In der privaten Lektüre ziehen sie z.B. Special Interest-Magazine vor und Fernsehen sowie Radio nimmt diese Zielgruppe nur sehr gezielt zur Kenntnis, Werbung wird gefiltert. Deshalb entschieden wir uns dafür, uns von diesen potenziellen Kunden schrittweise die Erlaubnis zu holen, sie informieren zu dürfen.

Dazu eignet sich am besten das Internet. Dort hinterlegen wir auf unserer Website Kurzinformationen zu relevanten Themen und bieten an, die Information auf Anforderung durch Zusendung von Material zu vertiefen. Wir bieten eMail-Newsletter an, die aber nur auf Anforderung verschickt werden und jederzeit einfach wieder abbestellt werden können. Niemals benutzen wir die eMail-Adressen zu anderen (Werbe)-Zwekken. Und durch das Angebot des Service-Calls bieten wir an, zu vorher gestellten Fragen zurückzurufen. Damals wussten wir noch nicht, dass dies einmal Permission-Marketing genannt werden würde.

Thorsten Windus, Leiter Konzern-Kommunikation, Preussag AG

„Permission Marketing" trifft die Zukunft des Marketing auf den Punkt. Kundenorientierung heißt nicht nur, den Kunden mit für ihn interessanten Angeboten vertraut zu machen. Viel wichtiger wird es sein, dies nur dann und nur unter den Bedingungen zu tun, die von ihm akzeptiert werden können.

Prof. Dr. Axel Zerdick, Professor für Ökonomie und Massenkommunikation, Freie Universität Berlin, Mitautor von „Die Internet-Ökonomie - Strategien für die digitale Wirtschaft"

Inhalts-
verzeichnis

Was Sie in diesem Buch erwartet ...

Inhaltsverzeichnis

Das Ende des Massen-Marketing

PERMISSION MARKETING - KAPITEL 1 ...

1

Kapitel-Abstract für Schnell- und Diagonal-Leser

In diesem Kapitel erfahren Sie, wie weit die Abkehr vom Massen-Marketing schon ist und wie sich Kunden derzeit schon wehren, um nicht gegen ihren Willen von Werbung belästigt zu werden. Unternehmen investieren heute viel Geld in die Neukunden-Gewinnung, jedoch wechseln die teuer gewonnenen Kunden immer häufiger und spontaner zu anderen Anbietern. Das Internet bietet vielfältige Möglichkeiten, jederzeit das günstigste Angebot zu finden.

Massen-Marketing durch unpersönliche Werbung wird zum Bumerang.

Ich wache auf mit Radiowerbung für ein Auto, das ich derzeit nicht brauche. Beim anschließenden Joggen bemerke ich mehrere Werbeplakatwände, Autos mit Werbeaufklebern und auch einen Heuwagen, der einsam auf einem Feld steht und mir frischen Spargel schmackhaft machen will, obwohl doch das Mittagessen schon längst feststeht.

Beim Frühstück geht die akustische Umweltverschmutzung mit Werbebotschaften weiter. Später, beim Öffnen meines eMail-Programms purzeln mir erst einmal unzählige unerwünschte Botschaften von Absendern entgegen, die ich nicht kenne und deren Produkt-Angebote mich nicht interessieren.

Ja, und abends zwischen acht und neun Uhr beginnt wohl die beste Zeit für Telefon-Marketer: Deshalb wohl rufen mich noch ein Franchise-Unternehmer, der mich reich machen möchte und ein Direkt-Marketer an, der garantiert interessante Adressen verkaufen will ...

Täglich werden Menschen mit mehreren Tausend Werbebotschaften konfrontiert, ohne dass sie jemals gefragt werden, ob Sie das wollen. Täglich prasseln Werbebotschaften nach dem Gießkannen-Prinzip gleichmäßig auf alle hernieder, ohne dass jemand fragt, ob die beworbenen Produkte überhaupt jemals gekauft würden. Werbeabteilungen geben Unsummen aus, damit ich mir die Werbung für eine Zigarettenmarke ansehe, obwohl ich seit 5 Jahren nicht mehr rauche und die Wahrscheinlichkeit, dass ich damit wieder anfange recht gering ist.

Werbung wird nicht mehr wahrgenommen

Nicht dass mir das zum Fenster hinausgeworfene Geld für die Werbekampagnen leid täte, aber ich selbst bin verärgert. Warum kommt im Radio nicht Werbung für einen guten Cabernet Sauvignon, für besonders gut abfedernde Jogging-Schuhe oder ein Geschenktipp für den siebten Geburtstag meiner Tochter? Weil jeder das gleiche Radioprogramm hört, aber eben nicht jeder eine siebenjährige Tochter hat, die nächste Woche Geburtstag hat. Und weil die Radiosender im Moment noch nicht in der Lage sind, für jeden Hörer ein eigenes Programm auszustrahlen - noch nicht.

Der tägliche Informations-Overkill sorgt für Abstumpfung gegenüber Werbebotschaften. Weil schon automatisch erkannt wird, wenn Werbung beginnt und weil diese nie auf ihre Empfänger individuell zugeschnitten ist, geht die Aufmerksamkeit sofort herunter. Sobald der Werbeblock beginnt, wird umgeschaltet; sobald die Radiowerbung anfängt, werden die Ohren auf Durchzug geschaltet.

Als Reaktion auf die Reizüberflutung werden die Schotten dichtgemacht. Immer weniger Reaktion kommt auf Werbekampagen. Die menschliche Fähigkeit der selektiven Wahrnehmung kommt voll zum Einsatz, wenn Werbebotschaften gar nicht mehr wahrgenommen werden und sozusagen vom Gehirn einfach „herausgefiltert" werden aus dem täglichen Informationsdickicht.

Warum Sie mit Massen-Marketing nach dem Gießkannen-Prinzip scheitern

Das Massen-Marketing bedient sich teurer, nicht personalisierbarer Mittel und Medien wie zum Beispiel Beilagen, TV- und Funk-Spots. Diese zielen auf Bekanntheitsgrad-Erhöhung, Image-Förderung und Reichweite. Da hierbei zum einen die Streuverluste enorm hoch sind und zum anderen der Konkurrenzdruck ständig steigt, versucht man dies durch höhere Schaltungsfrequenzen zum Beispiel in Form sogenannter Teaser-Anzeigen und -TV-Spots zu kompensieren.

Teaser-Anzeigen und TV-Spots werden vor der Hauptanzeige, vor dem Haupt-TV-Spot geschaltet, um mehr Aufmerksamkeit zu erregen.

Dieses Vorgehen vieler einzelner Unternehmen trägt aber zur allgemeinen Reizüberflutung bei und führt letztendlich zu einer Werbe-Immunität: Massen-Werbung wirkt nicht mehr, Massen-Werbung ist kontraproduktiv!

Denn nach dem „Immer höher-schneller-schriller"-Prinzip wird dabei auch eine Kosten-Spirale ohne Ende erzeugt, um im Verdrängungswettbewerb bestehen zu können, und um durch immer aufwändigere und häufigere Kampagnen beim weitgehend werbe-immun gewordenen Verbraucher noch die Spur einer Aufmerksamkeit zu erregen. Genau diese inflationäre Entwicklung beobachten wir alle jeden Tag an uns selbst.

4 Beispiele für allzu wirren Werbe-Wahnsinn ...

Was passiert mit allen Print-Werbemitteln wie Beilagen oder Mailings, die uns nicht sofort einen klaren, neigungs- und interessenbezogenen Nutzen präsentieren?

Sie werden blitzschnell in die „Rundablage" aussortiert. Ein Vorgang, der für uns längst zur täglichen Routine geworden ist.

„Haben Sie auch nur Holz im Kopf?"

Headline einer Hauswurfsendung eines regionalen Baumarktes

„Bitte keine Werbung"-Aufkleber prangen bereits an tausenden Briefkästen und auch die Eintragszahlen in die „Robinson"-Liste des Deutschen Direktmarketing Verbandes sprechen eine deutliche Sprache. Aber munter wird weiter tonnenweise Papier produziert.

„Zapping" sei Dank können wir die besonders aufdringlichen Werbe-Unterbrechungen bei TV-Spielfilmen gerade noch umgehen. Noch, denn schon gibt es Bestrebungen, durch eine parallele Spot-Schaltung innerhalb befreundeter oder wirtschaftlich verbundener TV-Sender dies zumindest teilweise zu verhindern. Doch auch das wird letzlich nichts bringen.

Denn parallel zu dieser Entwicklung boomt derzeit der Heimkino-Markt, also der Verkauf von Großbild-TV-Anlagen mit Dolby- und DVD-Geräten. Und damit ist der Verbraucher wieder ein Stück unabhängiger und immun vom und gegen das werbefinanzierte Fernsehen und dessen „Big Brother"-Mentalität.

Zu all dem kommen jetzt auch noch die neuen Medien. Werbe-Banner und eMails flimmern über den Monitor moderner Arbeitsplätze. Werbe-eMails und solche, die nicht klipp und klar in der Betreffzeile sagen, worum es geht, haben bei den 50-150 Mails, die einem modernen Manager täglich das elektronische Postfach verstopfen, keine Chance mehr, durchzudringen. Sie werden automatisch per eMail-Filter ins Daten-Nirwana geschickt.

Warum heute niemand mehr auf Werbung reagiert

Weil tagtäglich Tausende von Werbebotschaften auf einen einzelnen Konsumenten einströmen, ist die Bereitschaft, auf irgendeine Botschaft zu reagieren, schon fast auf Null gesunken.

Viele Kunden befürchten, dass der Anbieter den dargereichten kleinen Finger nimmt und sogleich eine ganze Handvoll Aufmerksamkeit haben möchte, wenn er sein Angebot jetzt im Detail erläutern darf.

Kunden haben zunehmend Angst, noch auf irgendetwas zu reagieren, weil sie befürchten, dann vollends bis über die Nasenspitze mit Werbung zugeschüttet zu werden. Die Response-Raten für klassische Mailings liegen nicht selten deutlich unter einem Prozent. Neunundneunzig Briefe umsonst, und das trotz Database-Marketing und durchdachter Auswahl der Adressen.

Stetig sinken die Response-Raten auf Werbebotschaften. Werbe-Banner im Internet zeigen die Wirkungslosigkeit von Massenwerbung besonders deutlich.

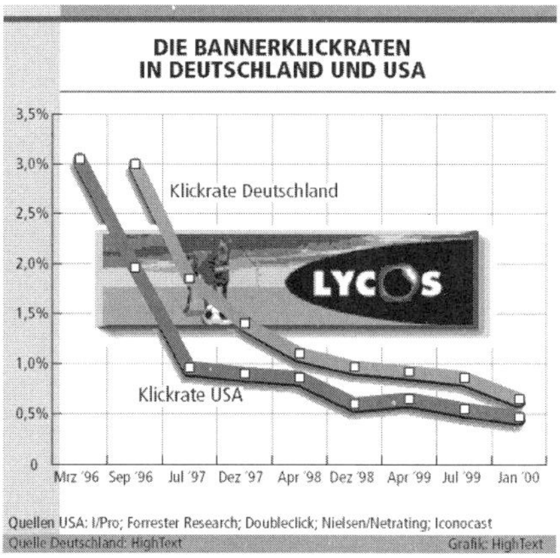

Unterbrecher-Werbung wird immer aufdringlicher

Auf allen Kanälen gleichzeitig und in hoher Frequenz werden Kunden heute angesprochen, damit überhaupt noch eine Reaktion kommt. Viel Fantasie ist notwendig, um die Response-Raten doch noch über die Ein-Prozent-Hürde zu hieven. Immer mehr müssen sich Unternehmen heute einfallen lassen, um die Aufmerksamkeit von Kunden zu erhaschen.

Auffällig und unerwartet muss Werbung sein, damit sie überhaupt noch wahrgenommen wird. Der letzte Schrei heißt „Ambient Media". Das ist Werbung, die den Menschen in einem Umfeld begegnet, in dem diese es nicht erwarten.

Das reicht von „Artfields", bepflanzten Feldern in Einflugschneisen, Zapfpistolen oder Aufkleber auf Fußböden („Floorgraphics"), Werbung in Golflöchern oder auf der Toilette bis hin zum neuesten Trend, den „Traffic Light Postern" (halbrunde beleuchtete Täfelchen an Ampeln und Verkehrsschildern). Je unberührter und stiller der Ort, umso höher ist (noch) die Aufmerksamkeit der überraschten Konsumenten. Bis irgendwann im täglichen Werbegewitter gar nichts mehr verwundert.

Nicht wenige Marketingleiter sind der Meinung, nur durch eine gewisse Penetranz kommt man noch zum Kunden durch. Als Vorbild dienen dann nicht selten die Methoden von Haustür-Verkäufern und Drücker-Kolonnen.

Die „Ja"-Kette: Viele kleine „Ja"-Antworten auf allgemein zu bejahende Fragen sollen sich zum großen „Ja" aufschaukeln.

Am Telefon meldet sich eine freundliche Stimme, die den Gewinn einer Reise ankündigt. Zwei Wochen Ibiza zum Entspannen! Ziemlich verspannt reagiere ich dann aber, als ich merke wohin „der Hase läuft". Zuerst kommt die „Ja"-Kette ins Spiel: „Machen Sie gerne Urlaub?", gefolgt von ähnlich intelligenten, Zustimmung erheischenden Fragen. Und dann am Ende der Kette stellt sich heraus, dass ich mich vor der Reise nach Ibiza erst einmal zu einem Zeitschriften-Abonnement entschließen muss.

Nicht nur das Telefon, auch das Faxgerät wird zunehmend für Werbezwecke mißbraucht, und jetzt kommt auch noch das Internet. Manche Angestellte in den USA kommen extra schon um sechs Uhr morgens, damit sie bis neun Uhr ihre eMails bearbeitet haben. Da das Medium den Werbeanbieter fast nichts kostet, wird gerne massenhaft elektronischer Müll produziert.

Übertragen auf die reale Welt hieße das doch: Was wäre, wenn Papier plötzlich nichts mehr kosten würde? Die Druckereien zum Nulltarif arbeiten und die gelbe Post alles umsonst beim Kunden abliefern würde? Dann würde das einzige Hindernis für noch mehr Werbemüll – nämlich das natürliche Regulativ der Kosten – nicht mehr existieren und der Damm der Werbeflut wäre gebrochen. Wahrscheinlich würden Sie am Abend gar nicht mehr durch die Wohnungstür kommen, weil alles mit Werbedrucksachen und Katalogen verstopft wäre.

Da diese Kosten-Situation aber eben (noch?) nicht in der realen, sondern nur in der virtuellen Welt anzutreffen ist, verlagert sich folgerichtig die Kommunikation zunehmend hin zu elektronischen Medien wie Internet und eMail.

Eine eMail kostet nur 0,05 Pfennig und ein kompletter Produkt-Katalog auch nicht viel mehr. Als logische Konsequenz daraus sollte man meinen, damit ist das Ende der Werbung eingeläutet. Denn niemand ist in der Lage, so viele dieser enorm kostengünstig produzierbaren Botschaften überhaupt wahrzunehmen.

Aufmerksamkeit wird seltenes Gut

Die tagtägliche Reizüberflutung und die Allgegenwärtigkeit von Werbebotschaften machen es schwer, noch zu Kunden durchzudringen. Immer seltener geschieht es, dass ein Kunde überhaupt noch die Zeit hat, sich mit den – teilweise durchaus interessanten – Angeboten zu beschäftigen.

Wer es daher überhaupt einmal schafft, ins Blickfeld seiner Zielgruppe zu gelangen, hat schon halb gewonnen. Die neue Währung im Marketing heißt folgerichtig „Kundenaufmerksamkeit". Nicht mehr materielle Güter entscheiden über den Erfolg, sondern immaterielle Werte wie Beachtung, Berühmtheit oder Einzigartigkeit.

Das neue Paradigma heißt „attention economy".

Das Unternehmen Yahoo, das - böse gesagt - aus einigen Internet-Computern und Webseiten sowie einigen wenigen Mitarbeitern besteht, ist heute mehr wert als die Automobilgiganten General Motors und Ford mit all ihren Fabriken und materiellen Werten zusammen. Genauso wie der Wert des Goldes auf die Endlichkeit dieser Ressource zurückzuführen ist, hat auch die Ressource „Aufmerksamkeit" eine natürliche Grenze. Je mehr Unternehmen um diese Ressource buhlen, umso höher klettert der Preis.

Entsprechend aufwändig wird es daher für Unternehmen, heute von Kunden noch ein Quentchen von dieser begehrten Ressource zu ergattern. Und wer sogar einen Interessenten dazu bringt, dass er oder sie sich die Zeit nimmt, ein Angebot genauer zu studieren, ist schon an einem Punkt, um den ihn der Mitbewerber beneidet.

Kunden werden immun gegenüber Werbung

Immer öfter verschwinden interessante Angebote im Altpapier, weil die Berge von Werbepost schnell nach erwünschten und unerwünschten Sendungen sortiert werden.

Der aktuelle Trend im Kundenverhalten geht dahin, dass im täglichen Informations-Overkill „Filtern nach Relevanz" angesagt ist. Gezielt wird im Bombardement von Botschaften nach der Frage „Was bringt mir das?" gefiltert. Nicht relevante Botschaften werden oft in Sekundenbruchteilen herausgefiltert und dann gar nicht mehr wahrgenommen.

Unerbetene Informationen werden weggefiltert, nur Persönliches kommt durch

Mailings an „Sehr geehrter Kunde" werden schon lange nicht mehr gelesen, aber auch die Telefonaktion und das anschließende „bezugnehmend auf unser Telefonat ..." kommen meist mit Standardfloskeln, die schnell zum „K.O." führen.

Kunden erwarten heute ein hohes Service-Niveau und die Fähigkeit eines Anbieters, die Wünsche seiner Kunden vorab zu erkennen und in der schriftlichen Kommunikation entsprechend zu berücksichtigen.

Die Fragmentierung ehemals homogener Zielgruppen erfordert eine starke Individualisierung von Angeboten. Massenangebote kommen nicht mehr an, nur persönliche Botschaften gelangen durch die Wahrnehmungsfilter von Kunden. Vergleichbar mit einer anderen Art von Filter, „Sekretariat" genannt, deren Aufgabe unter anderem auch darin besteht, relevante von unwichtiger Information zu trennen.

Welche Trends beeinflussen heute das Kundenverhalten?

Filtern nach Relevanz
Gezielt wird im täglichen Bombardement von Botschaften nach der Frage „Was bringt mir das?" gefahndet. Nicht relevante Botschaften werden oft in Sekundenbruchteilen herausgefiltert und dann überhaupt nicht mehr wahrgenommen.

Cocooning
Kunden igeln sich ein und verweigern sich bewußt der Informationsflut. Auf persönlichen Kontakt bei Routine-Abläufen wird gerne zugunsten von automatisierten „Mensch-Maschine"-Kontakten verzichtet.

Smart-Shopping
Kunden wechseln schneller den Anbieter und suchen sich mit Preisvergleichs-Systemen das attraktivste Angebot.

Individuelle Beratung
Kunden erwarten heute ein hohes Service-Niveau und die Fähigkeit eines Anbieters, die Wünsche seiner Kunden vorab zu erkennen. Die Fragmentierung ehemals homogener Zielgruppen erfordert eine starke Individualisierung von Angeboten. Massenangebote kommen nicht mehr an, nur persönliche Botschaften gelangen durch die Wahrnehmungsfilter von Kunden.

Zeit wird wertvoller
Das rasche Erledigen von Routineeinkäufen und täglichen Besorgungen gewinnt an Bedeutung, um keine wertvolle Freizeit opfern zu müssen.

Bequemlichkeit
Die Bereitschaft, für Leistungen lange Wege oder Wartezeiten in Kauf zu nehmen, sinkt. Angebote müssen zum Kunden kommen, nicht umgekehrt.

Erlebnishunger
Während Routineeinkäufe schnell erledigt werden sollen, gewinnt das Erlebnis-Shopping eine neue Bedeutung. Kunden sollen Spaß haben und neue Dinge ausprobieren. Erlebniswelten von Freizeitparks werden zu Vorbildern für Einkaufszentren.

Elektronische Filter blockieren jede Werbebotschaft

Beim Filtern unerwünschter Werbung können Kunden, die keine Werbepost erhalten möchten, sich schon seit langem auf einer „Robinson-Liste" eintragen. In der digitalen Welt des Internet gibt es auch hier ein Äquivalent, bei dem sich Kunden vor unerwünschten Werbe-eMails schützen. Die Service Provider stellen dem Anwender sogenannte „Spam-Filter" zum Filtern von Massenwerbung zur Verfügung.

Aber auch der Empfänger selbst kann solche Filter einsetzen, die zunächst den Inhalt eines elektronischen Briefkastens überprüfen und dem Kunden dann die Möglichkeit bieten, vorab schon unerwünschte Post direkt auf dem Mailserver zu löschen (z.B. das Programm SpamEater unter http://tucows.uni-erlangen.de).

Viele Provider sind auch schon dazu übergegangen, ihre Kunden präventiv vor Massenmailings zu schützen, indem jede Nachricht, die in identischer Form an viele Empfänger gerichtet ist, einfach herausgefiltert wird. Aber auch der einzelne Surfer kann natürlich auf seinem PC einstellen, dass zum Beispiel alle Mails, die von der Adresse „marketing@fir-ma.de" kommen, automatisch im Papierkorb verschwinden.

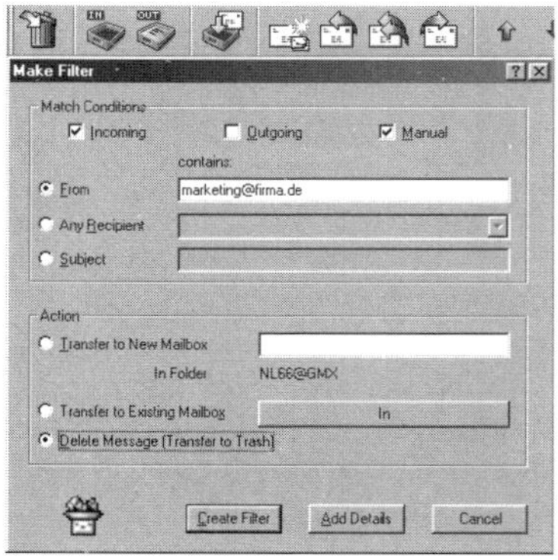

Noch weiter gehen elektronische Filter, die auch auf Webseiten aktiv werden. So können mit einem in Anlehnung an die weißwaschende Waschmaschine „WebWasher" genannten Produkt alle Werbebanner aus Webseiten „herausgewaschen" werden.

Cocooning: Kunden ziehen sich ins Schneckenhaus zurück

Eine ganz andere Art, sich vor der Informationsflut zu schützen, ist das Verstecken in den eigenen vier Wänden. Kunden igeln sich ein und verweigern sich der Werbeflut durch Nichtbeachtung. Auf persönlichen Kontakt bei Routinetätigkeiten wird gerne zugunsten von automatisierten „Mensch-Maschine"-Kontakten verzichtet.

Auch ohne dass es gleich Cocooning sein muß, sind schon jetzt immer häufiger Ruhezonen im täglichen Leben zu finden. Handyfreie Bereiche in Zügen sind wohl erst der Anfang. In den USA ist es bereits verpönt, jemanden telefonisch zu belästigen und damit ungefragt Zeit zu stehlen. Höflicher ist das Senden einer eMail – bei dieser kann der Empfänger entscheiden, ob sie interessiert.

Aufmerksamkeit kostet Geld

Die Masse der verzweifelten Versuche, die Aufmerksamkeit von Interessenten zu ergattern, hat zu einem starken Wettbewerb und damit zu erhöhten Kosten geführt.

Um von dem begrenzten Kuchen „Aufmerksamkeit” noch etwas abzubekommen, muß heute viel investiert werden. Die Aufwendungen für Werbung und PR steigen ständig. Wer hier mithalten will, muß investieren. Nur wer seine Werbebotschaften auf mehreren Kanälen regelmäßig wiederholt, hat überhaupt noch eine Chance, wahrgenommen zu werden.

Akquisitionskosten für Neukunden steigen

Die meisten Unternehmen sind heute gezwungen, immer mehr zu investieren, um nur einen zusätzlichen Kunden zu gewinnen. Gerade die „Start-ups“ unter den Internet-Unternehmen merken schnell, wie teuer es sein kann, eine neue Marke zu etablieren. Aber auch etablierte Unternehmen mit bekannten Namen müssen heute um jeden neuen Kunden kämpfen.

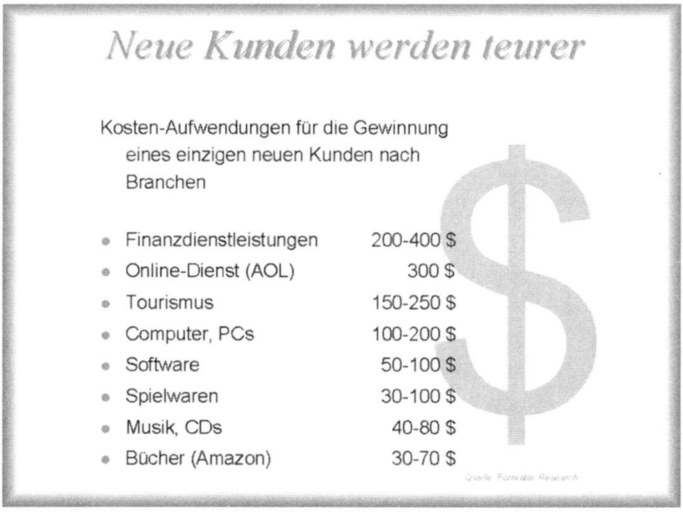

Kosten für die Gewinnung eines einzigen neuen Kunden nach Branchen (Quelle: LLynch)

Die neue Macht des Kunden

War es früher durchaus üblich, dieselbe Marke beizubehalten wie die Eltern, ist heute dieses Generationenübergreifende Markenbewußtsein längst verloren. Gekauft wird, was gerade „in" ist oder was am nächsten liegt beziehungsweise am preiswertesten ist.

Die Qualität von Produkten unterscheidet sich immer weniger, so dass ein Wechsel der Marke kein großes Risiko mehr bedeutet. Auch an dieser Entwicklung haben elektronische Medien entscheidenden Anteil. Mit zunehmender Nutzung von Internet-Anwendungen wird es immer einfacher, Anbieter oder Produkte miteinander zu vergleichen. Bereits heute können Kunden ins Netz gehen und die Preise unterschiedlicher Anbieter miteinander vergleichen.

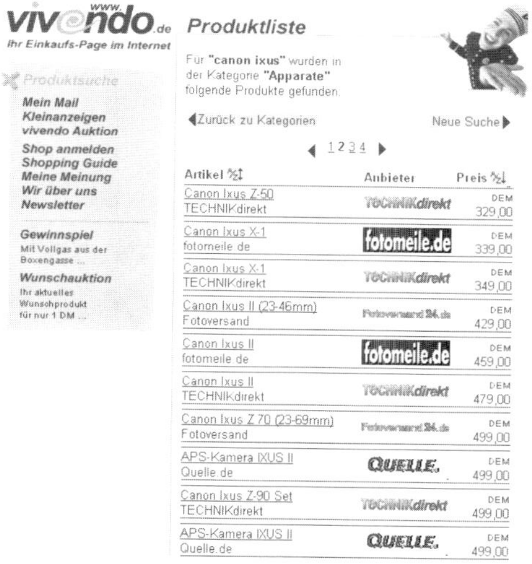

Aber nicht nur der Wechsel zum preiswertesten Anbieter wird dem Kunden im Internet leichtgemacht, auch der Erfahrungsaustausch. So können negative Erfahrungen aber auch Tipps zu gutem Service schnell und bequem weitergegeben werden.

Und damit sich auch kein Firmen-Vertreter einschleicht, werden die Meinungsgeber gleich auch noch bewertet, sowie auch die Nützlichkeit des abgegebenen Kommentars. Völlig neuartige Wege des Informationsaustauschs in Echtzeit werden hier beschritten.

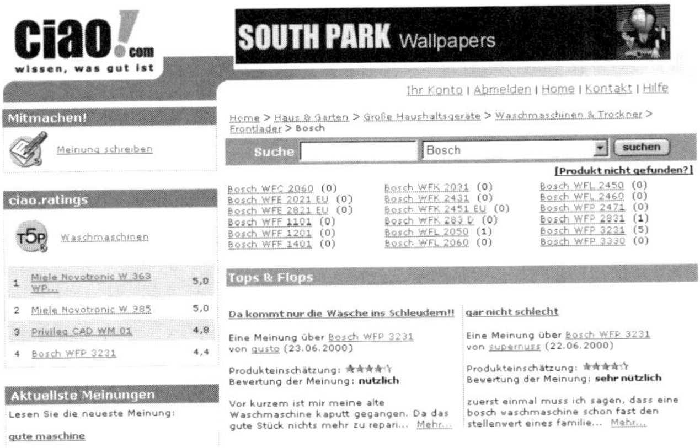

Noch mehr Macht haben Kunden, wenn sie sich zu Bieter-Gemeinschaften zusammenschließen und gemeinsam Mengenrabatte aushandeln. So bietet das Internet die ideale Plattform, um Gleichgesinnte zu suchen, mit denen dann gemeinsam ein Produkt erstanden wird.

Spätestens bei einem Rabatt von 30% stellt sich auch der treueste Kunde die Frage, welchen Nutzen ihm der lokale Händler mit persönlichem Kontakt bietet, wenn die Ware viel billiger frei Haus geliefert wird.

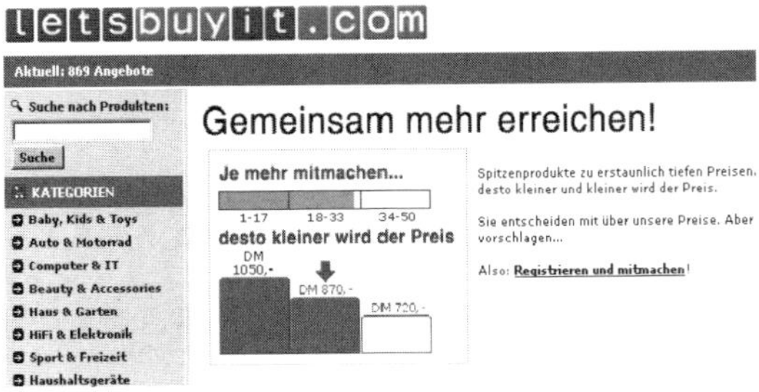

Kunden wechseln sprunghaft den Anbieter

Die technischen Möglichkeiten des WWW verführen immer mehr Kunden dazu, je nach günstigstem Angebot den jeweils besten Anbieter auszuwählen.

Jeder von uns war und ist kein standardisierter Modell-Verbraucher. Sondern zu einer vielfältigen und daher ziemlich unberechenbaren Kauf- und Sozialverhaltens-„Mischung" von Aldi bis Armani, von Daimler bis Disneyland, von Jaguar bis Yahoo herangereift.

Berliner Start-up will das Online-Shopping erleichtern / Information im Dienste des Endverbrauchers

Berlin (ots) - Ende August geht eine Verbraucherberatung der besonderen Art ins Netz. Die Berliner idealo Internet GmbH startet unter www.idealo.com mit einer umfassenden Informations- und Vergleichsplattform für Produkte und Shops aus der Consumer- und Unterhaltungselektronik-Branche. Hier wird der Nutzer Tipps, Qualitäts- und Preisvergleiche für verschiedenste Artikel vom Handy bis zur Digitalkamera finden.

Die Vorfreude der Kaufwilligen auf ein neues Gerät wird selbst im Online-Bereich oft von einer intensiven und zeitaufwendigen Suche nach Informationen getrübt. „idealo.com" vergleicht nicht nur die Preise und Qualität der einzelnen Produkte, sondern auch die verschiedenen Online-Shops hinsichtlich Service und Bedienerfreundlichkeit. Je nachdem, worauf der Nutzer besonderen Wert legt, kann er seine Suchkriterien gewichten. Da gerade im Elektronik-Bereich fast täglich Neu- und Weiterentwicklungen erscheinen, liefern die ständig aktualisierten Recherchen die nötige Markttransparenz für Kaufinteressenten.

Mit diesem Komplettangebot erweitert idealo.com konsequent die Gestaltung des modernen Online-Einkaufens. Produkt- oder Händlerinformationen und Preisvergleiche sind mit nur einem Klick erreichbar und erleichtern den Kunden die Kaufentscheidung. Nicht mehr nur die reine Schnäppchenjagd steht im Mittelpunkt, sondern maßgeschneiderte Kaufberatung, die auf individuell unterschiedliche Ansprüche zugeschnitten ist.

Ausgestattet ist er mit einer wirkungsvollen, immer leichter zu bedienenden „World Wide Weapon", die mit immer neuerer und „schärferer" Munition namens Auktionen, Suchmaschinen, Powershopping, Internet-Meilen und „kost-mich-nix.de"-Domains nachgeladen werden kann. Damit ist es in Sekundenschnelle möglich, die besten, niedrigsten Preis-Angebote anzuvisieren und weltweit Beute zu machen.

Das Fazit daraus: Der Kunde ist heute wirklich König! Und wir als Marketer müssen uns darauf einstellen - ob wir wollen oder nicht.

Zusammenfassung von Kapitel 1: Markentreue? Kundenbindung? Fehlanzeige!

Tagtäglich werden Menschen heute mit unzähligen Werbebotschaften bombardiert. Je schriller die Werbung, desto eher wird sie wahrgenommen. Diese Unterbrecherwerbung reißt die Menschen aus ihrer Beschäftigung heraus und wird immer häufiger als störend bis belästigend empfunden.

Telefonmarketing, Faxwerbung und jetzt auch noch das Internet verstärken die Kanonade der Werbebotschaften. Die Aufmerksamkeit von Interessenten zu bekommen, wird immer schwieriger, denn immer mehr Konsumenten verschließen sich gegenüber Werbung. Robinsonlisten, elektronische Werbeblocker und eMail-Filter stellen mehr und mehr ernstzunehmende Hürden für das Direkt-Marketing dar.

Cocooning, der Rückzug in private Ruhezonen ist angesagt. Immer größere Anstrengungen müssen Unternehmen machen, um Kunden doch noch zu erreichen. Immer mehr Geld muss investiert werden, um nur einen einzigen neuen Kunden zu gewinnen. Immer teurer geraten Kampagnen zur Neukunden-Gewinnung.

Gleichzeitig entdecken immer mehr Kunden die Segnungen des Internet. Immer weiter verbreiten sich Preisvergleichssysteme, Produktsuchmaschinen oder Plattformen, auf denen Kunden Ihre Meinungen über Produkte und Unternehmen frei austauschen.

Kunden werden durch elektronische Hilfen immer mächtiger und verbünden sich zu virtuellen Einkaufsgemeinschaften, um Mengenrabatte auszuhandeln. Immer geringer wird die Loyalität in etablierten Geschäftsbeziehungen.

Beziehungs-Management macht Kunden wertvoll

2

PERMISSION MARKETING - KAPITEL 2 ...

Kapitel-Abstract
für Schnell- und Diagonal-Leser
In diesem Kapitel erfahren Sie, welche Vorteile Ihnen Permission Marketing bringt. Echte Kundenbindung entsteht nicht alleine durch Geschenke und regelmäßige Anschreiben. In einer funktionierenden Beziehung kennen die Partner die Wünsche und Vorlieben des Anderen. In Zukunft entscheidet nicht mehr der Besitz von Maschinen und Patenten über den Wert eines Unternehmens, sondern die Qualität seiner Kundenkontakte.

„Allerdings ist es nicht ratsam, in der Straßenbahn einen Mann, der einen noch nicht einmal angesehen hat, von hinten mit der Ansprache zu überfallen: „Guten Tag, ich heiße Karin. Sie gefallen mir. Möchten Sie heute abend zu mir zum Essen kommen?" Es ist zwar gut und schön, wenn man weiß, was man will. Aber „mit der Tür ins Haus fallen" ist eine Methode, bei der das Risiko der Ablehnung groß ist."
aus: R. Hamberger: 1x1 des Flirtens
Econ&List Taschenbuch-Verlag, 1999, S. 92.

Genauso wie im richtigen Leben Menschen sensibel miteinander umgehen, steht auch beim Permission Marketing die Rücksichtnahme auf die Wünsche von Kunden im Vordergrund des Werbens.

Zunächst einmal muss die Ansprache erwünscht sein. Durch „Gockel-Gehabe“ und endlose Monologe darüber, was er schon für Heldentaten vollbracht hat, wird heute kein Mann mehr seine Angebetete überzeugen.

Eine Frau, die tagtäglich mit aufdringlichen Blicken, Hinterher-Pfeifen und verbaler Anmache konfrontiert ist, wird sich mit einer Mauer der Gleichgültigkeit umgeben. Durch dieses Bollwerk werden dann nur wirklich originelle beziehungsweise echte Botschaften durchdringen. Alles andere landet sofort in der Schublade „Standard-Anmache” und verpufft wirkungslos.

In diesem Buch lernen Sie in sechs Schritten den Weg zu einer dauerhaften Beziehung kennen. Natürlich soll dies keine Anleitung zum Flirten sein, sondern ein Buch über die Kommunikation mit Ihren Kunden. Die Kapitel drei bis acht enthalten aus der Sicht des Flirtenden eine Anleitung, wie Sie Ihre/n Angebetete/n in sechs Schritten zum Ja-Wort bewegen. Oder anders gesagt, wie Sie der richtigen Person im richtigen Moment das richtige Angebot machen.

Wie Sie in sechs Schritten zu einer dauerhaften Beziehung kommen!

1. Der erste Schritt ist der schwerste: Wie bekomme ich die Aufmerksamkeit des Anderen?
Sie dürfen dabei ruhig auch einmal vorsichtig in die Trickkiste des Interruption-Marketing greifen und mit ungewöhnlichen Methoden die Aufmerksamkeit erlangen.

2. Das wichtigste Ziel des ersten Kontakts ist es, den Wunsch nach einem zweiten Treffen herzustellen. Holen Sie sich die Erlaubnis zu einem Folgetreffen. Nicht

unter irgendeinem Vorwand die Adresse geben lassen oder mit Tricks herausfinden, wo jemand wohnt, sondern ehrlich sein. Wenn Sie gesagt haben, dass Sie die Telefonnummer brauchen, um bei Regen einen anderen Treff zu vereinbaren, nutzen Sie die Nummer auch nur dazu.

3. Nun kommt die zweite zaghafte Begegnung, dann die dritte und so weiter. Regelmäßige Treffen sind der Schlüssel zu einem schrittweisen Kennenlernen und schaffen zunehmendes Vertrauen.

4. Bei jedem Treffen werden Sie sich unterhalten und Schritt für Schritt mehr über Ihr Gegenüber erfahren. Interessieren Sie sich für den Anderen! Versuchen Sie, gezielt seine besonderen Wünsche und Vorlieben kennenzulernen. Bleiben Sie doch einmal scheinbar zufällig an einem Blumenladen stehen und versuchen Sie herauszufinden, welche Blumen am besten gefallen. Vielleicht sind es die gelben Tulpen, die Ihren Partner spontan ansprechen?

5. Vertrautheit entsteht durch das Gefühl, den Anderen zu kennen und umgekehrt vom Anderen auch als ganz spezielles Individuum behandelt zu werden. "Herzlichen Dank für die wunderschönen Tulpen - woher weißt Du eigentlich? ... dass Du dich daran erinnerst!". Setzen Sie Ihr Wissen über die Lieblingsdinge im Leben des Anderen doch einfach um, und machen Sie öfter mal Angebote und Vorschläge, die voll ins Schwarze treffen.

6. Nachdem Sie nun genau wissen, was Ihr Partner wann und wie besonders mag, können Sie es langsam wagen, auch einmal an die entscheidende Frage heranzugehen. Sie kennen Ihren Partner inzwischen gut genug, um zu wissen, wann und in welcher Form Sie den Heiratsantrag stellen, ohne daß Sie Gefahr laufen, abge-

wiesen zu werden. Modernes Marketing ist nichts anderes, modernes Management wird zunehmend zum Beziehungsmanagement.

Passend zu unserem Flirtbeispiel ist „Love-Selling" angesagt. Damit ist nicht die käufliche Liebe gemeint, sondern die echte Liebe zum Kunden, seine Wertschätzung. Nur wenn Sie Ihre Kunden lieben, werden Sie in der Lage sein, wirkliche Liebesbriefe an Ihre Kunden zu senden. Und nur wenn Ihr Kunde Sie auch liebt, werden Ihre Liebesbriefe auch „ankommen", also erwünscht sein und mit Freude gelesen werden.

Permission Marketing ist eine Dialog-Marketing-Strategie, die auf dem Einverständnis des Empfängers basiert.

Diese Art der Kommunikation ist das Wesen von Permission Marketing: Es werden Botschaften versandt, die erwünscht sind und die vom Empfänger freudig erwartet werden. Damit ist auch schon die Antwort auf die im ersten Kapitel gestellte zentrale Frage gegeben: „Wie bekomme ich die Aufmerksamkeit meiner Kunden?" Indem Sie Botschaften versenden, die freudig erwartet werden!

Permission Marketing ist eine auf dem Einverständnis des Empfängers basierende Direkt-Marketing-Strategie. Mit interaktiven Kommunikations-Technologien - vorwiegend eMail - werden Nachrichten versandt, die ausdrücklich erwünscht sind. Die Erlaubnis dazu kann vom Empfänger jederzeit widerrufen werden.

Ziel des Permission Marketing ist es, eine nachhaltige Beziehung aufzubauen, indem - im Einverständnis mit dem Empfänger - Wissen über diesen gesammelt wird, um damit Angebote zu personalisieren.

Warum Direkt-Marketing mit gekauften Adressen wertlos ist

Stellen Sie sich vor, Sie rufen bei Ihrer Angebeteten an, und diese meldet sich am Telefon. Zunächst ist ihre Stimme neutral, dann jedoch bekommt sie eine andere Klangfarbe: Sie wird sanfter, weicher, freudiger und erwartungsvoller.

Nun nehmen wir an, Sie führen als Versicherungs-Vertreter ebenfalls mit Ihrer Partnerin in spe ein Telefonat. Abgesehen davon, dass diese sogenannte Kalt-Akquise illegal ist, meldet sich dieselbe Stimme, zunächst ebenfalls neutral. Wie aber wird sich die Stimmlage verändern, wenn die „Gegenseite" herausbekommen hat, dass Sie nur eine Versicherung verkaufen wollen?

Aber auch wenn Sie mit subtileren Tricks vorgehen, werden Sie auf Dauer nicht erfolgreich verkaufen können. So wie der „nette" Mensch, der mir vor kurzem zunächst telefonisch meinen Gewinn, ein Wochenende in einem guten Hotel, ankündigte. Nach kurzer Vorrede kam dann die Katze aus dem Sack: Das Angebot gilt nur in Verbindung mit einem Zeitschriften-Abonnement.

Überfallartige Massen-Werbung wird vom Empfänger gefiltert und wird damit wirkungslos.

Der Erfolg unter Zuhilfenahme „altbewährter" Marketing- und Verkaufs-Tricks wird immer mehr nachlassen. Denn wir alle filtern heute immer: Will mir jemand wirklich helfen oder will er mir etwas verkaufen? Die Werbe-Post wird blitzschnell aussortiert und wandert direkt ins Altpapier. Nur Nachrichten, die erwünscht sind, dringen noch durch die Filter.

Wie Sie das Vertrauen Ihrer Kunden gewinnen

Vor kurzem erhielt ich einen auf hässlichem Rollenpapier ausgedruckten Serienbrief meines (ehemaligen) Autohauses. Dieser strotzte nur so von Personal-Pronomen wie „ich" und „wir" (Gockelgehabe! Siehe oben!), bot mir dessen ungeachtet aber ziemlich unverfroren und ganz allgemein Gebraucht- und Neuwagen an.

Kein Wort einer Entschuldigung, dass meine letzten zwei Reifen nur ganz kurze Zeit hielten und sich im Abstand von nur 100 km „verabschiedeten", weshalb ich dann bei der zweiten Reifen-Panne auch prompt ohne zweiten Ersatzreifen nachts auf irgendeiner dunklen Landstraße liegenblieb. Weiß dieses Autohaus eigentlich, wie ich mich als Kunde dabei fühlte und was ich mir gewünscht hätte, wenn ich bei diesem Händler geblieben wäre?

Dabei wären zumindest die Kommunikations-Möglichkeiten doch überhaupt kein Problem mehr! Heute gibt es - nicht nur für Autohäuser, sondern für Unternehmen jeder Branche und Größe - elektronische Möglichkeiten, Kundengruppen zu segmentieren.

Um dann beispielsweise Serienbriefe zu personalisieren, indem der eigene Name eingeblendet wird („Sehr geehrter Herr Schwarz, gerade Sie in Waghäusel ... mit Gruß ins sonnige Baden"). Oder um alle Kunden, denen ein Missgeschick wie das oben erwähnte passiert ist, mit einem individuellen Textbaustein anzusprechen: „Sie haben sich über uns geärgert, und wir wollen versuchen, dies wieder gut zu machen. Deshalb ....". Eine gute und inzwischen für jeden auch preislich erschwingliche Kunden-Datenbank macht es möglich!

Klar, persönliche Nachrichten kommen immer besser an, als standardisierte Serienbriefe, die durch nichts erkennen lassen, dass sich ein Unternehmen für mich als Kunde interessiert. Um nun eine Botschaft zu personalisieren, muss man aber nicht unbedingt gleich „One-to-One"-Marketing einführen.

Oft kann schon eine Unterteilung der eigenen Kunden in zwei Gruppen sinnvoll und völlig ausreichend sein. Stellen Sie sich vor, Sie sind Inhaber eines Lieferdienstes für Tiefkühlkost. Wenn Sie wissen, welche Ihrer Kunden Vegetarier sind, könnten Sie Ihre Botschaften schon deutlich persönlicher gestalten. Und je mehr Sie zusätzlich über den Geschmack Ihrer Kunden wissen, desto individueller lassen sich Botschaften dann gestalten ...

Persönliche Botschaften müssen so gestaltet sein, dass beim Angesprochenen ein echtes „One-to-One"-Gefühlt erzeugt wird.

Das betrifft nicht nur Mailings. Heute ist es möglich, beispielsweise ganze Kataloge gezielt auf die Wünsche und Vorlieben einzelner Kunden zuzuschneiden. „Print-on-Demand" in Verbindung mit modernem Digitaldruck heißt das neue Zauberwort, bei dem nur noch das gedruckt wird, was wirklich benötigt wird. Die Portokosten sinken rapide, wenn Sie dem Single-Haushalt nicht mehr das gesamte Angebot an Kinderspielzeug und den Eltern von Schulkindern nicht mehr die ganze Palette an Babywäsche zusenden müssen.

Überhaupt sollte es den „gesichtslosen" Kunden in einem Unternehmen des 21. Jahrhunderts nicht mehr geben dürfen. Denn Firmen, die mehrfach hintereinander Kunden mit einer Botschaft anschreiben, welche die Qualität einer unpersonalisierten Hauswurf-Sendung hat, rutschen schnell in die Schublade unerwünschter Werbung. Und die auf diese Weise „Angemailten" werden nach einem kurzen Blick auf den Absender einer solchen „Botschaft" nur eine Antwort haben: Müll!

Wie Ihre Werbung gerne von Kunden gelesen wird

Personalisierung ist sicher ein wesentlicher Bestandteil von Botschaften, die „ankommen". Auf Dauer genügt es aber nicht mit „Sehr geehrter Herr Schwarz, besonders für Sie als Vegetarier haben wir hier ein interessantes Angebot ...". Eine nachhaltig wirksame Kunden-

Kommunikation braucht noch ein weiteres Standbein: Inhalte! Ist die Botschaft, die Sie schreiben, für Ihre Kunden wichtig? Ist es für Ihre Kunden ein großes Unglück, wenn sie Ihren Brief nicht lesen? Nachhaltig hohe Response-Raten erreichen Sie mit Botschaften, die für Kunden relevant sind. Senden Sie nicht Produkt-Werbung sondern wichtige Informationen.

Informations-Ökologie heißt deshalb folgerichtig auch das neue Qualitätsmerkmal in einer Umgebung, die durch audio-visuelle Umwelt-Verschmutzung aller Art gekennzeichnet ist. Allenthalben hagelt es Broschüren, Flyer, Briefe und kostenlose Zeitungen.

Zunehmend zeichnet sich aber auch glücklicherweise die Bereitschaft ab, Geld dafür zu investieren, dass ein Fachmann - und nicht mehr der Lehrling - das vorhandene firmeninterne Informations-Dickicht durchkämmt. Um effizient die Informationen herauszufiltern, die für die Zielgruppe wirklich relevant sind.

Das dann produzierte dünne Heft mit verdichteter Information kostet zwar einiges mehr als das dicke Magazin mit den aufgeblasenen, auf die Schnelle und unprofessionell recherchierten Artikeln. Aber dann muss eben nicht mehr der Kunde mühsam den Info-Müll sortieren, sondern dieser erhält nur noch relevante, wertvolle Daten, die, wenn sie wichtig genug sind, auf fruchtbaren Boden fallen.

Was bedeutet das für Ihre Werbe-Botschaften? Schreiben Sie nur noch Informationen, die für Ihre Kunden wichtig sind. Versenden Sie nur noch Nachrichten, bei denen Ihre Kunden bei Ihnen anrufen, wenn Ihr monatlicher Rundbrief nicht angekommen ist. Keiner kennt Ihre Kunden besser als Sie selbst. Keiner weiß besser, wo der Schuh drückt und welche Probleme im Moment Ihren Kunden unter den Nägeln brennen.

Denn es ist doch so: Sobald mir ein Unternehmen mehr als eine Botschaft gesandt hat, deren vermeintlich interessante Angebote in keiner Weise für mich eine wertvolle Bedeutung haben, ist der Absender „unten durch".

Wenn aber eine Unternehmens-Botschaft mir hilft, meine eigenen Ziele effizienter zu erreichen, werde ich auch nach der ersten Information in Zukunft positiv reagieren. Wenn dann auch noch einer der wertvollen Tipps völlig uneigennützig - ohne ein kombiniertes Kaufangebot - gemacht wurde, dann bleibt doch der Gedanke hängen: „Die denken an mich und denen ist meine langfristige Zufriedenheit wichtiger als eine kurzfristige Abverkaufsaktion."

Warum wird Permission Marketing gerade jetzt interessant?

Beziehungsmanagement gibt es schon immer. Vielleicht werden Sie nach dem bisher Gesagten denken „Na und, was ist daran neu?". Nichts ist neu daran! Kundenbeziehungen waren schon immer mit regelmäßiger Kommunikation verbunden.

Ebenfalls nicht mehr ganz neu ist die Idee, Kunden nicht mehr mit Werbesprüchen zuzuhämmern, sondern auch einmal zuzuhören. Das systematische Sammeln und das permanente Eingehen auf individuelle Kunden-Wünsche wird doch in jedem Fleischer-Laden tagtäglich praktiziert: „Herr Schwarz, darf ich Ihnen noch etwas von der frischen Hausmacher-Salami geben, die Ihre Kinder so mögen?".

Dialog- und Beziehungs-Marketing sind in Zeiten explodierender Kosten für die Neukunden-Gewinnung und für den Erhalt der Wettbewerbsfähigkeit sowieso schon ein Muss. Was aber ist dann so neu daran?

Vertrauen durch Frequenz – Kontaktfrequenz wird preiswert

Vertrauen entsteht durch regelmäßigen Kontakt. Jeder Kontakt mit dem Kunden kostet ein Unternehmen bares Geld. Egal, ob es ein Besuch des Außendienst-Mitarbeiters oder ein Fax-Rundbrief ist, jedes Kontakt-Programm ist zunächst einmal mit Kosten verbunden.

Diese Kosten sind der limitierende Faktor in jedem Kunden-Kontaktprogramm. Für ein Direkt-Mailing müssen durch Papier, Porti, Abwicklung etc. etwa 1-3 Euro je versandtem Brief gerechnet werden. Das heißt, je mehr Adressen angeschrieben werden, desto mehr kostet die Aktion.

Völlig anders bei den elektronischen Kommunikationsmedien! Egal ob Sie einhundert oder eine Million eMails versenden, der Preisunterschied ist minimal! Für den Versand von einer Million eMails bezahlen Sie Versandkosten von 250 Euro. Damit entsteht ein verlockendes Direkt-Marketing-Instrument, das jeder Marketer gerne verstärkt einsetzen würde. Wenn es da nicht ein Problem gäbe.

Werbemüll wird nicht akzeptiert

Gerade angesichts der einfachen Handhabung und der niedrigen Kosten wird eMail gerne von Massenversendern genutzt, die dann Werbemüll von dubiosen Adressen aus an unendlich viele Empfänger versenden. Dadurch werden Internet-Nutzer tagtäglich mit unzähligen unerwünschten Nachrichten konfrontiert, die nicht interessieren und entsprechend negative Assoziationen wecken.

Wenn Sie nun einfach klassische Mailing-Konzepte auf eMail übertragen und Ihre Kunden mit der aus dem

Print-Bereich gewohnten Werbung „überfallen“, werden Sie ebenfalls ganz schnell in der Ecke „Werbemüll”. landen.

Erwünschte Botschaften bringen traumhafte Response-Raten

Dazu kommt, dass das Internet Techniken bietet, damit Kunden selbst bestimmen können, ob sie die Kommunikation mit einem Unternehmen wünschen oder nicht. Permission Marketing ist nun genau dieser vom Kunden ausdrücklich erwünschte Dialog mit dem Unternehmen.

Dieser Dialog gehorcht völlig neuen Regeln! Wie intensiv lesen Sie die Zeitungen und Zeitschriften, die Sie selbst abonniert haben? Und wie intensiv lesen Sie die vielen Werbeblätter - mit zum Teil durchaus beachtlicher redaktioneller Qualität - die Ihnen täglich auf den Tisch flattern?

Wenn etwas explizit erwünscht ist, ist die Aufmerksamkeit und die Akzeptanz ungleich höher! Untersuchungen aus den USA haben gezeigt, dass die Response-Raten bei eMail-Diensten, die von Kunden explizit angefordert wurden (eMail-Newsletter), bei bis zu 30% liegen, einem Wert, der bei klassischen Direkt-Marketing-Aktionen nur in Ausnahmefällen erreicht wird.

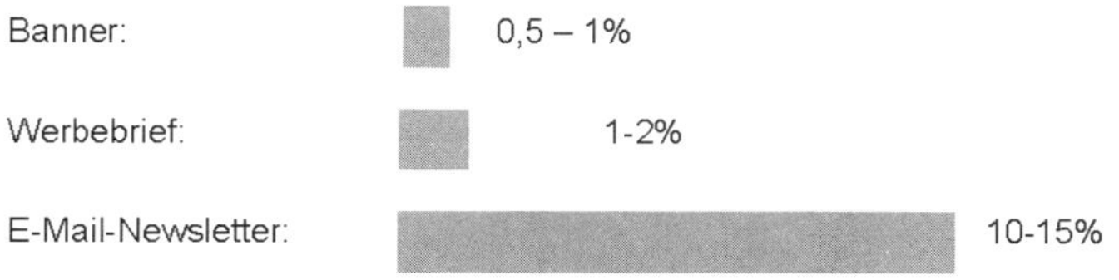

Quellen: Forester Rersearch, Gartner Group und Jupiter Communications nach yesmail.com

Zahlen und Fakten rund um eMail

- eMail-Marketing ist nicht nur die „Killer-Applikation" des Internets, es stellt sich auch als das effektivste integrierte und anpassbare Marketinginstrument heraus (Seth Godin, Autor von „Permission Marketing Turning Strangers Into Friends, and Friends into Customers")
- 89% der Internet-User nutzen eMail, während das Surfen im Web nur für 77% interessant ist (ARD und ZDF Fernsehforschung)
- 94% der US-amerikanischen Online-Nutzer abonnieren eMail-Newsletter und 89% halten eMail für einen guten Weg, um Informationen über Produkte zu bekommen, die sie interessieren (NFO Juni 2000).
- eMail als PR-Instrument und Direktmailingtool bringt die meisten Hits auf die Homepage - noch vor Suchmaschineneinträgen, Print-Anzeigen und -Artikeln, eingängigen Domain-Namen und Bannerwerbung (Integra, Juni 2000).
- 5% der Kundenanfragen an US-Unternehmen kamen 1999 per eMail - 2003 wird sich dieser Anteil auf 18% verdreifachen, während Telefonate von 84% auf 72% abnehmen (Datamonitor 7/2000).
- 75% der deutschen Unternehmen antworten nicht auf eine Anfrage per eMail (Internet World 7/2000).
- 68 % der beruflichen Internet-Nutzung entfallen auf eMail-Kommunikation, während WWW-Anwendungen wie Informa-tionssuche (66%) und Nachrichten lesen (48%) weniger genutzt werden (Pan European Internet Monitor, Mai 2000)
- 66% aller US-Bürger kommunizieren auch mit Freunden und Verwandten lieber per eMail als per Telefon (c't Juni 2000)
- 450 Mio. DM werden deutsche Unternehmen in 2000 für Online-Werbung ausgeben, 1999 waren es 150 Mio. (MGM, Juni 2000)
- Bis 2005 wird das Geschäft mit eMail-Marketing auf ein Volumen von weltweit 7,3 Milliarden Dollar anwachsen und damit sogar 13% des Budgets für Direktmailings schlucken (Jupiter Communications Mai 2000)
- Dienstleistungen für eMail-Direktmarketing werden bis 2003 ein Marktvolumen von 4,8 Mrd. US-$ erreichen, 1999 waren es 898 Mio. Dollar (Forrester Feb. 2000).
- 67% der kommerziellen Werbesendungen per eMail werden gelesen, bei thematisch eng umgrenzten Spezialgebieten sogar 87% (Studie des Mail-Dienstleisters Topmail Mai 2000)
- 74% der Internet-Nutzer geben persönliche Daten heraus, wenn Sie im Gegenzug personalisierten Service erhalten (Mummert & Partner Juni 2000)
- 5 % aller US-Gerichtsverfahren ziehen eMails als Beweismittel heran (geld-online 6.00)
- Das mit 192 Mio. Seitenabrufen im Februar 2000 meistbesuchte deutsche Internet Angebot ist ein kostenloser eMail-Dienst (IVW).
- eMail reduziert die Kommunikationskosten ... und macht Kundenbindung erschwinglich (Forrester Research Jan 2000)
- 61% der mittelgroßen US-Unternehmen setzen eMail als Werbemittel ein (emarketer.com)

- Der Anteil von eMail-Werbung an den gesamten Online-Werbeausgaben wird von 3% in 1999 auf 15% in 2003 ansteigen (emarketer.com Jan 2000).
- Die Nachfrage nach eMail-Dienstleistungen wird sich allein in 2000 verfünffachen (Forrester Report Jan 2000)
- US-Firmen gaben 1999 898 Mio. US-$ für eMail-Marketing aus (emarketer.com)
- Nur die Hälfte der großen Unternehmen in Deutschland ist für ihre Kunden per eMail erfolgreich zu erreichen (Markt & Daten modalis 1999)
- Anders als Banner-Werbung ist eMail eine universelle Push-Technologie, die dem Marketingleiter die Kontrolle darüber gibt, welcher Kunde was wann angeboten bekommt (IMT-Strategies Report on Permission eMail 1999)
- In den USA wurden 1999 393 Mrd. eMails versandt (emarketer.com).
- 20% der US-eMails sind kommerziell: 50% erwünscht - 50% Spam
- eMails können bald auch ohne Computer mit Handy, Telefon, Fernseher, Auto oder Mikrowelle empfangen werden

Was ist das Besondere an eMail?

eMails sind elektronische Botschaften, die von Menschen oder auch von Maschinen geschrieben werden und die über das weltweite Daten-Netzwerk Internet in Sekundenschnelle in alle Winkel dieser Erde versandt werden können, ohne dass dies mit nennenswerten Übertragungsgebühren verbunden ist.

Das Besondere an diesen Nachrichten ist, dass sie beliebig individualisierbar sind und automatisch generiert werden. So kann zum Beispiel für jede Bestellung automatisch eine Bestätigung abgesendet werden.

In eMails lässt sich eine Verknüpfung (Hyperlink) mit einem Angebot programmieren, das dann bequem per Mausklick aufgerufen werden kann. Der Vorteil dieser Art von Response-Element ist neben den hohen Response-Raten die exakte Meßmöglichkeit des Marketing-Erfolges.

Elektronische Nachrichten können auch mobil versandt werden. Stellen Sie sich vor, Sie kommen aus dem Theater und auf Ihrem Handy-Display erscheint eine Nachricht von einem Ihrer Lieblingsrestaurants, das hier gerade um die Ecke ist. In dieser Nachricht steht, dass es nicht nur die leckere Gemüsepfanne wieder gibt, die Ihnen beim letzten Mal so geschmeckt hat, sondern auch ein großer Sommersalat nach Art des Hauses.

Woher „die“ wissen, dass Sie in der Nähe sind? Weil Sie eingestellt haben, dass Ihr Mobil-Telefon all jenen Ihren aktuellen Standort mitteilt, denen Sie die Erlaubnis gegeben haben, Sie anzumailen. Das ist Permission Marketing!

Marketing-Controlling wird präzise

Wenn Sie derzeit eine Mailing-Aktion an alle Ihre Kunden durchführen, wächst der Aufwand enorm, wenn Sie versuchen, unterschiedliche Kunden-Segmente unterschiedlich anzusprechen.

Wenn Sie dann auch noch den Erfolg dieser unterschiedlichen Maßnahmen getrennt messen wollen, wird der Aufwand noch einmal potenziert. Anders bei eMail: Pro-

Marketingtechnik	Effektivität	Einsatzhäufigkeit
Partnerprogramme	4.3	17%
eMail	4.3	77%
Public Relations	4.1	45%
Fernsehen	4.0	30%
Plakatwerbung	3.7	17%
eMail (opt-in lists)	3.5	23%
Zeitschriften	3.4	34%
Radio	3.4	32%
Direktmailing	3.4	30%
Sponsorenschaft	3.3	34%
Buttons	3.2	55%
Banner	2.8	89%
Zeitungen	2.6	32%

Effektivität als Index mit 1=schlecht und 5=sehr gut; Popularität in Prozent der befragten Firmen, die die Technik anwenden.

Quelle: Forrester Research

Wie wirksam sind welche Werbe- und Marketing-Maßnahmen? (Quelle: LLynch)

blemlos lassen sich einzelne Komponenten einer Nachricht gezielt nur an bestimmte Kundengruppen versenden. Und es kann genau gemessen werden, wer wann worauf reagiert hat, ohne dass noch irgendeine Messaktion durchgeführt werden muss. Der Computer erfasst präzise alle Aktionen und bietet eine entsprechende Auswertung per Mausklick.

Kunden können selbstbestimmt agieren

Ebenfalls neuartig sind die interaktiven Möglichkeiten, die das Internet bietet. So kann ein Kunde selbst bestimmen, welche Informationen ihn interessieren oder ob er den Kontakt gar abbrechen will. An dieser Stelle zukken klassische Direkt-Marketer zusammen: Der Kunde soll selbst per Mausklick seine Adresse aus der teuer zusammengestellten Kundendatenbank löschen können? Niemals!?

Genau hier setzt Permission Marketing an. Kunden werden als gleichberechtigte Partner des Unternehmens akzeptiert und haben die Erlaubnis, alles, was sie betrifft, eigenverantwortlich zu tun!

Das bedeutet, dass ein Kunde selbst das eigene Profil einsehen oder ändern kann, dass er die Adresse ändern kann, dass er seine Bestellungen der letzten drei Monate abrufen kann, seinen Kontostand abfragen kann etc.

Genau diese informationelle Selbstbestimmung erzeugt aber eine neue Qualität der Kunden-Beziehung. Durch den hohen Grad an Einbeziehung des Kunden entsteht eine Verbundenheit, die es im klassischen Direkt-Marketing mit seinen Jägern (Marketer) und den Gejagten (Kunden) nicht gab. Und was ist das Ergebnis dieser Permission-Marketing-Beziehung? Response-Raten, von denen klassische Direkt-Marketer nur träumen können!

Wo ist die Kostenfalle beim Permission Marketing?

Natürlich kann es diese neue Qualität der Kunden-Beziehung, die sich im Begriff „Permission Marketing“ manifestiert, nicht umsonst geben. Die Kosten für Lettershop und Porto entfallen zwar, dafür entstehen neue Ausgaben-Blöcke.

Denn bei einer Beziehung, die jederzeit vom Kunden gekündigt werden kann, muß zum Beispiel jede einzelne Botschaft sehr viel sorgfältiger durchdacht sein. Die Kosten von eMail-Newsletter werden daher in den USA nach der „Drop-Out-Rate” gemessen, das heißt nach dem Anteil der Kunden, die sich nach dem Lesen von elektronischen Botschaften entschlossen haben, die Beziehung zu beenden.

Wie die Qualität der Kundenkontakte den Unternehmenswert bestimmt

Kennen Sie die Fabel vom kleinen Schweinchen, das schnell eine Strohhütte baute, sich dann gemütlich in die Sonne legte und sich lustig machte über das zweite Schwein, das mit viel Mühe und Aufwand ein festes, haltbareres und damit höherwertiges Steinhaus baute? Nicht anders ist es mit Unternehmen, die Ihre Kunden-Beziehungen systematisch pflegen. Das haben inzwischen auch die meisten Kapital-Anleger erkannt.

Je wertvoller ein Unternehmen für seine Kunden ist, desto wertvoller ist es auch an der Börse. Diese Aussage charakterisiert eine der wichtigsten Regeln der New Economy: Unternehmen werden nicht mehr danach bewertet, welche Werte sie produzieren, sondern danach, welches Potenzial im Kunden-Kontakt des Unternehmens liegt.

Wenn ein Buchhändler in den Augen seiner Kunden Vertrauen genießt, kann er auch anfangen, Rasenmäher zu verkaufen. Andersherum kann heute jeder Vorsitzende eines Kaninchenzüchter-Vereins auf dessen Homepage eine Spezial-Buchhandlung für Kaninchenbücher eröffnen und aus der Provision die nächste Vereinsparty finanzieren.

Nicht mehr der Besitz von Produktionsanlagen sondern der „Besitz" von Zielgruppen bestimmt in der digitalen Ökonomie den Wert eines Unternehmens. Entsprechend sollte dieser „Besitz" ausgebaut und vor allem auch gepflegt werden, damit sich die Zielgruppe nicht nach einem anderen „Besitzer" umschaut.

Welche Rolle die Kunden-Beziehung heute schon spielt, das kann man auch der Bewertung von Internet-Unternehmen entnehmen.

Ein wichtiger Kennwert für diese Unternehmen ist die „Stickyness", die „Klebrigkeit" der Webseiten, also die Verweilzeit der Kunden bei diesem Angebot. Diese lag laut MMXI im Februar für AOL bei 30 Minuten am Tag, während T-Online nur auf 10 Minuten kam. Danach kamen Geocities und GMX mit 8 Minuten.

Das Management von Kunden-Beziehungen ist damit heute eine wesentliche Voraussetzung für nachhaltig ertragreiche Unternehmens-Aktivitäten.

Hohe Beträge müssen investiert werden, um überhaupt erst einmal einen neuen Kunden zu gewinnen. Deshalb ist es schlichtweg eine ökonomische Notwendigkeit, danach alles zu tun, um diesen Kunden auch zu halten.

Einen bestehenden Kunden zu halten, ist logischerweise um ein Vielfaches preiswerter, als einen neuen Kunden zu gewinnen. Ein zufriedener Kunde wird im Laufe einer Geschäftsbeziehung einen nicht unbeträchtlichen Umsatz generieren, der den des Erstkaufs um ein Mehrfaches übersteigt.

Entsprechend sinnvoll ist es, diesen Kunden dann auch von Anfang an unter dem Aspekt des gesamten „Customer Lifetime Value", also dem Wert über den gesamten Lebenszyklus einer Kunden-Beziehung zu sehen.

Etablierte Markennamen, die schon unsere Eltern kannten, ernten jetzt die Früchte einer über lange Zeiträume praktizierten Markenpolitik. Entsprechend muß auch in jede einzelne Kundenbeziehung zunächst viel investiert werden, bevor diese Investition langfristig Erträge abwirft.

Ist die Erstkunden-Gewinnung oft noch ein Verlust-Geschäft, rechnet sich das jedoch später durch Folgekäufe und vor allem auch Weiterempfehlungen zufriedener Kunden. Nicht die schnelle Mark zählt heute, bei der oft verbrannte Erde hinterlassen wird, sondern der Aufbau einer langfristigen Beziehung.

Machen Sie Ihre Kunden wertvoll

Wer ernten will, muß vorher säen und anschließend die Saat entsprechend pflegen. Genauso lassen sich auch Kunden-Beziehungen pflegen. Ein Jäger sieht seine Beute, zielt und drückt ab. Ein Bauer bereitet zunächst den Boden, sät dann, und beobachtet geduldig und pflegend das Keimen der Saat.

Beziehungs-Marketing bedeutet, dass nicht gleich nach dem schnellen Geschäft geschielt wird, sondern zunächst ausschließlich das Reifen der Beziehung im Vordergrund steht. So kann eine Kunden-Beziehung im Laufe der Zeit immer wertvoller gemacht werden. Je mehr sich beide Partner kennenlernen, desto höher ist die Wahrscheinlichkeit eines Auftrages.

Jemanden gut kennenlernen heißt in Geschäfts-Beziehungen auch, dieses im Laufe der Zeit gesammelte Kunden-Wissen entsprechend zu speichern. Was hat der Kunde davon? Er genießt einen besseren und individuelleren Service. Darauf sollte in einer vertrauensvollen Beziehung aber auch immer hingewiesen werden. Offenheit beim Sammeln von Informationen ist eine wesentliche Komponente von Permission Marketing. Aber welcher Kunde mag das schon? Ganz einfach: Jeder Kunde, der daraus einen Nutzen mitnimmt!

Immer mehr Kunden sind daher bereit, persönliche Daten anzugeben, wenn sie im Gegenzug dafür auch einen persönlichen Service erhalten. Diese Daten sollten Sie dann aber nur für den angegebenen Zweck verwenden.

So hatte zum Beispiel die Online-Community „Geocities" Nutzerdaten an Anbieter verkauft. Daraufhin fiel der Aktienkurs um 15 %! 1997 wollte AOL die Telefonnummern seiner Mitglieder an ein Telemarketing-Unternehmen verkaufen, musste diesen Plan nach heftigsten Protesten jedoch aufgeben! Immer mehr entwikkelt sich eine Ökonomie, in der die Kunden-Beziehung zum Schlüsselfaktor wird.

Bauen Sie Wechselbarrieren auf

Wer viel in seine Kunden investiert, ärgert sich natürlich umso mehr, wenn diese zum Mitbewerber abwandern. Um die Drop-Out-Rate niedrig zu halten, gibt es eine Reihe von Möglichkeiten.

Eine davon ist die, soviel über den Kunden und dessen Gewohnheiten zu lernen, dass ein ganz individueller

Service geboten werden kann. Wechselt der Kunde den Anbieter, muss er auf den gewohnten Komfort verzichten, solange bis er dem neuen Anbieter alles wieder beigebracht hat.

Eine andere Barriere ist die liebe Technik: Wenn Sie erst einmal verstanden haben, nach welchem Prinzip die Bedien-Elemente Ihres Videorecorders mit den gewünschten Funktionen verknüpft sind, ist es sehr wahrscheinlich, dass Sie bei der Marke bleiben, um nicht wieder von neuem eine andere Bedien-Philosophie lernen zu müssen.

Eine etwas direktere Art der Kunden-Bindung sind Bonus-Programme à la „Miles&More". Dabei gibt es für jeden Kauf eine virtuelle Rabattmarke, die später eingelöst werden kann. Nachteil an diesen Programmen ist, dass Sie bei massenhafter Verbreitung ziemlich wirkungslos sind, da Sie keinen echten Kunden-Nutzen bieten. Treue läßt sich eben nicht kaufen!

Machen Sie Ihr Unternehmen für den Kunden wertvoll

Echter Kundennutzen entsteht nicht, wenn Sie etwas von dem Preis, den der Kunde bezahlt hat, zurückgeben. Echter Nutzen ist mehr. Bonus-Programme lassen sich hervorragend einsetzen, um das Unternehmen gerade für Stammkunden besonders wertvoll zu machen, damit sie nicht so leicht wechseln.

Bieten Sie Ihren besten Kunden doch einfach an, dass Sie nicht warten müssen. Im Flugzeug können Sie die bevorzugte Unterbringung auch größerer Handgepäckstücke anbieten. Im Kino bekommen Stammkunden immer die besten Plätze. Beim Frisör werden die besten Termine freigehalten. Ist das neu? Nein, zum Teil hieß es früher „Bückware" oder der Gemüsehändler hatte da noch einen besonders frischen Vorrat oder ... Wenn ein solcher Kunde den Anbieter wechselt, ist die ganze ehrenvolle Behandlung dahin, und er gehört wieder zum gemeinen Volk. Wer will sich das antun?

In Zukunft wird es in Unternehmen spezielle Kunden-Manager geben, die nichts anderes tun, als sich mit den Wünschen und Bedürfnissen der Kunden auseinanderzusetzen und entsprechend darauf abgestimmte Produkte anzubieten. Wenn diese Rolle nicht bald kompetent von den heutigen Unternehmen selbst in die Hand genommen wird, werden es andere, neue „Companies“ tun.

Diese sind dann Advokaten des Kunden, sogenannte Intermediäre, die Kunden-Wünsche und -präferenzen präzise aufnehmen und sammeln, um anschließend die entsprechenden Anbieter zu suchen. Kunden-Profile werden als wertvoller Besitz nicht mehr an die Unternehmen weitergegeben, sondern nur die Angebote eingeholt.

Verschenken als Anreiz

Bei Kunden-Bindungsprogrammen fallen natürlich spontan die Bonus-Programme ein, die mit Systemen wie Webmiles, Bonusnet oder Payback jetzt gerade in Deutschland ihren Siegeszug antreten.

Das Grundprinzip ist das gleiche: Ein Kunde bekommt einen Teil seines Kaufpreises zurück. Wozu das Ganze gut ist, wenn alle Läden an ein solches Systeme angeschlossen sind, ist nicht immer klar. Grenzen gibt es sicher bei der Anzahl unterschiedlicher Mitgliedskarten, die noch ins Portemonnaie passen.

Viel interessanter ist das Werkzeug „Verschenken”, wenn es darum geht, überhaupt erst einmal einen Erstkauf zu initiieren. Das Belohnen von solchen Erstkäufen hat inzwischen schon solche Ausmaße angenommen, dass es extra eine Reihe von Webseiten wie „kostenlos.de“ gibt, die solche Angebote auflisten.

Interessant werden Geschenke dann, wenn es um digital lieferbare Produkte geht. Dann nämlich entfallen die Herstellung, beziehungsweise die Vervielfältigungs- und Distributionskosten. Während bisher das Verschenken einer CD immer noch mit mindestens 5-10 DM zu Buche schlägt, geht dies mit Internet-Technik fast kostenlos.

Sie nehmen ein einfaches Software-Programm - zum Beispiel einen Bildschirmschoner - und stellen es abrufbereit auf Ihren Webserver. Egal wie viele Nutzer diese Software haben wollen, es kostet Sie fast keinen Pfennig, selbst wenn Millionen darauf zugreifen.

Ähnliche Software-Präsente können Sie auch Ihren Stammkunden machen. Ein einfacher Versand per eMail-Kundenzeitung genügt. Liebe ist zwar nicht käuflich - aber kleine Geschenke vertiefen die Freundschaft!

Bauknecht weiß was Frauen wünschen - aber woher wissen Sie es?

Mehrfach schon wurde der Aspekt „Kundenwünsche kennenlernen” angesprochen. Ein wesentliches Kriterium erfolgreicher Beziehungen ist natürlich, dass man den Anderen kennt. Das Geheimnis guter Beziehungen ist immer auch ein Gespür für die Wünsche und Befindlichkeiten des Partners.

Hier bietet die Internet-Technologie eine Reihe interessanter Möglichkeiten des automatisierten Kennenlernens. Jeder Berührungspunkt mit Kunden - neudeutsch auch „Customer Touchpoint” - eröffnet die

Chancen, Wissen zu sammeln. Dieses Wissen kann dann ebenso automatisiert dazu dienen, Angebote stärker auf die individuellen Wünsche abzustimmen.

Beispielsweise gibt es ein Forschungsprojekt an der Berkeley University, bei dem man einer Person Witze vorlegt, die dann individuell bewertet werden. In der zweiten Stufe gibt es dann schon viel bessere, weil den Geschmack der Person stärker treffende Witze. Die wiederum bewertet werden können und so weiter ... (http://www.dislocation.net/humor/info.html).

Dieses System nennt man „Closed Loop“, also ein geschlossener Kreislauf, bei dem jedesmal mehr Wissen vorhanden ist und das Angebot besser wird. Dahinter steckt dann eine „Recommendation Engine”, die Empfehlungs-Maschine, die jeweils die Bewertungen unterschiedlicher Nutzer in die gesamte Wissensbasis einfügt. Derzeit wird viel an solchen „One-to-One“-Systemen gearbeitet, jedoch ist die Verbreitung noch nicht groß.

Da der Mensch nur eine begrenzte Aufnahme-Kapazität für neue Informationen hat, ist nun der Kampf um die Aufmerksamkeit voll entbrannt. In diese „Attention Economy” müssen immer höhere Summen investiert werden, um eben Aufmerksamkeit zu gewinnen. Hier bieten die genannten „Recommendation Engines“ gute Chancen, einem Kunden sehr schnell ein passendes Angebot zu unterbreiten.

Zusammenfassung von Kapitel 2: Die neue Qualität der Kunden-Kontakte - langfristig, wertvoll, weil via Permission!

Die Kapitel dieses Buches lassen sich mit einem Flirtkurs in sechs Schritten vergleichen: 1) Sie bekommen die Aufmerksamkeit Ihrer Angebeteten; 2) Sie vereinbaren ein zweites Treffen; 3) Sie treffen sich regelmäßig; 4) Sie lernen systematisch die Vorlieben Ihres Partners kennen; 5) Sie nutzen Ihr Wissen, um persönliche Botschaften zu senden; 6) Sie machen Ihrem Partner zum richtigen Zeitpunkt das entscheidende Angebot.

Diese Schritte kennzeichnen die Vorgehensweise auch beim Permission Marketing, dessen Ziel der Aufbau einer langfristigen Beziehung ist. Nachrichten, die Sie an Ihre Kunden schreiben, sollten explizit erwünscht sein. Vertrauen bauen Sie dann auf, wenn Ihre Nachrichten persönlich gehalten sind und nicht für einen gesichtslosen Standardkunden geschrieben werden. Insbesondere elektronische Medien wie eMail können diese Forderungen erfüllen!

Erwünschte Werbebotschaften erzeugen traumhaften Response, der über Hyperlinks präzise gemessen werden kann. Außerdem können bei eMail Kunden selbstbestimmter agieren und sich beispielsweise von einer Verteilerliste auch wieder streichen. Um so wertvoller wird die Kundenbeziehung - für beide Seiten!

Zusätzlich sollten technische oder emotionale Wechsel-Barrieren aufgebaut werden. Je stärker die Kundenbindung ist, desto höher wird das Unternehmen an der Börse bewertet. Ein wesentlicher Aspekt dabei ist der Informationsgehalt von Website und eMail-Newsletter. Je wertvoller diese Informationen, desto wertvoller wird die Kundenbeziehung!

Wie Sie Ihre Kunden zum Dialog anreizen

3

PERMISSION MARKETING - KAPITEL 3 ...

Kapitel-Abstract
für Schnell- und Diagonal-Leser

In diesem Kapitel lernen Sie, wie Sie den ersten Schritt des Permission Marketing konkret umsetzen und Interessenten zum Dialog anreizen. Sie erfahren, wie Sie am Anfang einer Beziehung zunächst einmal die Aufmerksamkeit auf sich lenken. Sie erhalten konkrete Tipps, welche Anreize Sie bieten können, damit Besucher mit Ihnen in Dialog treten. Besonders mit Hilfe des Internet gibt es tausenderlei gute Möglichkeiten, Ihren Interessenten etwas Wertvolles zu schenken, ohne daß es Sie etwas kostet.

Es klingelt an der Haustüre. Nach dem Öffnen stellt sich mir ein ganz in Weiss gekleideter jüngerer Mann vor: „Guten Tag , ich komme vom örtlichen XYZ (eine Hilfsorganisation). Wie jedes Jahr möchten wir um eine Spende bitten." XYZ? überlege ich, noch immer etwas misstrauisch; zuviel Schindluder wird ja heutzutage mit Haustürgeschäften getrieben. Kann ich ihm trauen?

Ich lasse mir zur Sicherheit den Ausweis zeigen und spicke auch ganz schnell auf seine bereits geöffnete Mappe. Ja, scheint soweit „koscher" zu sein. Nachdem ich meine grundsätzliche Bereitschaft zu einer Spende erklärt habe, werde ich mit einem DIN A4-Vordruck konfrontiert, der sofort mein Misstrauen wieder erwachen lässt: „Nicht für Einmal-Spenden" entziffere ich da zwischen ziemlich vielen auszufüllenden Vordruck-Kästchen. Und auf den Seitenkopf gestempelt: Eine mir unbekannte Spendeneinzugsstelle der XYZ in der Nachbarstadt.

Auf meine entsprechenden Fragen erfahre ich, dass erstens alle Spenden-Beträge seit neuestem aus verwaltungstechnischen Gründen (???) über diese zentrale Sammelstelle in der Nachbarstadt eingezogen werden. Zweitens stellt sich heraus, dass auch diese Organisation die Segnungen des modernen Dialog-Marketing für sich entdeckt hat. Leider hapert es hier noch etwas am nötigen Nutzendenken aus Kundensicht: Dieser Vordruck enthält eine sogenannte negative Option. Einmal ausgefüllt wird automatisch jedes Jahr abgebucht und wenn ich nicht mehr zahlen wolle, genüge ein kurzer Brief. Den Vordruck könne er mir aber nicht überlassen, er müsse ihn selbst „vor Ort" ausfüllen und gleich wieder mitnehmen.

Da man hier voll auf die Bequemlichkeit und Vergesslichkeit der Mitmenschen setzt, lehne ich eine solche Spende ab. Einzelspenden könne der Spendensammler jedoch nicht entgegennehmen und mir auch keine Bankverbindung nennen. Ich möge mich doch telefonisch an diese Sammelstelle wenden. Ob ich dort jemals anrufen werde?

Nach einem zunächst durchaus sympathischen ersten Eindruck ist dieser Spenden-Gewinnungsversuch einer Hilfsorganisation dann doch kläglich gescheitert. Denn statt mit der richtigen Vorbereitung einen Dialog aufzubauen, ist man mit der Tür im wahrsten Wortsinne ins Haus gefallen. Spenden sammeln wie jedes Jahr... Verspricht das uns als Spendengeber irgendeinen Nutzen?

Wieviel effektiver wäre es gewesen, zunächst einmal mit einer einfachen Postkarte diesen Spendenwunsch optimal vorzubereiten, indem man die Organisation kurz vorstellt sowie den Spendensammler und den Zeitpunkt des Besuches. Und indem man sich bei der Bezahlung der Spenden flexibel zeigt, also sowohl Einmal- wie auch Abo-Spenden annimmt.

Anders als bei der klassischen Unterbrecher-Werbung kommt es beim Permission Marketing zunächst darauf an, daß die Kundenansprache im Kontext stattfindet und somit Werbung als erwünschte Informationsvermittlung wahrgenommen wird.

Das Wichtigste aber wäre zunächst das interne Sammeln von guten Argumenten für die gewünschten Spenden gewesen: „Spenden auch Sie, weil jeder von uns vielleicht einmal auf diese Hilfe angewiesen ist.“

Dazu ein echtes Fall-Beispiel aus der Praxis plus Zahlen und Fakten über die bisher geleistete Arbeit. Dies passt alles textlich auf jede handelsübliche Postkarte. Und damit hätte man auf jeden Fall einen besseren „Türöffner“ besessen als diesen überfallartig anmutenden Versuch eines Haustür-Geschäftes. Dies zeigt uns aber, wie wichtig eine an der menschlichen Psyche orientierte Planung ist.

Wie Sie Ihren Permission-Dialog optimal vorbereiten

„Anbaggern" - aber richtig!

Unser erstes Ziel einer Permission Marketing-Strategie heisst also: Eine optimale Vorbereitung, um den Angesprochenen dahingehend zu motivieren, dass er uns die Erlaubnis für weitere Kontakt-Aufnahmen erteilt. Hier geht es damit (noch) nicht ums Verkaufen, sondern wir wollen zunächst „nur“ die Bereitschaft wecken, einen Dialog aufbauen zu dürfen!

Damit sind wir aber in einer nur allzu bekannten Situation: Entweder ist es Liebe auf den ersten Blick oder wir müssen erst mal flirten, was das Zeug hält!

Im ersten Idealfall müssen wir hier nichts weiter tun. Aber in der zweiten, wesentlich realistischeren Situation heisst es für uns als schmachtenden Unternehmens-„Liebhaber“: Die Angebetete(n) umwerben! Ausprobieren, ob und wie es funkt. Flirten, „anbaggern” - aber auf welche Weise und wie richtig?

Wie Sie „innere Schweinehunde" überwinden

Macht Liebe blind? Eigentlich flirten wir doch immer mal wieder oder sogar ständig mit unseren (potentiellen) Kunden - über unsere traditionellen, klassischen Werbemittel.

Doch bisher leider überwiegend mit negativem, weil inflatorischen Immunitäts-Effekt und hohen Streuverlusten. Mit einem Wort: Viel Lärm um (fast) nichts! Höchste Zeit also, unsere Flirt-Strategie zu ändern und damit endlich die Aufmerksamkeit zu bekommen, die uns zusteht.

EXKURS: Permission Marketing-Phase 1
Aufmerksamkeit durch Reiz-Aktivierung
Voraussetzungen, Kontext, Limitierungen

Jeder von uns agiert innerhalb eines komplexen, zeitvariablen Geflechtes von Beziehungen und Restriktionen vielfältigster Art. Von vererbten Merkmalen über das Einkommen, das Lebensalter bis zum persönlichen Umfeld. Vieles davon ähnelt sich bei vielen Menschen, aber keine zwei Menschen sind gleich. Dies ist ein Hauptargument via Permission eine zeitsparende, kostengünstige und individuellere „one-to-one"-(eMail-) Beziehung herzustellen.

„Time" ist zwar nicht nur „money" aber in unseren modernen Zeiten ein äußerst knappes Gut geworden. Aufmerksamkeit braucht Zeit - und ist damit ebenfalls zum knappen Gut geworden. Deshalb müssen wir neben einem verkäuferischen Denken in Nutzen und Vorteilen vor allem auch unsere Kommunikation straffen.

Der wichtigste kommunikative Marketing-Aspekt ist die Veränderung, die jede Mitteilung durch das Anpassen an das jeweilige Medium (über ein Kommunikationsmittel) und durch die individuell gefärbte „Empfängerbrille" erfährt. Eine falsch verstandene Aussage führt zu einer fehlerhaften oder nicht erfolgenden Rückkopplung, der gewünschte Response schlägt fehl. Deshalb ist die zielgruppen- und medienadäquate Gestaltung von Werbemitteln so wichtig. Ein Bild sagt zwar manchmal mehr als tausend Worte, aber am Anfang war das Wort! Und mit Bildern allein werden Sie nicht verkaufen können. Höchstens als Galerist oder Auktionator.

Wichtige Text-Regeln ergeben sich durch die Syntax (Aufbau)-Forschung und durch die Semantik (Bedeutung). Das wichtigste Syntax-Gesetz zur Satzlänge lautet: Je informationsreicher ein Satz, desto kürzer muss er sein! Aktive Sätze sind verständlicher als passive oder abstrakte Formulierungen. Das Semantik-Gesetz über das Maß der Verständlichkeit heisst: Je bildhafter, desto präziser eine Aussage.

Beispiel: Man vermeidet den Ausdruck „Pferd" und wählt stattdessen bildhaftere Begriffe wie Hengst, Wallach, Stute, Rappen, Falbe, Fohlen, Schimmel, Fuchs. Denn alle diese konkreten Begriffe besitzen zusätzliche semantische Inhalte (Farbe, Geschlecht), die eine Information plastischer und damit verständlicher machen. Beim werblich-persuasiven Sprachgebrauch wird diese Technik in erweiterter Form zur emotionalen Aufladung von Begriffen benutzt, um die gewünschte Wirkung auszulösen: Pferd = Klepper; Fahrrad = Drahtesel; Buch = Schwarte.

Daneben sind auch alle Limitierungen zu beachten: Es sind dies z.B. gesellschaftliche (Tabu-Themen), zeitliche (Urlaubszeit, Saison), finanzielle (beim Anbieter und Nachfrager), gesetzliche (UWG - Gesetz gegen den unlauteren Wettbewerb, Zugabeverordnung, Rabatt-Gesetz, EU-Gesetze) sowie mediale Grenzen (Preis, Fläche, Zeit).

Nach wie vor beachtenswert ist eine Werbe-Regel, die auch heute noch nichts von ihrer Prägnanz eingebüßt hat: AIDA heisst diese schon leicht ergraute „Dame" und sie steht für A (attention, Aufmerksamkeit), I (interest, Interesse), D (desire, Wunsch) und A (wie action, Tat).

Diese gewünschte Aufmerksamkeit wird uns zwar nach wie vor Geld kosten. Ab jetzt wollen wir unser Budget aber wesentlich effektiver und erfolgversprechender einsetzen.

Mit einer Erlaubnis-Strategie werden Sie das eingesetzte Kapital nicht nur rentierlicher arbeiten lassen. Sie belegen und begründen alle Ausgaben Schritt für Schritt durch den damit erzielten messbaren Response.

Dabei geht es bei der Permission Marketing-Planung zunächst darum, über spezielle Auslöser ein erstes Rendezvous mit potenziellen Kunden optimal vorzubereiten. Die Verhaltensforschung spricht hier von sogenannten aktivierenden Reizen als Vorstufe zur Informationsaufnahme. Diese Aufnahme von Information ist dann wiederum die Voraussetzung für eine Reaktion.

„Man erlebt nicht, was man erlebt, sondern wie man es erlebt." Wilhelm Raabe, deutscher Dichter, 1831-1910

Bestimmte Reize oder Signale wirken dann aktivierend und aufmerksamkeitsfördernd, wenn sie es schaffen, menschliche Trägheits-Barrieren, Gewohnheiten, Routinen wie zum Beispiel den Unwillen, Geld auszugeben oder Rasen zu mähen oder zu bügeln, zu überwinden.

Genau diese Hürden überspringen wir durch unsere speziellen Permission Marketing-Auslöser: Kleine Erlaubnis-Schritte ohne primäre Verkaufs-Absicht.
Damit minimieren wir die latent vorhandene Ablehnung gegenüber herkömmlichen Massen-Marketing-Techniken. Und mit eindeutigen Nutzenversprechen sowie kostenlosen „good will"-Vorleistungen erhöhen wir die Zustimmungsrate.

Doch trotz dieser hemmschwellen-senkenden „Salami"-Technik müssen wir für ein sicheres Gelingen unserer Permission Marketing-Aktivitäten auch bestimmte menschliche Verhaltensmuster berücksichtigen.

Und das heißt - genau wie in der Liebe - nicht nur eine positive Ausstrahlung und nachvollziehbare Vorteilsversprechen miteinander verknüpfen, sondern auch die diversen Randbedingungen und den situativen Kontext beachten.

Das Geheimnis des menschlichen Handelns

Behaupten kann man vieles. Ob man in der heutigen Zeit mit einem Vorteilsversprechen noch etwas bewegen kann, das hängt von den Beweisen ab - in der Liebe und im Business. Und vor allem davon, ob und wie diese Beweise aufmerksamkeitsfördend vermittelt werden.

„Was der Bauer nicht kennt, frisst er nicht" heißt ein altes Sprichwort, das den Menschen treffend als Gewohnheitstier symbolisiert.

Kommunikation - ein Kinderspiel?

Folgendes bekannte Kinderspiel zeigt deutlich die Gefahr der Kommunikations-Veränderung durch das Transportmedium: Kinder setzen sich in einen Stuhlkreis. Das erste Kind erhält einen Begriff ins Ohr geflüstert und gibt diesen auf die gleiche Weise an das nächste Kind weiter und so geht es ringsum.

Der Begriff, der dann schließlich beim ersten Kind ankommen wird, hat in der Regel nichts mehr mit dem ursprünglichen Wort zu tun.

Der Transport von Informationen wird durch den jeweiligen Übermittlungskanal gefiltert und kann dadurch verändert werden.

Das bedeutet aber für eine erfolgreiche Beweisführung von Nutzenversprechen bis hin zur gesamten Kommunikationspolitik, dass hier ganz bestimmte Wahrnehmungs-Gesetze zu beachten sind, die auf einem einzigen menschlichen Grundbedürfnis basieren.

Das Grundmuster allen menschlichen Handelns lautet: Streben nach Sicherheit in jeder Lebenslage! Von der Nahrungssuche über die Fortpflanzung, vom Bezahlen im Web bis zur Gefahren-Abwehr und -Vermeidung. Wir wollen sicher gehen!

Der berühmte Motivforscher Ernest Dichter spricht beispielsweise von vier menschlichen Grundbedürfnissen: viscerale (=lebenserhaltende), Aktivitäts-, sensorielle und Sicherheits-Bedürfnisse.

Und mit einem adäquaten Partner schöner, reicher, gesünder werden und damit noch sicherer. Anhänger der Freud'schen Lehre sagen dazu: Es dreht sich sowieso alles nur ums Thema Nummer eins - womit wir wieder beim Flirten angelangt wären.

Wie Sie bei Ihren Kunden Vertrauen säen

Wie auch immer, ob Freudianer oder nicht, Sie sollten also beim Einsatz von Permission Marketing Ihre Vorteils-Versprechen mit „wasserdichten" Beweisen untermauern oder Instrumente einsetzen, die zu einem vergleichbaren Vertrauens-Ergebnis führen.

Zum Beispiel durch Testberichte einer übergeordneten, als neutral angesehenen und damit „sicheren" Instanz wie der Stiftung Warentest oder durch positive Kunden-Aussagen oder Meinungen, Urteile und Rezensionen der Presse.

„Nicht immer, aber immer öfter"

„Nichts ist unmöglich"

„Quadratisch, praktisch, gut"

Dies schafft zusammen mit einem psychologisch positiv besetzten und damit dann ebenfalls als „sicher" empfundenen Zeichenvorrat (CI, Logo, Slogan, also alle Werbekonstanten bis hin zu den Hausfarben und zur Typografie) eine Art von „Urvertrauen" bei der Wahrnehmung unseres Angebotes, das wir jeweils noch medienadäquat „verpacken" und mit der passenden Frequenz senden müssen.

Die richtige Frequenz, mit der Sie über die verschiedensten Kanäle Ihre Botschaften aussenden, ist Ihr Fundament zur Vertrauensbildung!

Warum Sie Marken-Politik betreiben sollten

Im Idealfall betreiben Sie beispielsweise als „big player" schon seit Jahrzehnten eine Marken-Politik, deren Hauptmerkmale unter anderem Ubiquität - Ihre Produk-

Eine stimmige Umsetzung einer Unternehmens-Idee ist die Ameisen-Symbolik (die fleißige Masse macht's) dieses bekannten Powershopping-Anbieters.

te sind überall erhältlich - und eine permanente Werbe-Frequenz sind. Dies führt schließlich dazu, dass Sie auch ohne aggressiv-schrille Werbung einfach immer „da“ sind, dazugehören, so vertraut und damit vertrauenerweckend sind wie Persil und Nivea, wie der „gute“(!) Stern aus Untertürkheim oder die zarteste Versuchung, seit es Schokolade gibt.

Jäger grasen ab, was da ist. Bauern säen selbst und haben damit nachhaltigere und sehr viel größere Erträge, die auf lange Zeit stabil sind.

Damit sind wir bei einem Kernstück erfolgreichen Permission Marketings: Wir suchen primär nicht den kurzfristigen „Pull“. Sondern setzen auch als kleinerer Anbieter auf eine langfristig angelegte, konsistente Unternehmenspolitik. Die durch eine permanente Werbe-Frequenz mittels dialog-orientierter Vorteils-Kommunikation Schritt für Schritt Vertrauen aufbaut und so letztendlich sichere Umsätze durch besonders treue Kunden bringen wird.

Zur Eröffnung unseres Permission-Dialoges müssen wir uns im nächsten Schritt mit den konkreten Vorteilen und Nutzen, mit den realen und den psychologischen Benefits auseinandersetzen.

Wieso Sie mit einem „USP" erfolgreicher Ihren Permission-Dialog eröffnen

Einzigartige Vorteile bringen einzigartige Chancen

Flirten im privaten wie im kommerziellen Sinn ist immer ein Spiel mit der Attraktivität potentieller Partner, mit der Wahrnehmung von tatsächlichen oder vermuteten Vorteilen.

Leichteres Spiel haben Sie, wenn Ihr Unternehmen im Gegensatz zur Konkurrenz ein einzigartiges Verkaufsversprechen (USP oder unique selling proposition) besitzt.

Sagen Sie, was Sie Ihren Kunden Besonderes bieten. Was können Sie besser als ihre Mitbewerber? Womit bieten Sie den größten Kundennutzen?

Einen exklusiven Vorteil also, den sonst niemand bieten kann. Der Ihnen beispielsweise durch ein Patent, ein besonderes Produktionsverfahren oder durch ein spezielles Logistik-Know-how ein Alleinstellungsmerkmal verschafft.

Ist diese Alleinstellung nicht vorhanden, so befinden wir uns im harten Verdrängungswettbewerb mit unseren Markt-Konkurrenten: Gleichartige Produkte mit ebensolchen Grundnutzen konkurrieren miteinander.

Daher werden dann den Produkten und Dienstleistungen immer schrillere emotionale Pseudo-Zusatznutzen aufgepfropft, um sich so von der Konkurrenz abzuheben. Weil dies aber letztendlich nur „heisse Luft" ist, wird mit einer solchen Marketing-Politik - wenn überhaupt - auch nur ganz kurzfristig Gewinn über Impulskäufe zu erzielen sein. Das Ganze führt dann in letzter Konsequenz zu ruinösen Preiskämpfen, die ganze Teilmärkte zerstören.

Der bessere Weg ist auf jeden Fall, einen besonderen Vorteil zu schaffen. Was ja übrigens auch eine originäre Marketing-Aufgabe ist: Den Bedarf von Zielgruppen ermitteln und diesen in Produkte und Dienstleistungen mit besonderen Vorteilen zu „gießen".

Ob das nun eine spezielle Kombination vorhandener Angebote oder etwas völlig Neues ist, Permission Marketing auf der Basis eines solchen einzigartigen Nutzens wird uns über jedes Medium natürlich erheblich leichter fallen. Weil Sie damit von vornherein noch attraktiver sind. Und so noch einfacher mit Ihren potentiellen Kunden „flirten" und sie zum Dialog bewegen können.

6 Situationen für wirksame Vorteils-Kommunikation

Einzigartig sollte also im Idealfall unser Nutzenversprechen sein, eindeutig aber in jedem Fall. Und genauso eindeutig, klar und prägnant kommuniziert werden.

Beim Permission Marketing werden Kunden nicht durch Unterbrecherwerbung aus einem Zusammenhang herausgerissen. Vielmehr passen sich die Botschaften dem inhaltlichen Kontext an, in dem sich der oder die Angesprochene momentan befindet.

„ICE-Sprinter: Frankfurt-Berlin in 3,5h". Diese Außenwerbung, angebracht auf LKW, die die angesprochene Autobahnstrecke befahren, signalisiert einen eindeutigen und sofort nachvollziehbaren Vorteil. Und der bleibt vor allem dann nachhaltig „hängen", wenn wir zum Beispiel wieder einmal im Stau stecken ...

Eine argumentativ aufgebaute Werbe-Anzeige, direkt neben einem informativen, thematisch gleichen PR-Artikel platziert, verstärkt die Glaubwürdigkeit und transportiert so optimal ein Nutzenversprechen.

Nach der Suchmaschinen-Eingabe des Begriffes „Gebrauchtwagen“ erscheint mit den gefundenen Links ein Werbebanner zu einem entsprechenden Angebot.

Alle Situationen, in denen Wartezeiten auftreten, lassen sich besonders gut für die erste „Flirt“-Phase einer Permission Marketing-Strategie nutzen. Sprechen Sie Ihre Kunden an, wenn diese Zeit für Sie haben. Sie werden dann viel empfänglicher für Ihre Botschaft sein.

Zum Beispiel über interaktive Infoterminals am Flughafen oder Bahnhof, mittels derer sich der Angesprochene zu einem Bonus- oder Rabatt-Programm anmelden kann.

Zum Beispiel in Sprech- und Wartezimmern von Ärzten, Anwälten, Architekten, Steuerberatern und bei Behörden: Durch Werbemittel wie Lesezirkel-Mappen, Flyer, Prospekte, Kataloge bis hin zu kompletten Mailings zum Mitnehmen, die etwa Produkt-Proben oder CD‘s enthalten können. Oder zum Beispiel durch die persönliche Ansprache oder Plakate mit Abriss-Coupons an Bushaltestellen.

Zusammen mit der eindeutigen Nutzen-Kommunikation sollten Sie als zusätzliche Verstärker und als vertrauensbildende Maßnahme eine oder mehrere Vorleistungen, idealerweise natürlich in Form von Gratis-Geschenken einbauen. Was können wir hier tun, was lässt sich verschenken?

Praxis-Beispiele: Wie und womit Sie wirksame Dialog-Anreize schaffen

7 Beispiele aus unterschiedlichsten Branchen

Ein zentraler Punkt beim ersten Kontakt mit Kunden ist das Erlangen von Aufmerksamkeit. Wie bekommen Sie aber die Aufmerksamkeit potentieller Interessenten? Sicher, Sie können die Vorteile ihrer Produkte anpreisen, Sie können deutlich machen, was Sie bieten und was Ihre Mitbewerber nicht bieten können. Aber reicht das schon aus, um einen Dialog zu beginnen? Reicht es aus, um Kunden dazu zu bewegen, mit Ihnen in Kontakt zu treten?

Damit ein Interessent sich in Ihrem Unternehmen meldet, sollten Sie ihm einen handfesten Grund dafür bieten. Der einfachste Weg zu diesem Erstkontakt sind kostenlose Angebote oder Angebote, bei denen Kunden nicht widerstehen können.

Aber Vorsicht mit leeren Versprechen - schließlich wollen Sie kein Verhältnis für eine Nacht, sondern eine Beziehung fürs Leben. Angebote müssen wertvoll und ehrlich sein, um nachhaltige Beziehungen aufzubauen.

„Handy DM 0,-“ ist das wohl bekannteste Beispiel der rein physischen „Geschenk“-Kategorie (siehe nächste Seite), die mittlerweile bis zum kompletten PC - gegen Gewährung von Werbe-Einblendungen - reicht.

Doch Vorsicht: Hier läuft die Kommunikation bisher in der Regel noch völlig falsch: Das „Gratis“-Angebot in der Headline („Handy DM 0,-“) stellt sich nach dem Lesen des „Kleingedruckten“ („... bei Abschluss eines zweijährigen Vertrages mit folgenden Kosten ...“) als unwahr heraus. Und damit ist eine große Chance vergeben!

Nur ein Beispiel unter vielen, die mit dem psychologischen Reiz des Kostenlosen arbeiten. Doch spätestens beim Lesen des Kleingedruckten relativiert sich die „0-DM"-Aussage. Der negative Effekt: Misstrauen und Ablehnung nach dem Motto „wer einmal lügt...". Deshalb ist dies keine empfehlenswerte Vorgehensweise für das Permission Marketing.

Denn der auf diese Weise Umworbene fühlt sich zu Recht „gelinkt" und nimmt Abstand, spätestens innerhalb der gesetzlich verankerten Rücktrittsfrist. Was soll diese Drücker-Mentalität, wenn es mit einem offen und ehrlich kommunizierten Angebot auf jeden Fall zu mehr Abschlüssen bei wesentlich weniger Rücktritten kommen wird: „2 Jahre D2 bei uns - WAP-Handy im Wert von DM 800,- gratis dazu!" So kann man das auch und wertiger sagen!

Als Produkt-Hersteller oder -Vertriebsgesellschaft bieten Sie beispielsweise per Mailing oder Internet eine individuelle, idealerweise mit Namen oder Logo personalisierbare Gratis-Ware zum „Schnuppern" an.

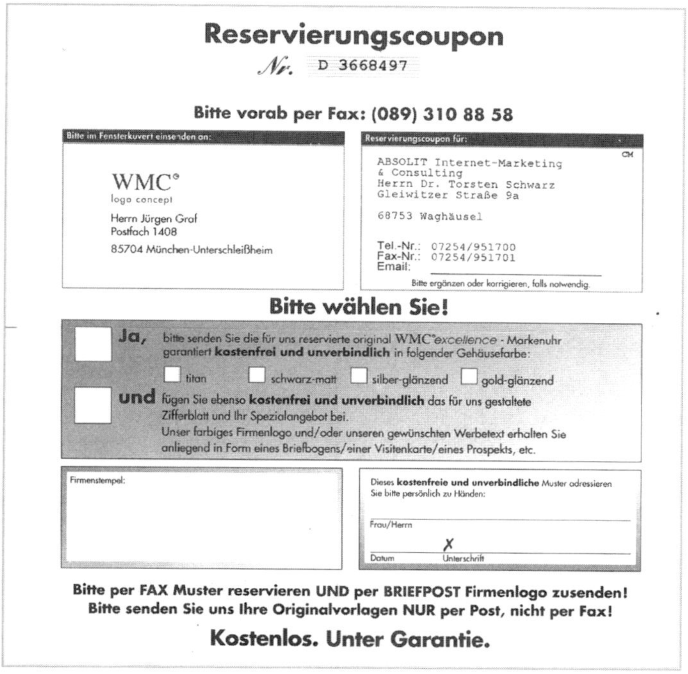

Reservierungscoupon

Nr. D 3668497

Bitte vorab per Fax: (089) 310 88 58

Bitte im Fensterkuvert einsenden an:

WMC®
logo concept
Herrn Jürgen Graf
Postfach 1408
85704 München-Unterschleißheim

Reservierungscoupon für:

CM
ABSOLIT Internet-Marketing
& Consulting
Herrn Dr. Torsten Schwarz
Gleiwitzer Straße 9a

68753 Waghäusel

Tel.-Nr.: 07254/951700
Fax-Nr.: 07254/951701
Email:

Bitte ergänzen oder korrigieren, falls notwendig.

Bitte wählen Sie!

☐ **Ja,** bitte senden Sie die für uns reservierte original WMC® *excellence* - Markenuhr garantiert **kostenfrei und unverbindlich** in folgender Gehäusefarbe:

☐ titan ☐ schwarz-matt ☐ silber-glänzend ☐ gold-glänzend

☐ **und** fügen Sie ebenso **kostenfrei und unverbindlich** das für uns gestaltete Zifferblatt und Ihr Spezialangebot bei.
Unser farbiges Firmenlogo und/oder unseren gewünschten Werbetext erhalten Sie anliegend in Form eines Briefbogens/einer Visitenkarte/eines Prospekts, etc.

Firmenstempel:

Dieses **kostenfreie und unverbindliche** Muster adressieren Sie bitte persönlich zu Händen:

Frau/Herrn

Datum X Unterschrift

Bitte per FAX Muster reservieren UND per BRIEFPOST Firmenlogo zusenden!
Bitte senden Sie uns Ihre Originalvorlagen NUR per Post, nicht per Fax!

Kostenlos. Unter Garantie.

Hier geht es um Markenuhren und deren individuelle Gestaltung mit Logo und eigenen Ideen des Kunden. Zum Schnuppern gibt es ein Gratis-Exemplar vorab mit eigenem Firmenlogo oder gewünschtem Werbetext.

Als ISP (Internet Service Provider), Software-Hersteller oder PC-Zeitschriftenverlag offerieren Sie etwa kostenlose (Einwahl-)CD's (per Beilagen, Beihefter, Hauswurf-Sendung, Mailing, auf Messen und Ausstellungen oder in PC-Fachzeitschriften). Selbstverständlich angereichert mit Dokumentationen, Fachbeiträgen, Testberichten und Links sowie mehreren, aber dann auch wirklich nützlichen Software-Programmen, Bildschirmschoner, Demos, Shareware und PC-Spielen.

Und wie wäre es zum Beispiel mit einem exklusiven Netzwerk-PC-Spiel als „download"-Anreiz, wenn Sie als Spielzeug-Anbieter Ihre Web-Präsentation eröffnen oder promoten wollen.

Auch reale Gratis-Spiele oder Spiele-Zubehör-Artikel sind als „give-away“ noch längst nicht „out“. Gerade wenn Sie als stationärer Händler eine besondere Aktion in Zusammenarbeit mit einem Hersteller planen.

Ideal sind in diesem Bereich natürlich Spielsysteme, die die virtuelle und reale Welt verbinden können, so wie das beim bekannten dänischen Spielsteine-Hersteller erfolgreich praktiziert wird.

Ob im klassischen Direct Mailing, als personalisierte Hauswurfsendung oder beigeklebt in Zielgruppen-Zeitschriften ... Gratis-Gaben in Form von CD's kommen dann immer noch gut an, wenn der Inhalt wertig ist und echten Nutzen verspricht.

LEGO und kein Ende in Sicht. Der dänische Hersteller hat nicht zuletzt durch kostenlose Vorab-Leistungen wie diese CD erfolgreich den Sprung in virtuelle Welten geschafft.

Als Buchhändler oder News-Anbieter verschenken Sie im Web downloadbare Checklisten, PDF-Broschüren mit Tipps, Tricks und Trends von der Baufinanzierung bis zur Typ-Beratung, Leseproben oder komplette eBook-Publikationen.

Sie bieten per Menü auswählbare und nach Region oder Stadt selektierbare Vorab-Einladungen zu Autoren-Lesungen oder literarischen Events. Sie verschenken Bonuspunkte als Honorar für eine publizierbare Buch-Rezension unserer Kunden.

Und im Verlagsbereich wenden wir nicht nur digital sondern auch real zum Beispiel per Direct Mailing die „Bikini"-Technik an: Viele wertige Informationen schon mal gratis vorab, aber das Wesentliche natürlich erst beim weiteren Kennenlernen.

Was für den literarischen und den Nachrichten-Bereich gilt, das ist natürlich grundsätzlich bei allen weiteren Angeboten rund um das Produkt „Information" und dessen Vermittlung ebenfalls anwendbar.

Das sind zum Beispiel alle Events jeglicher Couleur, also der Bereich Ausstellungen, Messen, Seminare und Veranstaltungen sowie alle Beratungsleistungen. Hierbei

Eines der professionellsten und dynamischsten Unternehmen ist die Verlagsgruppe „NR". Norman Rentrop setzte real und digital von Beginn an auf argumentatives Direct-Marketing plus wertige Informations-Zugaben.

lässt sich natürlich das „WWW" hervorragend für die Ware „Information" nutzen. Und bietet dank immer besserer Technik und hoffentlich bald auch günstigerer „Flatrates" enorme Möglichkeiten für hervorragende Anreize.

„Flatrate" nennt man die Pauschal-Gebühr eines Service Providers für zeitlich unlimitiertes Surfen im Internet.

Das Verschenken von Produkten ist der einfachste Weg, um die Aufmerksamkeit von Kunden zu bekommen. Nachteil dabei sind natürlich die nicht unerheblichen Produktionskosten sowie auch der Versand solcher Geschenke.

Das Internet bietet hier vollkommen neuartige Chancen, Kosten zu sparen. Es ist ein Medium, in dem die Papier-, Druck-, Porto-, Versand- und Lieferkosten zu vernachlässigen oder gleich Null sind.

Das Einmalige an diesem Medium ist jedoch die Tatsache, dass jeder Kundenkontakt elektronisch geschieht. Das heißt mit jedem Kontakt läßt sich der Beginn einer möglicherweise langjährigen Beziehung herstellen. Dieser Anfang kann zum Beispiel durch den Tausch der eMail-Adresse gegen ein interessantes Angebot geschehen.

Das Besondere an digitalen Produkten sind die Produktionskosten, die je nach Datenträger fast gegen Null tendieren. So können über das Internet Programme zum Download angeboten werden, bei denen dem Betreiber des Webangebotes nur minimale Kosten entstehen.

18 „Proben" aus dem Netz aller Netze

Statt vorhandene Produkte zu nehmen, stellen wir preiswerte oder völlig kostenlose Basis-Versionen her. Der RealPlayer oder Apples Quicktime-Software im Internet sind hier bekannte Beispiele für Low-cost-„Schnupper"-Programme, die nachher auf Wunsch und gegen Bezahlung zu einer Pro-Version aufgerüstet oder erweitert werden können.

Erst gratis auf den eigenen PC „downloaden" (herunterkopieren) und damit arbeiten, später vielleicht hochrüsten. Aber auf jeden Fall dabei bleiben, um nichts zu verpassen. So wie zum Beispiel beim RealPlayer und bei Apple's Quicktime.

Beim Internet Service Provider „1&1" gehört zum Basis-Angebot unter anderem immer eine Gratis-Vorgängerversion von „Netobjects Fusion", einer Webseiten-Gestaltungssoftware für die man keine HTML-Programmier-Kenntnisse benötigt. Mit der man aber trotzdem seinen Web-Auftritt von A bis Z in kürzester Zeit realisieren kann. Ein echter Zusatznutzen für alle Ungeduldigen nach dem Motto „Ich will alles (Internet-Zugang und eigenen Web-Auftritt) und zwar sofort."

Was machen nun aber beispielsweise Hersteller von Standardsoftware, die ihre teuer entwickelten Produkte nicht einfach kostenlos zum Herunterladen ins Netz stellen möchten? Die Lösung heißt wie beim Service Provider 1&1 „Versioning".

Aber es gibt noch mehr, noch viel mehr. Das World Wide Web bietet hier vollkommen neuartige Möglichkeiten, Kosten zu sparen. Das Internet ist ein Medium, in dem es wie bereits erwähnt weder Briefmarken noch irgendwelche Papier-, Produktions- oder Druckkosten zu „berappen" gilt. So können Sie über das Internet Download-Programme anbieten, bei denen nur minimale Kosten entstehen.

Kostenlose Vorleistungen als Permission Marketing-Verstärker
Vom exklusiven Gratis-Angebot bis zur kostenlosen Zusatz-Gewinnchance gibt es - einzeln oder kombiniert - eine breite Palette von Möglichkeiten, die wir als zusätzliche Anreize anbieten können. Hier eine kleine Auswahl:

Beratung:
- Astrologie
- Benimm-Regeln
- Expertenrat
- Farb-Beratung
- Mode-Tipps
- Persönlichkeitstest
- Typ-Beratung

Digitale Produkte:
- Bildschirmschoner
- Domain-Name gratis
- Download-Bereich (Grafiken, MP3, Software, Videos)
- PDF-Dokumente
- Spiele
- Software (vom Browser bis zur Branchen-Lösung)
- Treiber-Bibliothek

Information:
- Anekdoten-Sammlung
- Autogramm-Karten
- Baufinanzierung
- Checklisten
- Kino-Programm
- Lexika
- Mitglieder-Zeitschrift oder -Newsletter (z.B. Banken, Clubs, D-Netz)
- Telefon- oder Provider-Sparbuch (Tarife, Einwahl-Nummern)
- Themen-Broschüren (Reden schreiben, Mini-Tanzkurs)

Physische Produkte:
- Batterie-Tester
- Computer
- CD
- Handy
- Mikrowelle
- Spezial-Werkzeug
- Spiele
- Sport-Geräte/-Zubehör
- Terminer
- Verbrauchs-Artikel
- Werkzeuge

Spezielle (Kooperations-) Produkte oder exklusive -Leistungen:
- Backstage-Pass bei Musik-Veranstaltungen
- Club-Angebote
- Gewinnspiele
- Kundenkarten
- Rabatte
- Schulungen
- Seminare
- Sonderreisen
- Teilnahme an Veranstaltungen
- Treffen mit Stars
- Verlosungen

Vorab-Angebote:
- Exklusive Vorab-Informationen (z.B. per Newsletter oder Mailing
- Früherer Einlass vor offiziellem Termin (Ausstellungen, Auktionen, Events, Messen, SSV und WSV)

Neben der Weckung von Aufmerksamkeit sollten Sie zusätzliche Anreize schaffen. Am besten in Form einer wertigen Vorleistung zum Nulltarif.

Ursprünglich zu Beginn des 20. Jahrhunderts zum Schutze des Verbrauchers geschaffen, sind zumindest Rabattgesetz und Zugabe-Verordnung inzwischen überholt.

Exkurs: Rabatt-, UWG-Gesetz und Zugabe-Verordnung

Besonders bei Geschenken sind diese Gesetze immer noch zu beachten. Wenngleich Aussicht besteht, dass zumindest Teile dieser Gesetze im Zuge einer EU-weiten Harmonisierung Mitte 2001 entschärft oder Rabatt- und Zugabe-Gesetz sogar ersatzlos gestrichen werden.

Gesetz über Preisnachlässe (Rabattgesetz)
[...] Barzahlungsnachlässe § 2: Der Preisnachlaß für Barzahlung (Barzahlungsnachlaß) darf drei vom Hundert des Preises der Ware oder Leistung nicht überschreiten. [...]

Gesetz gegen den unlauteren Wettbewerb
§ 3: Wer im geschäftlichen Verkehr zu Zwecken des Wettbewerbs über geschäftliche Verhältnisse [...] irreführende Angaben macht, kann auf Unterlassung [...] in Anspruch genommen werden.
§ 4: (1) Wer in der Absicht, den Anschein eines besonders günstigen Angebots hervorzurufen, [...] wissentlich unwahre und zur Irreführung geeignete Angaben macht, wird mit Freiheitsstrafe bis zu zwei Jahren oder mit Geldstrafe bestraft. [...]

Die deutsche Zugabeverordnung
§ 1: (1) Es ist verboten im geschäftlichen Verkehr neben einer Ware oder einer Leistung eine Zugabe (Ware oder Leistung) anzubieten, anzukündigen oder zu gewähren. Eine Zugabe liegt auch dann vor, wenn die Zuwendung nur gegen ein geringfügiges, offenbar bloß zum Schein verlangtes Entgelt gewährt wird. [...]

(3) Bei dem Angebot der Ankündigung und der Gewährung einer der [...] Zugaben ist es verboten, die Zuwendung als unentgeltlich gewähnt (Gratiszugabe, Geschenk und dergleichen) zu bezeichnen oder sonstwie den Eindruck der Unentgeltlichkeit zu erwekken. Ferner ist es verboten, die Zugabe von dem Ergebnis einer Verlosung oder einem anderen Zufall abhängig zu machen.

§ 2: (1) Wer den Vorschriften des § 1 zuwiderhandelt, kann auf Unterlassung in Anspruch genommen werden. [... *(Hier werden diverse Paragrafen aufgezählt; der Herausgeber)*] des Gesetzes gegen den unlauteren Wettbewerb sind entsprechend anzuwenden.
(2) Wer vorsätzlich oder fahrlässig gegen die Vorschriften des § 1 verstößt, ist zum Ersatz des durch die Zuwiderhandlung entstehenden Schadens verpflichtet. [...]

§ 3: (1) Ordnungswidrig handelt, wer im geschäftlichen Verkehr entgegen § 1 Absatz 1, 2 neben einer Ware oder Leistung eine Zugabe anbietet, ankündigt oder gewährt [...].
(2) Die Ordnungswidrigkeit kann mit einer Geldbuße bis zu zehntausend Deutsche Mark geahndet werden. [...]

Der Datentransfer ist unvergleichlich preiswert. Lediglich beim Kunden entstehen geringe Kosten für die Dauer der Onlineverbindung. Damit eignen sich digitale Produkte hervorragend, um als kostenlose Geschenke zur Verfügung gestellt zu werden. Die einzigen Kosten, die entstehen, sind Herstellungskosten der Software.

Beliebt sind beispielsweise Tarifrechner, mit dem der jeweils günstigste Telefontarif ausgerechnet werden kann. Es gibt Rechenprogramme, die dem Heimwerker kalkulieren, wieviele Rollen oder Tapeten-Bahnen er für die nächste Renovierung benötigt.

Es gibt Treiberbibliotheken mit den wichtigsten Programmen. Sehr beliebt sind Bildschirmschoner, Videodateien oder Computerspiele. Das berühmte Moorhuhn erreichte in kürzester Zeit fast alle Unternehmen. Vielfältig sind auch Angebote an Spezialsoftware und branchenspezifische Lösungen.

Einige Unternehmen verschenken Software als Ergänzungen für eigene Produkte wie zum Beispiel Klingelzeichen oder Bilder für das Mobiltelefon. Es gibt Psycho- und Eignungstests, mit denen sich Bewerber auf ihr nächstes Vorstellungsgespräch vorbereiten können.

Elektronik-Begeisterte können Programme herunterladen, mit denen sie ihre selbst erstellten Schaltpläne auf Funktionsfähigkeit hin überprüfen können. Sehr beliebt sind Analyseprogramme für Gehaltsvergleiche, bei denen unterschiedliche Parameter eingegeben werden können. Und anschließend wird festgestellt, ob der monatliche Verdienst nicht noch gesteigert werden kann.

Die „Krönung" des Ganzen sind wohl die vielfältigen Gratis-Möglichkeiten, die das Web-Angebot „www.kostenlos. de" aufzählt. Dessen Bandbreite reicht von Anwendungs-Software über PC-Spiele bis hin zu allen möglichen und unmöglichen Arten von Gewinnspielen.

„www.kostenlos.de" - darauf läuft wohl alles hinaus. Vom Handy bis zum Auto - wir wollen alles, sofort und gratis!

Detailliert aufgelistet werden dort auch Unternehmen, bei denen Produktproben kostenlos online angefordert werden können. Massenhaft Angebote von CD-ROMs, von Video- oder auch Audio-Medien werden aufgelistet.

Ebenfalls nicht fehlen dürfen die vielfältigen kostenlosen Printprodukte, bei denen Gratis-Testexemplare angefordert werden können. Genauso wie die Kataloge, die online geordert werden können. Umfangreiche kostenlose Offerten gibt es im Kommunikationsbereich von SMS-Nachrichten über Fax bis zu eMail Adressen.

„IVW" nennt sich die „Informationsgemeinschaft zur Kontrolle der Verbreitung von Werbeträgern e.V.", die durch verschiedene Mess-Systeme die Verbreitung und Nutzung der verschiedensten Medien analysiert.

Einer der erfolgreichsten deutschen Internet-Anbieter ist der kostenlose Dienst GMX, der eMail Adressen für Privat-Anwender und den Business-Bereich anbietet.

Die Seiten von GMX waren zeitweise nach der IVW-Zählung das am häufigsten genutzte deutsche Internet-Angebot. Das Unternehmen bietet seinen Kunden nicht nur kostenlose eMail-Adressen, sondern eine Reihe attraktiver Zusatzleistungen zur elektronischen Kommunikation. Aufgegriffen wurde die Idee auch schon von einer Schnellrestaurantkette, die in Kooperation mit GMX ihre Kunden mit eMail-Adressen an sich binden möchte.

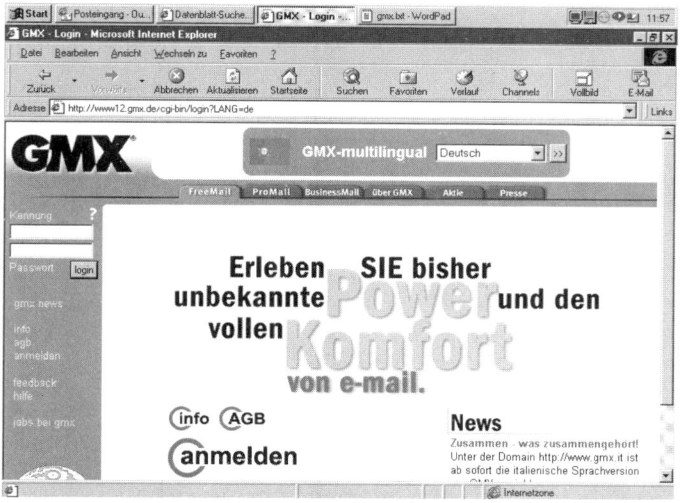

GMX, einer der besten Dienstleister im Web rund um das Thema eMail.

Wie erfolgreich das Verschenken von Produkten sein kann, hat Justin Frankel, ein Programmierer aus dem kleinen Ort Sedona in Arizona erlebt. Er hat eine Soft-

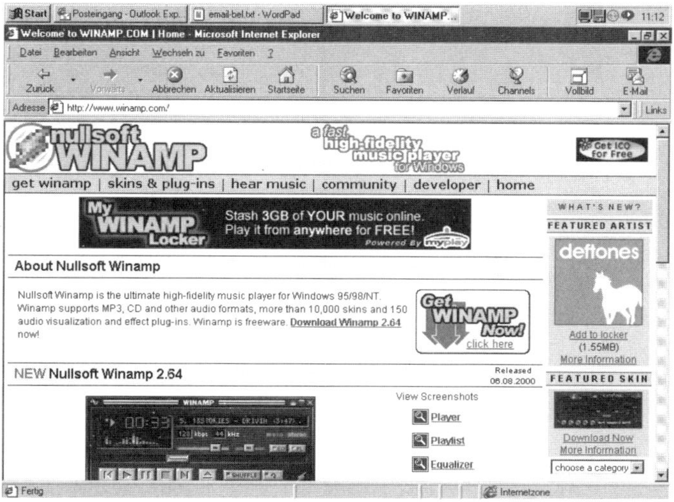

Justin Frankels Gratis-Software „winamp" lebt trotz des Verkaufs seiner Firma an AOL weiter. Und kann nach wie vor „FREE" heruntergeladen werden.

ware entwickelt, die ähnlich wie ein Radio oder ein CD-Player das Abspielen von Musikstücken ermöglicht. Bis heute sind es diese Musikdateien, sogenannte MP3-Dateien, die zu den am häufigsten aus dem Netz heruntergeladenen Produkten zählen. MP3-Dateien sind nach dem MPEG-Verfahren datenkomprimierte Musiktitel.

Mit Justin Frankels Winamp-Player können solche Dateien auf einem Computer abgespielt werden. Mit seiner Firma Nullsoft hatte er den Winamp-Player kostenlos über das WWW verteilt. Bei dieser Shareware-Lösung können Kunden freiwillig einen Obolus für das Programm entrichten.

Durch das kostenlose Verteilen übers Internet erreichte „Winamp" in kürzester Zeit eine enorme Marktdurchdringung. Da er sich bei jedem Download die eMail-Adresse seiner Kunden und zum Teil auch Zusatzinformationen geben ließ, verfügte er über wertvolle Kundenkontakte. Die wiederum waren ausschlaggebend dafür, dass AOL ein großes Interesse an dem kleinen Unternehmen aus Arizona entwickelte. Anfang Juni 1999 wechselte dann auch das Unternehmen für einhundert Millionen US-Dollar den Besitzer.

Ein weiteres Beispiel für den Erfolg des Verschenkens lieferte Marc Andreesen mit seiner weltbekannten Software, dem ersten kommerziellen Browser „Netscape". Schon 1994 fing er mit der für die damaligen Verhältnisse geradezu revolutionär anmutenden Idee an: Er verschenkte seinen Browser an alle seine Interessenten.

Marc Andreesens „Netscape" - derzeit die einzige ernstzunehmende Alternative zu Bill Gates „Internet Explorer". Inzwischen arbeitet Marc Andreesen über eines seiner Unternehmen mit Microsoft zusammen!

Das Ergebnis war ein Marktanteil von über 80 Prozent dieses Browsers. Für Bill Gates war es nicht leicht, diesen Vorsprung wieder einzuholen.

Hinter diesen beiden Erfolgsgeschichten steht übrigens ein gemeinsames Gesetz. In Netzwerken werden erfolgreiche Lösungen immer erfolgreicher!

Wenn zum Beispiel solche Software wie der Winamp-Player erst einmal viele Kunden hat, dann spricht sich das in einem Netzwerk wie dem Internet sehr schnell herum und weitere Kunden kommen hinzu.

Diese wiederum informieren ebenfalls ihre Bekannten und auch die können sofort das Abspielgerät herunterladen. Brian Arthur, Professor am Santa Fe-Institut, nannte dies die Theorie der steigenden Skalenerträge: Netzwerke unterstützen die Erfolgreichen dabei, noch erfolgreicher zu werden.

5 spezielle Anregungen für Ihre Dialog-Anreize

Vielleicht fahren Sie mit Ihrem Angebot auch mehrgleisig auf verschiedenen Vertriebsschienen. So wie etwa der französische Kosmetik-Versender Yves Rocher, der per Direktvertrieb, per Online-Angebot und per Franchise-System seit Jahrzehnten seine „Schönheit mit Pflanzen“ auf Dialog-Marketing-Basis erfolgreich vermarktet.

Hierbei wird jeweils ein mehrstufiger Medien-Mix zusammen mit besonders attraktiven Produkt-Angeboten („2 für 1“ zum Beispiel im Stammkunden-Bereich oder „Alle Produkte für DM 5,-“ zur Neukunden-Gewinnung) sowie diversen Gratis-Geschenken, Gewinnspielen und Verlosungen einzeln oder kombiniert eingesetzt.

Yves Rocher, französischer Kosmetik-Anbieter, setzt auf integriertes Wachstum in drei unterschiedlichen Vertriebskanälen: Traditionell durch das Verkaufen per Post, über das stationäre Fachhandels-Konzept per Franchising sowie einen adäquaten Web-Auftritt. Als Direkt-Marketer par excellence hat Yves Rocher auch eine besonders große Erfahrung im Zugaben- und Gewinnspiel-Bereich.

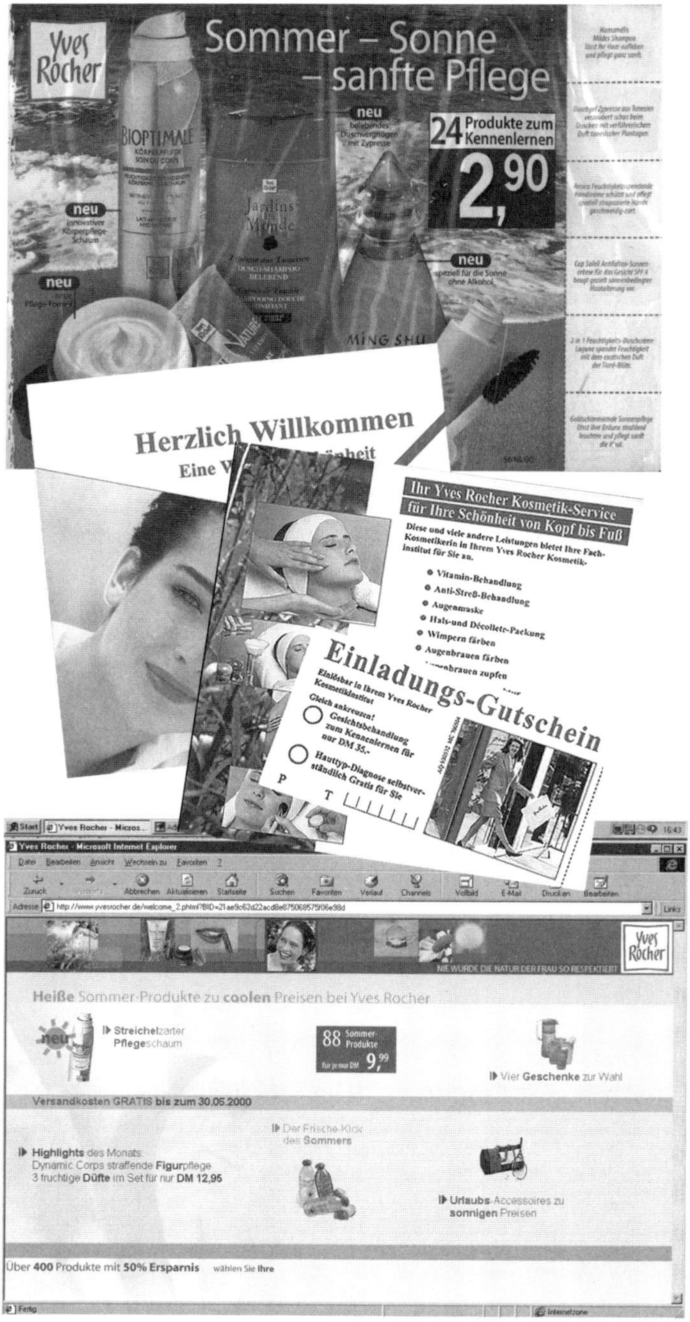

Ob Sie Ihre Zusatznutzen nun in Form einer Produkt-Variante, in Form von bestimmten Informationen oder als Geschenk anbieten oder zu einem speziell kombinierten Vorteils-Paket verschnüren, darüber lassen sich keine generellen Aussagen machen.

Auch nicht darüber, ob zum Beispiel ein Geschenk oder eine bestimmte Gratis-Vorleistung einen Bezug zu Ihrem Produkt haben sollte oder nicht. Zu branchen-abhängig, zu kontext-sensitiv sind hier die „Variablen".

Wenn Sie darüber entscheiden müssen, dann am besten auf der Grundlage von Dialog-Marketing-Tests: Etwa durch Direct Mailings mit einer aussagefähigen Mindestauflage von 5.000 Empfängern aus dem Stammkunden-Bereich oder über regional gesplittete Dialog-Anzeigen in den entsprechenden Zielgruppen-Medien.

Wenn Sie dann genau wissen, welche wertvollen, unwiderstehlichen und vielleicht sogar überraschenden Angebote Ihre Kunden bekommen sollen, müssen diese auch davon erfahren. Das kann durchaus angebotsgerecht geschehen, zum Beispiel auf eine bewusst ungewöhnliche Weise.

Vielleicht via Außenwerbung auf Ballons, Straßenbahnen, Bauplanen oder Fußböden? Geeignet sind auch alle Publikationen Ihrer Firma wie Kataloge, Kundenzeitungen, Produkt-Verzeichnisse oder Prospekte. Benutzen Sie jegliches Papier, das Ihre Firma sowieso produziert: Aufkleber, Blöcke, Fax-Vorlagen, Freistempler, Geschäftskorrespondenz oder Lieferscheine.

Bedrucken Sie mit ihrem Angebot Einkaufstaschen, Kugelschreiber oder Werbegeschenke. Auch Kleidung ist ein hervorragender Werbeträger für süchtig machende Angebote. Oder wie wäre es, wenn Sie sich Partner suchen oder Ihre Kunden gleich selbst einspannen, um das Angebot zu verbreiten? Aktionen wie Preisausschreiben oder Gewinnspiele eignen sich hervorragend, um gute Angebote auch entsprechend bekannt zu machen. Und manchmal kann es auch ein einfacher, unter den Scheibenwischer geklemmter Zettel sein, der den Anfang einer langjährigen Beziehung markiert!

Haben Sie ein wirklich gutes Angebot an Ihre Kunden, sollten Sie dieses auch auf allen Kanälen kommunizieren; ungewöhnliche Angebote erfordern manchmal ungewöhnliche Medien. Ja, und wenn Ihr Produkt, Ihre Dienstleistung es erlauben, dann dürfen Sie es ausnahmsweise auch einmal richtig „krachen“ lassen! Genauso wie ein Flirt, bei dem es anfangs erst mal richtig „nervt“. Zum Beispiel mit „Interruption“-Funk- und -TV-Spots oder mit schrillen Gewinnspielen ... Aber wenn schon schräg, dann richtig und nicht unfreiwillig komisch wie in nebenstehender Anzeige.

Oder Sie entscheiden sich bewusst für eine gegenteilige Geheimtip-Strategie: Sie werben klassisch so gut wie nicht. Und setzen dafür auf eine Permission-Strategie zum Beispiel per eMail-Newsletter plus Mundpropaganda. Das funktioniert nicht? Wer weiß? Beim 1993 erfun-

„Magic The Gathering“ - beliebtes Sammelkarten- und Strategie-Spiel, bestehend aus derzeit rund 7.000 Spielkarten. Lange Zeit als Geheimtip gehandelt hat es sich inzwischen zum echten „Renner“ vor allem bei Jugendlichen entwickelt.

Soll man weinen, soll man schmunzeln? Auch Zwerge haben ein Recht auf ein Zwerchfell! Ob die solchermaßen angesprochenen „Zwerge" nebst Fell auch kommen? Bei den angedrohten „Wahnsinnspreisen" bleibt das zumindest zweifelhaft ...

denen Sammelkarten-Strategiespiel „Magic The Gathering" hat's auf jeden Fall geklappt. Denn hier hat man sich Zeit genommen, um ein hervorragendes Produkt zu entwickeln und anschließend die Zeit für sich arbeiten lassen.

Das aber ist der entscheidende Punkt: Ob als Verkäufer im stationären Handel oder als virtueller oder schriftlicher Marketer, wir müssen uns nicht nur genügend Zeit für die Beratung unserer Kunden nehmen, sondern diesen auch Zeit zugestehen. Mit einer Permission Marketing-Politik der kleinen Schritte kommen Sie sicherer ans Ziel!

Eine kleine Ideen-Auswahl, mit welchen Medien und Werbemitteln sich ein Dialog vorbereiten oder direkt anbahnen lässt, wenn ein eindeutiger Nutzen kommuniziert wird.

Ideen-Geber:
Permission Marketing-Mittel und -Medien von A-Z

PRINT: Anzeigen, Aufkleber, Beilagen, Beihefter, Briefpapier, Broschüren, Bücher (eigene und Anzeigen in Büchern), Doppelpostkarten, Eintrittskarten, Etiketten, Flugblätter, Flyer, Gruß-Karten, Handzettel, Hauswurfsendungen, Huckepack-Beilage, Inserts, Kalender, Kataloge, Kundenzeitschrift, Landkarten, Lesezirkel, Lieferscheine, Mailings, Mahnungen, Mitarbeiter-Zeitschrift, Newsletter (print), Notizblock, Prospekte, Rechnungen, Stadtpläne, Stuffer, Tickets, Visitenkarten, Vordrucke.

FFF (Film, Funk, Fernsehen): DRTV (direct response spots), HOT (home order television), Product Placement, Werbespots

SONDERWERBE-FORMEN UND -MITTEL INCL. AUSSENWERBUNG: Abdeckplanen, Abonnements, Ausstellungen, Ballon-Werbung, Bandenwerbung, Bierdeckel, Baugerüstverkleidungen, Büroartikel, Busse, Buttons, CD's, Clubs, Degustationen, Diaprojektionen (auf den Gehsteig, in Kaufhäusern), Disketten, DVD's, Einkaufstüten, Einkaufswagen, Empfehlungen (zufriedener Kunden, Testergebnisse), Events (Camel Trophy, Oscar-Verleihung), Fahrzeuge, Flugzeuge (Außenhaut-Bemalung, Schleppbanner), Fußmatten, Gastgeschenk, Gebrauchsanleitungen, Gepäckwagen, Gewinnspiele, Golfloch-Werbung, Gratis-Geschenk, Gratis-Proben, Gullydeckel, Hausdach (in der Flugplatz-Einflugschneise), Hausmesse, Hotline, Hüte, Kleidung (T-Shirts, Arbeitskleidung), Kreditkarten, Limitierungen (Zeit, Menge, z.B. early bird), Mousepad, Member-get-member, Messen, Mützen, Musikkassetten, Nackenstütze (Taxi), Parkscheine, Plakate, PR (Presse-Erklärung, -Notiz, -Konferenz, eigene Artikel), Prämien, Präsenter-Werbung, Preisausschreiben, Probefahrt, Promotion-Tours (z.B. in der Fußgängerzone, per Bahn oder LKW), Prüf vor Kauf, Rabatte, Scheibenwischer-Werbung, Schwarzes Brett, Seminare, Service-Fahrzeuge, Servietten, Shop-in-Shop, Sonderkonditionen, Sonderzüge, Sponsoring (von Sportlern, Künstlern, von Veranstaltungen, Events, von Filmen), Straßenbahn, Streichholzschachteln, Sweepstakes, Tag der Offenen Tür, Taxis, Telekommunikation (Fax, Handy, Telefon), Terminals, Testimonials, Theaterstück, Toilettenwand im Restaurant, Treue-Prämie, Überraschungs-Geschenk, Verpackungen, Verteilerkästen, Videos, Werbe-Geschenke (Kugelschreiber, Schlüsselanhänger, Taschenrechner), Werbe-Zeppelin, Werkzeuge, Wettbewerbe, Zapfhähne an Tankstellen, Zuckertütchen.

ONLINE: Auktionen, Awards, Banner, Banner-Tausch, Chats, Communities, e-Catalogs per HTML-eMail, eMail-Center, eMails, eMail-Newsletter, FAQ's, Links, Linklisten-Einträge, Mailing-Listen, Newsgroups, Online-PR, Portal-Sites, Powershopping, Reverse-Auktionen, Scoring-Banner, Suchmaschinen-Einträge, WAP, Web-Kooperationen, Webmiles

Zusammenfassung von Kapitel 3: Gratis, schnell, vorteilhaft - und Wiedersehen macht Freude!

Wie bei einem ersten Flirt kommt es auch beim Permission Marketing beim ersten Kontakt mit dem Kunden darauf an, Interesse zu wecken und einen positiven Eindruck zu hinterlassen.

Anders als bei klassischer Unterbrecher-Werbung ist es wichtig, daß die Kundenansprache im Kontext stattfindet und somit Werbung als erwünschte Information wahrgenommen wird.

Steigern läßt sich der Erfolg des Erstkontakts noch durch Anreize wie kostenlose Dreingaben, Geschenke oder andere Vorteile, die einen zusätzlichen Kundennutzen darstellen. Das Kommunikationsmedium Internet bietet hier neue Möglichkeiten, was das Erfinden und Verteilen von Geschenken angeht.

So ist es möglich, einfache Computerprogramme, Informationsbroschüren, Checklisten und andere, für Kunden wertvolle Dinge ohne jegliche Distributionskosten an Interessenten zu verschenken.

Auch wenn derzeit das Rabatt-Gesetz, das Gesetz gegen unlauteren Wettbewerb und die Zugabeverordnung der Phantasie von Unternehmen enge Grenzen setzen, so werden doch in der nahen Zukunft eine Reihe der hier aufgezeigten Möglichkeiten auch in Deutschland realisierbar sein.

Wenn ein besonderer Anreiz für die erste Kontaktaufnahme vorhanden ist, kann es durchaus sinnvoll sein, auch zum Instrumentarium der klassischen Werbung zurückzukehren, um für den Erstkontakt für entsprechende Aufmerksamkeit zu sorgen.

Eine Vielzahl phantasievoller Werbeflächen und -ideen steht zur Verfügung, um interessante Angebote auch entsprechend bekannt zu machen. Entscheidend ist dabei jedoch, daß anschließend dem Kunden ein wirklicher Vorteil geboten wird, der zu einer emotionalen Bindung führt.

Ein wichtiges Hilfsmittel hierbei ist neben hervorragendem Service auch die Schnelligkeit, mit der alle Transaktionen abgewickelt werden. Neue Chancen bietet hier das Internet mit seinen Interaktionsmöglichkeiten in Echtzeit.

Wie Sie einfach, schnell und problemlos „Permission" einholen

PERMISSION MARKETING - KAPITEL 4 ...

4

Kapitel-Abstract für Schnell- und Diagonal-Leser

Der beste Kontakt ist nichts wert, wenn der andere überrumpelt wurde. In diesem Kapitel erfahren Sie, wie Sie den Erstkontakt so gestalten, dass es der Kunde ist, der Sie gerne kennenlernen will. Was hilft eine Adresse, wenn jemand keinen Folgekontakt wünscht? Sie erfahren, welche Wege sich in der Praxis bewährt haben, um Adressen von Interessenten zu erhalten, die sich auf den ersten Brief von Ihnen freuen werden. Wollen Sie bestehende Kunden per eMail anschreiben? Lesen Sie, was Sie unbedingt beachten sollten, um nicht den Unmut Ihrer Kunden auf sich zu ziehen.

„Ist es nicht aufregend, ein Kind zu haben und zu beobachten, wie es sich entwickelt? Genießen Sie diese Erfahrung - und erleben Sie, wieviel Spannendes es über Ihr Baby zu wissen gibt: Ab sofort halten wir den kostenlosen Pampers Baby Newsletter für Sie bereit! Jeden Monat mit Informationen und wichtigen Neuigkeiten - vom 7. Schwangerschaftsmonat an bis hin zu „großen" Kindern im Alter von 30 Monaten! Verraten Sie uns den Geburtstag Ihres kleinen Schatzes - und Sie erhalten von uns Ihren Pampers Baby Newsletter, auf das Alter Ihres Kindes zugeschnitten! So einfach geht's: Füllen Sie das folgende Formular vollständig aus und klicken Sie dann auf „Abschicken". Ihr persönlicher Newsletter kommt nun jeden Monat zu Ihnen! Hier ein kleiner Vorgeschmack [link].

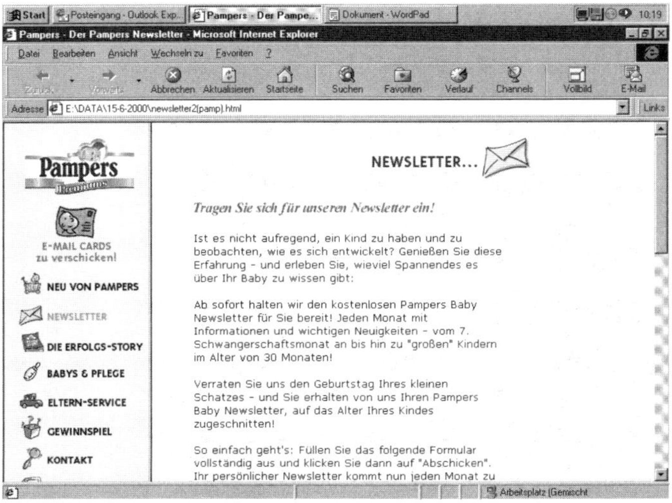

Newsletter-Startseite bei Pampers - Permission Marketing at it's best! Nach einem stimmigen Einführungstext kann man seinen persönlichen Newsletter abonnieren, der auf das Alter des Kindes abgestimmt ist.

Ich bin an weiteren Informationen und Mustern der Procter & Gamble Gruppe und anderen Stellen interessiert und deshalb damit einverstanden, dass meine obigen Angaben von der Procter & Gamble Gruppe elektronisch verarbeitet und genutzt werden, um mich zu Zwecken der Werbung und Marktforschung schriftlich, telefonisch oder elektronisch zu kontaktieren: Informationen zum Datenschutz [link]." Es folgt ein „Abschicken"-Button sowie vier Service-Buttons: Newsletter-Abonnement ändern; Newsletter abbestellen; Hilfe zum Newsletter; Kontakt-Formular. (Pampers-Newsletter-Einstieg)

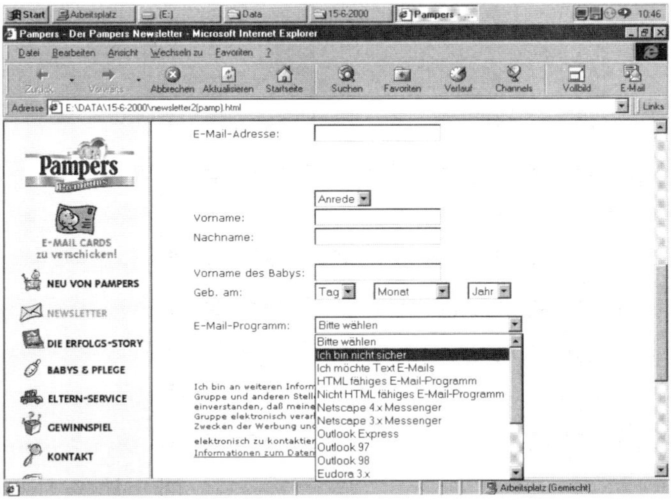

Die „Pampers" sorgen bei (werdenden) Eltern immer für Gesprächsstoff. Genau wie der Newsletter von „www.pampers.de" inzwischen auch bei Permission Marketern! Ganz hervorragend gemacht ist unter anderem nebenstehende Auswahlliste, mit der man seinen Newsletter an sein eMail-Programm anpassen kann.

Vor diesem Pampers-Newsletter von Procter & Gamble stand in den allermeisten Fällen ein mehr oder weniger heißer „Flirt" mit unserem Partner in spe, aus dem dann gleich oder erst etwas später unser Nachwuchs erwachsen ist. Und dann sind wir als werdende Eltern irgendwann im siebten Schwangerschaftsmonat auf der Web-Site des bekannten Windelherstellers gelandet, wo wir diesem tollen Newsletter-Flirt einfach nicht widerstehen konnten ...

Bei einem elektronischen Newsletter gibt der Interessent im Internet seine eMail-Adresse an und erhält dann regelmäßig per eMail kostenlose Informationen zugesandt.

Leben, um zu flirten oder flirten, um zu leben? Egal, private Flirts machen Spaß, geschäftliche Flirts sollten dies ebenso versprechen und halten. Vertrauen ist dafür die beste Basis, um schließlich allen Beteiligten Vorteile zu verschaffen. Vertrauen, das heißt auch, den anderen über seine Absichten nicht im Unklaren zu lassen.

Was Sie beim Erstkontakt unbedingt beachten sollten

Wie Sie Ihr erstes Permission-Ziel erreichen

Genau wie im Privaten sollte das Ziel eines ersten ernstgemeinten Zusammentreffens „auf gleicher Wellenlänge" sein: Der von beiden erwünschte zweite Kontakt.

Dazu müssen Sie zunächst „Permission" einholen, ob der Angesprochene dies wünscht. Falls ja, dann dürfen Sie auch um eine zusätzliche „Treffpunkt"-Information bitten, etwa in Form der Telefon-Nummer im Priva-

Das sind wichtige Kernpunkte des Permission Marketing: Sie müssen permanent dafür Sorge tragen, dass der Kontakt erwünscht ist und bleibt. Der Empfänger hat ein Recht auf persönliche, also ihn betreffende, ihm wichtige Informationen ohne Allgemeinplätze und leere Phrasen. Und das auf freiwilliger, jederzeit widerrufbarer Basis!

ten (... falls was dazwischenkommt ...) oder der eMail-Adresse, um einen zweiten erwünschten, persönlichen und freiwilligen Kontakt zum Beispiel per eMail-Newsletter realisieren zu können.

Alles schön und gut, höre ich Sie sagen. Doch was ist, wenn schon beim Erstkontakt alles „getürkt" ist, wenn das Ganze nur ein übler Scherz war - von der falschen Telefon-Nummer bis zur eMail-Adresse (eines unwissenden Dritten). Gerade im Web ist doch jeder, wenn er will, anonym. Dagegen können Sie sich schützen - mit einem nützlichen Nebeneffekt obendrein.

So sichern Sie sich vor falschen Daten

Sie schicken eine Vorab-eMail und lassen sich damit nochmals als Zeichen Ihres ernsthaften Bemühens eine Bestätigung vom Empfänger geben, dass er

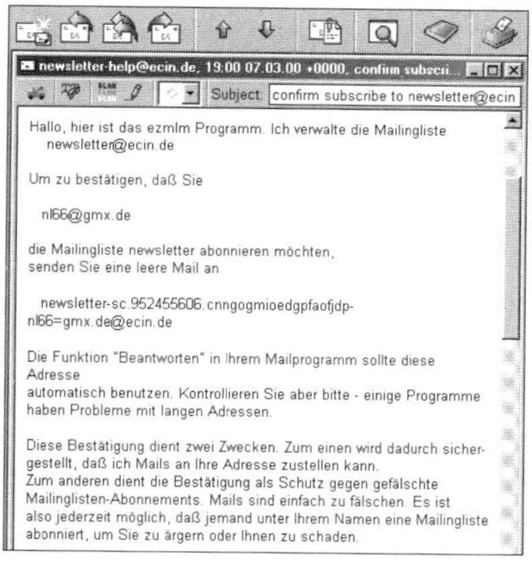

Unternehmen, die auf Ihren guten Ruf beim Permission Marketing Wert legen, senden nach dem Newsletter-Abonnement zunächst eine eMail, die wiederum bestätigt werden muss, damit das Abonnement wirksam wird.

> Bitte antworten Sie auf diese Email und bestaetigen Sie damit die Teilnahme an dem Newsletter textschmiede-newsletter.
>
> Ihre Email-Adresse xy@abc.de wurde an die Abo-Adresse des Newsletters textschmiede-newsletter gesendet. Um endgueltig an dem Newsletter teilnehmen zu koennen, muessen Sie auf diese Mail antworten (reply) um Ihre Teilnahme zu bestaetigen.
>
> Wenn Sie nicht an dem Newsletter teilnehmen wollen, brauchen Sie nicht zu antworten, Sie werden dann automatisch wieder aus der Liste der Abonnenten geloescht.
>
> Wenn Sie den Newsletter jedoch sofort wieder verlassen wollen, schreiben Sie eine beliebige eMail an leave-textschmiede-newsletter-0000000X@kbx.de
>
> Wenn Sie Fragen oder Probleme mit dieser Prozedur haben, so koennen Sie auch jederzeit an den Betreiber des Newsletter schreiben: owner-textschmiede-newsletter@kbx.de

„Opt-in"-Lösung: Zwei Beispiele für eine vertrauenerweckende und gleichzeitig absichernde eMail, bevor Sie Ihren Newsletter auf Ihre Kunden „loslassen".

den Kontakt ausdrücklich erlaubt. Dadurch haben Sie nicht nur ein Stückchen Vertrauen gesät, sondern auch die Gewissheit, dass es sich um den gleichen Empfänger handelt wie beim Erstkontakt.

Wenn Sie befürchten, dass viele Abonnenten nicht verstehen, dass sie jetzt noch eine Bestätigungs-eMail senden müssen, können Sie auch die Opt-Out-Lösung wählen.

Dabei bestätigen Sie das Abonnement des Newsletters, das nun automatisch wirksam wird. Für den Fall, dass ein Fremder ohne Wissen des eMail-Adressen-Besitzers einfach dessen Adresse angegeben hat, gibt es dann die Abbestell-Möglichkeit per Mausklick: eben die Opt-Out-Möglichkeit.

Minimale Kosten - maximale Effizienz: Der eMail-Newsletter

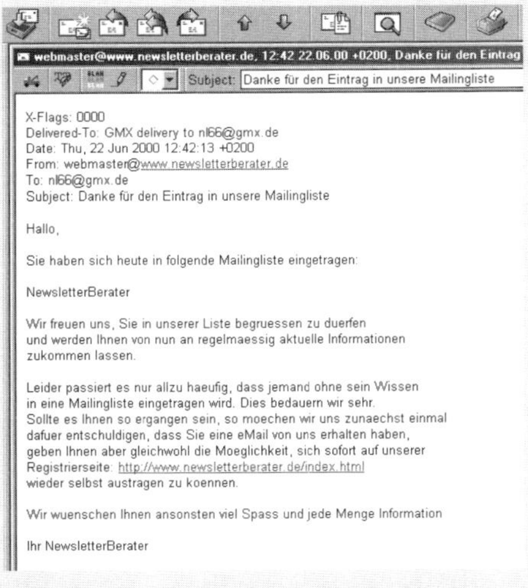

webmaster@www.newsletterberater.de, 12:42 22.06.00 +0200, Danke für den Eintrag

Subject: Danke für den Eintrag in unsere Mailingliste

X-Flags: 0000
Delivered-To: GMX delivery to nl66@gmx.de
Date: Thu, 22 Jun 2000 12:42:13 +0200
From: webmaster@www.newsletterberater.de
To: nl66@gmx.de
Subject: Danke für den Eintrag in unsere Mailingliste

Hallo,

Sie haben sich heute in folgende Mailingliste eingetragen:

NewsletterBerater

Wir freuen uns, Sie in unserer Liste begruessen zu duerfen
und werden Ihnen von nun an regelmaessig aktuelle Informationen
zukommen lassen.

Leider passiert es nur allzu haeufig, dass jemand ohne sein Wissen
in eine Mailingliste eingetragen wird. Dies bedauern wir sehr.
Sollte es Ihnen so ergangen sein, so moechen wir uns zunaechst einmal
dafuer entschuldigen, dass Sie eine eMail von uns erhalten haben,
geben Ihnen aber gleichwohl die Moeglichkeit, sich sofort auf unserer
Registrierseite: http://www.newsletterberater.de/index.html
wieder selbst austragen zu koennen.

Wir wuenschen Ihnen ansonsten viel Spass und jede Menge Information

Ihr NewsletterBerater

1. Bei einem elektronischen Newsletter gibt der Interessent im Netz seine eMail-Adresse an und erhält dann regelmäßig per eMail kostenlose Informationen zugesandt.

2. eMail ist ein Kommunikationsmedium, mit dem es möglich wird, auch bei geringem Marketingbudget eine grosse Anzahl von Kunden regelmäßig zu kontaktieren.

3. Am Beispiel unseres Newsletters für Kleinkinder leuchtet die Bedeutung des Geburtsdatums jedem Nutzer ein: Mütter im siebten Schwangerschaftsmonat benötigen ganz andere Informationen als Eltern eines einjährigen Kleinkindes.

So schließen Sie zwar zunächst eine unwissentliche Benutzung fremder eMail-Adressen aus. Doch ob der Empfänger anfangs seine übermittelten Daten richtig an Sie weitergegeben hat und weitergeben wird, darüber haben Sie immer noch keine Gewähr.

So einfach schützen Sie sich zusätzlich

Der beste Schutz vor solchen Sicherheitsfanatikern oder „Scherzkeksen", die bewusst falsche Daten angeben, ist: Nützliche Informationen und echte Vorteile, die „opt-out"-Möglichkeit sowie etwas Geduld!

Mit „opt-out" bezeichnet man die Option, jederzeit zum Beispiel aus einem Newsletter-Abonnement aussteigen zu können. Diese Option sollte in jedem Newsletter vorhanden sein.

Denn damit überzeugen Sie jeden von Ihren seriösen Absichten. Früher oder später wird auch der schrägste Spaßvogel erkennen, dass Sie es ja wider Erwarten und vielleicht auch im Gegensatz zu Ihrer Konkurrenz(!) doch ernst gemeint haben mit den angebotenen Vorteilen. Und dann bereit sein, Ihnen seine echten Daten zu übermitteln.

Weil dies aber einige Zeit dauern kann, sollten Sie permanent eine Gelegenheit hierzu bieten: Mit einem Profil-Änderungshinweis ähnlich dem nachfolgend auszugsweise zitierten von „www.akademie.de".

Sie sollten also den Zeitfaktor berücksichtigen und damit Ihrem (potenziellen) Kunden die individuelle Zeitspanne geben, die er braucht, um von Ihrem Angebot überzeugt zu werden. Die Zeit ist Ihr Verbündeter, wenn Sie langfristig tragbare Erfolge anstreben und keine Kurzfrist-„Umsatzknaller", die dann doch sehr schnell verpufft sind.

Um also Ihr Ziel „Zweitkontakt" sowie alle weiteren Rendezvous' zu erreichen, gehen Sie einfach und methodisch vor: Erlaubnis für weiteren Kontakt einholen, gegebenenfalls die zu diesem Zweck noch fehlende Information - zum Beispiel die eMail-Adresse - erbitten, eine Vorab-eMail zur gegenseitigen Verifizierung senden. Und immer mitteilen, wann welche Daten warum gespeichert beziehungsweise abgefragt werden.

Selbstverständlich bauen Sie immer eine „opt-out“-Möglichkeit für einen jederzeitigen Kontakt-Abbruch ein. Plus als „customer self service“ eine (kostensparende) Kunden-Kontroll- und Änderungsmöglichkeit des bei Ihnen gespeicherten Profils.

Außerdem - ganz wichtig - der nicht zu übersehende Hinweis, dass die gesammelten Daten zu keinem anderen Zweck als dem von Ihnen genannten eingesetzt werden, vor allem nicht zum Adress-Handel!

```
Lieber Leser, liebe Leserin des Newsletters Tipps & Tricks,
+--------------------------------------------------+
| Bitte lesen Sie diese Informationen aufmerksam |
+--------------------------------------------------+
Herzlich willkommen beim Newsletter Tipps & Tricks von
akademie.de <die internet-akademie>.

Der Newsletter schickt Ihnen zweimal wöchentlich (jeweils montags
und donnerstags um 11 Uhr) ein Verzeichnis aller neuen Artikel unserer
Redaktion Tipps & Tricks mit Artikeln zu Internet, Web-Design und E-
Commerce.

Sie sind jetzt Mitglied des Newsletters tips-tricks@liste.akademie.de
Ihre E-Mail-Adresse : xy@abc.de

Hierzu ein paar Erklaerungen, die Sie sich bitte aufmerksam durchlesen
sollten: Die Verwaltung der Mailing-Liste und das Volltextarchiv ist
komfortabel ueber eine WWW-Oberflaeche zu erreichen.

Ueber die Adresse:
http://www.akademie1.de/cgi-binlyris.pl?enter=tips-tricks
koennen Sie sich mit Ihrer E-Mailadresse anmelden und Ihre
persoenlichen Einstellungen veraendern (zum Beispiel Digest),
sowie ein Volltextarchiv der bisherigen Ausgaben durchsuchen.

Falls Sie den Newsletter einmal nicht mehr lesen wollen, finden Sie am
Ende einer jeden Ausgabe genaue Hinweise fuer das Verlassen des
Verteilers. [...]
```

Profil-Änderungshinweise dienen nicht nur der Kontrolle über die eigenen Daten. Sie sind auch wichtig, um „reuigen Schwindlern“ eine Möglichkeit zur Korrektur bewusst falsch eingegebener Daten zu geben. So wie hier in einem Newsletter von „www.akademie.de“ im Auszug.

Weshalb Sie mit Permission die Qualität Ihrer Kundenbeziehungen steigern

Von Daten-Jägern und Profile-Sammlern

Daten sammeln ist eine der „schönsten“ Beschäftigungen und die Hauptaufgabe vieler Behörden und Unternehmen. Und oft auch eine Art von automatisch anfallendem „Abfall“-Produkt unserer modernen Technik - vom Finanzamt bis zur Supermarkt-Kette.

Ein modernes Kassenterminal mit Laserscanner ist, verknüpft mit Name und Anschrift des Kunden, so meint man zumindest in manchen Marketingkreisen, eine ideale „Big brother“-Maschine zu mehr Profit durch Ausnutzen und Vermieten dieser Daten.

Wird der „Gläserne Kunde“ im Internet bald Realitaet?

Nach dem US-amerikanischen Vorbild, dem 1999 unter anderem von IBM, Oracle, Sun/Netscape und Lucent Technologies „CPExchange Network" sollen Kundendaten und -profile per einheitlichem Datenaustausch bald auch in Europa jederzeit zugänglich gemacht werden können.

Eine Software wie zum Beispiel „ShopSuxess" der Firma Exody E-Business Intelligence GmbH analysiert das Kunden- und Einkaufsverhalten in Online-Shops. Daraus werden dann Kundenprofile generiert, die unter anderem Auskunft über die durchschnittlichen Warenkorb-Inhalte sowie über das Cross-Selling-Verhalten geben.

Mit diesen Informationen sollen dann gezielte Online-Aktionen durchzuführen sein. Die Parallele zum konventionellen Adress-Handel drängt sich hier auf, wenn auch die Datenqualität von vornherein höher zu sein scheint.

Ob das Ganze dann wie geplant über die Bühne gehen kann, wird auch von einer datenschutzrechtlichen Beurteilung abhängen.

Zum Thema „Datensammeln wie die Wilden", Presse-Meldung I. Quelle: GNN-Redaktion

Gleiches gilt für Kundenprofile auf der Basis von Kreditkarten und für die Internet-Profiling-Versuche einiger dafür inzwischen schon berühmt-berüchtigten Unternehmen. Klar, diese Aussicht auf den „gläsernen“ Verbraucher ist für viele Unternehmen trotz der Datenschutz-Bestimmungen verlockend.

Zum Thema „Datensammeln wie die Wilden", Presse-Meldung II. Quelle: IW-Newsletter

DoubleClick hat schon wieder Nutzerdaten gesammelt
Angeblich war es "unabsichtlich"

Trotz aller Beteuerungen und Entschuldigungen kann es DoubleClick anscheinend nicht lassen. Der Online-Werber ist in den vergangenen Monaten aufgrund der Erstellung von Nutzerprofilen erheblich in die Kritik geraten (wir berichteten mehrfach). Nun wurde das Unternehmen laut einem Bericht des oesterreichischen Online-Magazins Futurezone erneut beim Datensammeln erwischt.

Diesmal seien Nutzerdaten, die in Online-Formulare eingetragen wurden, auch an Doubleclick gesandt worden - ohne dass die Site-Betreiber ueber die Praxis informiert wurden. Der Sicherheitsexperte Richard Smith habe das zufaellig beim Besuch einer Gesundheitssite entdeckt. Seinen Nachforschungen zufolge gehoeren zu den betroffenen Seiten auch Altavista und RealNetworks.

In einer Stellungnahme beteuerte DoubleClick-Sprecher Jules Polonetsky, dass die Daten "unabsichtlich" gesammelt wurden und nicht zur gezielten Werbung benutzt oder gespeichert worden seien.
(Quelle: (ds) IW-Newsletter, Ausgabe 213)

Warum ein Mailing ohne Permission für Sie völlig wertlos ist

Doch die Nutzung der auf diese Weise gewonnenen Daten, zum Beispiel in einem Mailing zur Neukunden-Gewinnung, wäre völlig sinnlos.

Denn die erste (unausgesprochene) Frage, die sich jeder Empfänger von Werbemitteln und anderen Informationen stellt, heißt: Wer schreibt mir? Ein Blick auf den unbekannten Absender der Botschaft - und schon ist in vielen Fällen das Schicksal dieses Mailings entschieden! Beim Rest dann nach dem Überfliegen des Mailing-Inhaltes!

Hand aufs Herz: Wenn Sie heute Post vom Supermarkt bekämen, in denen Ihre Kaufverhaltens-Daten einbezogen wären, zum Beispiel Ihre Vorliebe für eine bestimmte Schokolade oder Biersorte, würde Ihnen da nicht unheimlich zumute werden?

Und wenn nicht hier, so ganz bestimmt bei folgendem krasseren Beispiel: Wenn in einem Mailing eines Ihnen fremden Anbieters Ihre Vorliebe für bestimmte Erotik-Seiten im Web als Begründung für das Mailen des vorliegenden Angebotes angesprochen würde!

Tipp: Welche verschlungenen Wege nimmt meine Adresse
Wenn Sie einmal beobachten wollen, welche Wege Ihre Daten nehmen, so bauen Sie bewusst bei jeder Datenweitergabe an Dritte (Preisausschreiben, Ansichtslieferungen, Umfragen) kleine Fehler in Ihre weiterzugebenden Daten ein, zum Beispiel den Straßennamen mit Bindestrich schreiben statt in einem Wort und so weiter.

Sind wir im Neukunden-Gewinnungsbereich, ist also der Absender dem Empfänger weitgehend unbekannt, so stellt letzterer sich sofort die nächste misstrauische Frage: Woher haben die eigentlich meine Adresse? Ergebnis in den allermeisten Fällen: In den Müll damit!

Gründe für das Scheitern von Direct Mail-Aktionen:

Das falsche Angebot zum falschen Zeitpunkt an die falschen Empfänger zu mailen, ist schnell passiert.

Bei der teuren Adress-Listen-Miete können Sie nie sicher sein, ob diese auch topaktuell gepflegt sind. Besser ist es auf jeden Fall, eigene Adressen zu generieren - z.B. über eine mehrstufige Aktion.

Auch der Versand-Zeitpunkt ist eine wesentliche Größe. Beachten Sie bei jeder Planung jahreszeitliche Faktoren wie Wetter und Urlaubszeiten (Schulferien), den monatlichen Faktor der Gehaltsauszahlung (am Monatsende!) sowie den Wochentag. So schenken Ihre Kunden einem am Samstag eintreffenden Mailing mehr Aufmerksamkeit als an jedem anderen Wochentag.

Ganz entscheidend ist auch Art und Umfang Ihres Angebotes und wie es im Mailing präsentiert wird. Ob streng limitiertes Exklusiv-Produkt oder Allerwelts-Artikel für 5,- DM, der Nutzen muss bereits auf der Versandhülle, Ihrem Türöffner, klar und eindeutig promotet werden. Mit welchen Mitteln und Techniken (z.B. Gewinnspiel, Verlosung, Rubbelspiel etc.) Sie außerdem Ihr Angebot aufwerten können, dies sollten Sie immer testen.

Die fehlerhafte Adress-Auswahl ist neben der mangelnden verkäuferischen Mailing-Gestaltung (fehlendes Nutzendenken) bei der Kreation Hauptursache für die erschreckend niedrigen Responsequoten von i.d.R. unter einem Prozent im Neukunden-Bereich.

Genau das ist einer der wichtigsten Gründe neben nicht verkäuferischer Gestaltung für die unbefriedigenden Ergebnisse schludrig geplanter Direct-Mail-Aktionen.

Im Neukunden-Bereich wird hier in der Regel branchenübergreifend eine Response-Quote im maximal einstelligen Prozentbereich, oft unter 1%, d.h. im „Null-Komma-X“-Bereich, erzielt - Massen-Marketing mit Pseudo-Personalisierung!

Warum die reine Kunden-Adresse ohne Permission für Sie ebenfalls wertlos ist

Weil nun im Permission Marketing jede Information über und vom Kunden nur mit dessen Erlaubnis streng zweckbezogen und für ihn völlig transparent eingesetzt wird, ist das Anmieten oder Kaufen von Adress-Listen völlig wertlos und damit ausgeschlossen!

AOL ERWIRBT TOP-UNTERNEHMEN UND NUTZT KEINE EINZIGE ADRESSE!

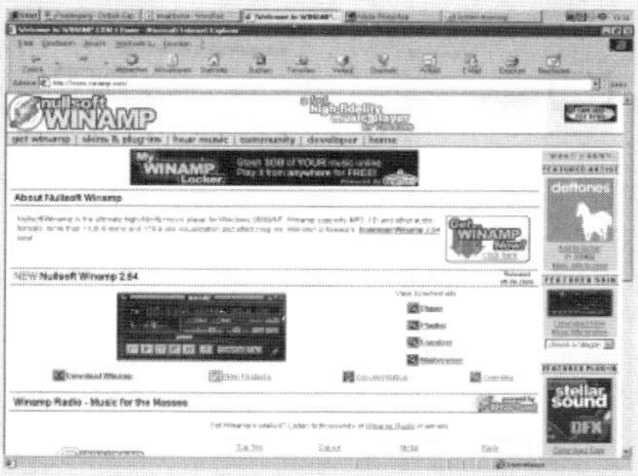

Einer, der hochwertige eMail-Adressen und ein überaus positives Image bei seinen Kunden hat: Justin Frankel mit seinem tollen Gratis-MP3-Player „winamp“. Frankels Firma „Nullsoft“ wurde im Juni 1999 von AOL für 100 Mio. US-Dollar gekauft. Aber AOL benutzt diese Adressen nicht - Absender ist und bleibt Nullsoft und damit Justin Frankel! Nicht die Adresse allein ist wertvoll, sondern die Kombination mit den freiwillig gegebenen Kunden-Daten zu einem bestimmten Zweck an ein bestimmtes Unternehmen!

Justin Frankel, Entwickler einer Software zum Abspielen von MP3-Musikdateien („winamp“), die übers Web verschenkt wurde.

Denn diese Miet-Adressen sind selbst als sogenannte Postkäufer-Listen in der Regel nicht topaktuell gepflegt, deshalb fehlerhaft. Und eben völlig wertlos für uns, weil sie nicht mit der Erlaubnis des Angesprochenen verknüpft sind!

Im Permission Marketing ist damit immer nur die Adresse in Kombination mit dem Absender, mit seinem Vertrauen, mit seiner Erlaubnis, mit seinen freiwillig gegebenen Daten wertvoll!

Mit Permission Marketing generieren Sie so natürlich im Laufe der Zeit eine enorme Fülle an hochwertigen Daten. Doch die sammeln Sie jeweils nur „step-by-step". Aber immer mit einer stichhaltigen Begründung für den Kunden, und nur auf der Basis einer vertrauensvollen, streng zweckbezogenen Database-Philosophie.

Darum bitten Sie Ihre Kunden auch jedesmal vorher um Erlaubnis. Das heißt Sie sagen klipp und klar, wofür Sie jetzt welche Daten benötigen und was Ihr Kunde davon hat. Das macht den Wert einer Adresse für Sie - und nur für Sie - im Permission Marketing aus! Sie ist nur für Sie wertvoll - für keinen anderen und deshalb nicht vermietbar. Weil Ihr Kunde in diesem Fall nur Ihnen vertraut und Ihnen deshalb Informationen sendet.

Wer schreibt mir? Woher haben die meine Adresse? Diese unausgesprochenen und im letzteren Fall meist unbeantworteten Empfänger-Fragen stellen Ihre Kunden in Zukunft nicht mehr!

Denn als Permission Marketer erhalten Sie Ihre Kunden-Adressen sowie alle zusätzlichen Informationen über den Empfänger nur mit dessen Erlaubnis nach einer vorangegangenen Begründung und nach Ihrer Versicherung, die so gewonnenen Daten ausschließlich zu dem genannten Zweck einzusetzen und keinesfalls an Dritte weiterzugeben.

Doch wie gehen Sie jetzt weiter vor, um die hochgesteckten Erwartungen Ihrer Kunden zu erfüllen? Welche Voraussetzungen muss Ihre Botschaft, Ihr Newsletter, Ihr Mailing, Ihr Werbemittel überhaupt erfüllen, um beim Empfänger (immer wieder) gut „anzukommen", das heißt einen positiven realen und damit auch emotionalen Nutzen zu stiften?

3 unverzichtbare Erfolgs-Faktoren für Ihr perfektes Permission-Werbemittel

Vom Nutzendenken zur Image-Förderung

Echte Vorteile stiften selbstverständlich auch echten emotionalen Nutzen. Diese assoziative Kettenreaktion lösen Sie im Idealfall durch eine bedeutsame, individualisierte Botschaft aus, die genau deshalb auch immer wieder gerne erwartet wird.

Emotionaler Nutzen wird bei wiederholter positiver Bestätigung (Frequenz!) ein ebenso positives Image Ihres Unternehmens erzeugen. Nach einer gewissen Zeit dieses permanenten positiven Image-Transfers wird der Firmenname allein zum Träger, zum guten „Stern" Ihres Images, d.h. allein die Namensnennung „Pampers" assoziiert einen bestimmten positiv aufgeladenen Nutzen. Und damit sind wir wieder bei der ersten Empfänger-Frage: Wer schreibt mir? Und der beispielhaften gedachten Antwort: Ah ja, Nullsoft, das sind doch die, die mir den MP3-Player geschenkt haben. Prima, her damit, gleich mal schauen, was dieses Mal für mich drin ist!

Weil nun eben ein positives Unternehmensbild, ausgedrückt zum Beispiel durch eine gewisse Nutzen-Vorleistung als Vertrauens-Beweis vorhanden war, gebe ich dann auch gerne und viel leichter etwas mehr von mir als Gegenleistung preis.

Im folgenden halten wir uns an die treffende Einteilung Seth Godins, der von „anticipated", „personal" und „relevant" spricht.

Drei Grundvoraussetzungen muss also ein perfektes Permission-Werbemittel erfüllen: Es muss erwartet und erwünscht sein, es muss persönlich, idealerweise wirklich individualisiert sein und natürlich eine besondere Bedeutung, einen besonderen Nutzen für den Empfänger besitzen.

1. Ihre Botschaft wird erwartet und erwünscht

Gehören auch Sie zu den „2001"-Sympathisanten? Freuen Sie sich ebenfalls immer wieder auf das berühmte Dünndruck-Merkheft im Zweimonats-Rhythmus mit der Mikrobenschrift und dem pfiffig getexteten Reste-Angebot an Büchern und Musik-CD's?

Dann setzen Sie doch dieses perfekte Erwartungs- und Wunsch-Konzept für Ihr eigenes Angebot adäquat um. Kopieren Sie es!

Vielleicht heißen dann Ihre Hauptvorteile nicht wie bei 2001 „selten" und „günstig" und „pfiffig" - also zeitlich limitierte Angebote, die, weil günstig, eben auch stimmig auf billigem Dünndruck-Papier angeboten werden. Mit pfiffigen, „selbst geschriebenen" Texten, die cleveren Geschäftssinn symbolisieren und damit auch

Das berühmte 2001-Dünndruck-Merkheft mit den dicken Spar-Angeboten!

2001 - selten, günstig, pfiffig! Adäquat umgesetztes Unternehmens-Konzept vom Dünndruck-Merkheft bis zum spärlich eingerichteten Verkaufsladen bis zur Website im Do-it-yourself-Look!

eine gewisse Bestätigung für die günstig verhandelten Einkaufs- oder Verkaufspreise liefern, die wiederum ...

Ob selten und günstig, exklusiv und teuer oder quadratisch, praktisch, gut .... Überdenken Sie Ihre Positionierung im Hinblick auf eine Permission Marketing-Strategie und ändern Sie diese gegebenenfalls.

Schaffen Sie Ihr eigenes reizvolles (Teil-)Angebot mit einem individuellen Erscheinungs-, Aktualisierungs- oder Update-Rhythmus. Machen Sie sich zum Beispiel mit einem vierteljährlichen Newsletter bewusst rar. Und sorgen Sie für einen stimmigen Gestaltungs-Background und eine passende Vertriebsstrategie. Denn das so transportierte positive Image erzeugt wiederum grundsätzliches Vertrauen, die Basis für erfolgreiche Privat- und Geschäfts-Beziehungen.

2. Ihre Botschaft ist persönlich

Wie war es früher bei „Tante Emma" um die Ecke? „Schönen guten Tag, Herr Schwarz. Sie mögen doch die (...) so gerne. Gestern habe ich eine neue Lieferung bekommen und Ihnen gleich ein paar reserviert ..."

Diese persönliche Beziehung können wir heute in allen Branchen wieder aufleben lassen. Durch die Segnungen der Web- und Database-Technologien. Und hier natürlich durch das kostengünstigste, schnellste und damit beste Dialog-Instrument überhaupt: eMail! Aber Vorsicht auch dabei: Nicht zu krampfhaft um jeden Preis individualisieren wollen!

Als Tiefkühlkost-Anbieter reicht es zum Beispiel zunächst schon, zwei Kunden-Segmente zu bilden: Vegetarier und Fleischesser. Als „Zweitausendeins"-Versand wäre eine Selektion in Bücherwürmer und Musikliebhaber oder in „Klassik" und „Modern" denkbar. Im

Print-Bereich rechnet sich dieses Zielgruppen-Splitting in der Regel nicht, im Internet per eMail-Newsletter dagegen schon.

3. Ihre Botschaft ist relevant

Nur individuelle Nachrichten von Relevanz bieten Ihrem Kunden einen eindeutigen Vorteil. So wie zum Beispiel die aktuelle Benachrichtigung bei wichtigen Gesetzesänderungen. Also alle exklusiven Informationen, Insider-Wissen, Know-how, Tipps und Tricks oder neudeutsch kurz gesagt: Personal content (is king)! Weil die Inhalte letztendlich so entscheidend sind, werden wir im nächsten Kapitel noch genauer auf dieses wichtige Thema eingehen. Dort entdecken Sie zum Beispiel in einem kleinen Ideen-Geber über 60 Themen-Vorschläge für Ihren Newsletter-Content.

Ihre 3 Erfolgs-Faktoren für alle Permission-Werbemittel heißen somit: Persönliche Erwartungen wecken und mit relevanten Informationen auch befriedigen. Und so Stück um Stück Vertrauen schaffen. Dann ist Ihr Kunde auch bereit, seinerseits Informationen über sich zu liefern.

Diese erhaltenen Kundendaten und Informationen und der Umgang mit ihnen bedürfen jedoch einer besonders sensiblen Behandlung, damit Sie das Vertrauen Ihrer Kunden nicht verlieren.

Wie Sie mit 3 zusätzlichen Maßnahmen Ihre Vertrauensbasis festigen und erweitern

Adress-Handel vs. Image-Schaden

Alle von Ihren Kunden erhaltenen Daten sind sensibel und nicht nur aus Datenschutz-rechtlichen Gründen sorgsam zu behandeln. Es geht schließlich auch ums Image. Oder können Sie sich vorstellen, dass Ihr kleiner

Flirt vom Vorabend am nächsten Tag zum Firmengespräch oder via Funk oder Presse „hinausposaunt" wird? Der Image-Schaden durch einen Adress-Handel wird immer höher sein als der kurzfristige Umsatz-Nutzen, den Sie vielleicht damit erzielen können.

Kommunizieren Sie Ihre Datenschutz-Philosophie

Die Firma GMX ist nicht nur als schneller und zuverlässiger eMail-Dienst bekannt. Es ist vor allem auch deren umfassende Datenschutz-Philosophie, der immer mehr Kunden ihr Vertrauen schenken.

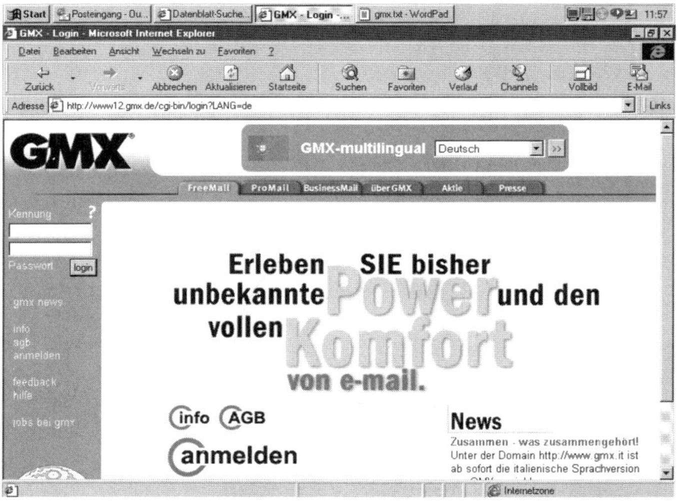

Vorbildlicher Service mit vorbildlichem Datenschutz rund um das Thema „eMail" für geschäftliche und private User: www.gmx.de

GMX sammelt zwar auch Kundendaten bis „zum Abwinken". Aber: „Wir werden niemals das Vertrauen unserer Kunden enttäuschen, wir werden unter keinen Umständen deren Daten zu anderen Zwecken als den angegebenen verwenden!" Dies versichert GMX-Geschäftsführer Eric Dolotre. Genau dies sollten Sie Ihren Kunden ebenfalls zusichern und es auch immer wieder kommunizieren.

Laut einer Online-Umfrage der Unternehmensberatung Mummert + Partner unter 500 Internet-Nutzern geben 74 Prozent der Internet-Nutzer beim Surfen persönliche Daten heraus, wenn sie im Gegenzug personalisierten Service erhalten.

Für insgesamt 74,5 Prozent der Surfer ist dabei der Datenschutz sehr wichtig (27 Prozent lesen grundsätzlich die Datenschutz-Hinweise) bzw wichtig (47,5 Prozent lesen zumindest manchmal die Datenschutz-Hinweise). (Quelle: IW-Newsletter, Ausgabe 215)

Keine Leistung ohne Gegenleistung - dies gilt natürlich auch im Internet. Und beweist damit einmal mehr, wie wichtig eine Permission Marketing-Philosophie ist.

Sie können noch einen Schritt weitergehen! Denn die höchste Form einer guten Datenschutz-Philosophie heißt: Kundeneigene Daten- und Profil-Kontrolle! Und die sollten Sie allen Ihren Kunden zugänglich machen.

Bauen Sie Ihren „customer self service" auf

Durch das Internet lässt sich diese informationelle Selbstbestimmung problemlos vollautomatisch betreiben und kommunizieren und bringt Ihnen außerdem noch einen nützlichen Kostenspar-Effekt durch das Wegfallen von Servicekapazität!

Darüberhinaus geben Sie wie bereits erwähnt allen anfangs noch unehrlichen „Flirtwilligen" eine schnelle, problemlose und jederzeit mögliche Korrektur-Chance ohne Peinlichkeiten an die Hand.

Dieser besondere Kundendienst führt übrigens nicht nur zu einem weiteren Angebots-Vorteil gegenüber Ihren

Bei „www.amazon.de" kann der Kunde zum Beispiel:

- den Kontostand abfragen
- den Bestell-Status einsehen
- noch nicht versandte Bestellungen stornieren
- die eMail-Abonnements ansehen und ändern
- das Passwort ändern
- die eMail-Adresse ändern
- die Versand-Adresse ändern
- die Versandart ändern
- die Kreditkarten-Informationen ändern

„Customer self service" bei Amazon.

Konkurrenten im Markt. Einen zusätzlichen Vertrauens-Bonus können Sie damit ebenfalls für sich verbuchen!

„Customer self service", die kundeneigene Kontrolle und Änderung der bei Ihnen gespeicherten Daten, ist ein ganz wichtiges Permission Marketing-Instrument!

Offenheit sollte also auf jeden Fall vorhanden sein. Denn dies gehört genauso zum „weltoffenen" World Wide Web wie das Einhalten gewisser anderer höflicher Grundprinzipien gegenseitiger Kommunikation: der „Netiquette".

Sorgen Sie für die Einhaltung der „Netiquette"

„Netiquette" - das ist natürlich die „Etikette" im „Net". Darunter versteht man bestimmte Umgangsformen, Verhaltensweisen, Höflichkeits-Regeln, die sich im digitalen, globalen Dorf entwickelt haben, um „babylonisch"-chaotische Zustände bei der Kommunikation zu verhindern:

Ob real oder virtuell - es geht immer um Menschen. Respektieren Sie andere und vergeben Sie anderen eventuelle Fehler. Seien Sie vorsichtig mit Humor oder Ironie, nicht immer kommt alles so beim Gegenüber an, wie man sich das vorstellt. Das gilt auch umgekehrt für empfangene Nachrichten. Also erst genau lesen und dann nachdenken, dann erst schreiben und senden.

Das Einhalten der „Netiquette" bedeutet aber auch für unser Permission Marketing-Konzept: Wir verzichten (auch aus rechtlichen Gründen) auf Datenmüll jeglicher Art besonders auf nichtssagende, unerwünschte und unverlangte Werbe-eMails, auch „Spam" genannt.

Der Lobgesang auf das Werbemedium eMail bezieht sich nämlich nicht auf massenhaft versandte, unerwünschte Spam-Mail. Es sind die erwünschten eMails, die sogenannten Permission-based eMails, von denen Unternehmensberater und Marketingprofis gleichermassen schwärmen. In den USA wird klar unterschieden zwischen erwünschten Nachrichten und unangeforderten Spam-Mails. Zu solchen unerwünschten eMails antworteten in einer Untersuchung von IMT-Strategies 59 Prozent der Befragten, dass sie solche Mails sofort löschen, ohne sie zu lesen. Ganz anders ist es bei Permission-based eMail, bei denen 56 Prozent antworteten, dass sie neugierig sind, diese eMail zu lesen.

Die Vorteile erwarteter Nachrichten

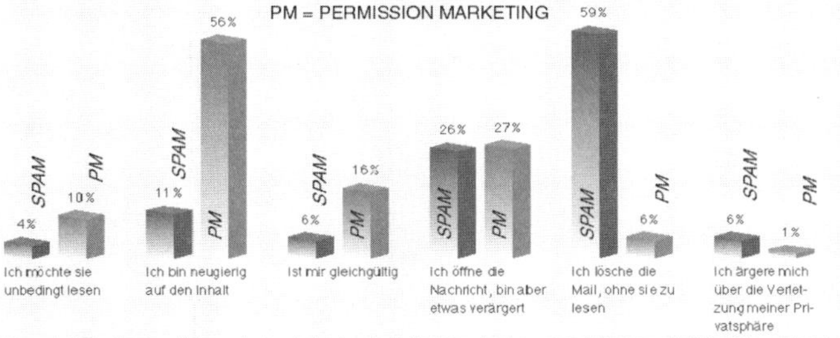

Wer es schafft, dass Kunden und Interessenten ihm erlauben (wer also die Permission erlangt), von seinem Unternehmen aktuell informiert zu werden hat die erste Hürde genommen. Seine Botschaften kommen ungleich besser an, als unerwünschte Werbung (SPAM) Quelle: IMT Strategies 1999

Sie wissen jetzt, warum die reine Kunden-Adresse völlig wertlos ist. Wieso und was an grundsätzlichen Voraussetzungen für ein Permission Marketing-Werbemittel zu beachten ist und wie wichtig dabei der Faktor „Vertrauen“ zum Beispiel durch eine Datenschutz-Philosophie und die informationelle Selbstbestimmung des Kunden ist.

„Lovely Spam, wonderful Spam" (eine Dosenfleisch-Marke) wurde von der englischen Comedy-Truppe Monty Python in einem ihrer Stücke auf die Schippe genommen: Als universell und deshalb massenhaft verwendete Speisen-Beilage in einem Lokal.

„To spam" or „not to spam" - im Permission Marketing keine Frage

Analog zur Faxwerbung ist das sogenannte „spamming" in Deutschland verboten; auch einige amerikanische Bundesstaaten haben entsprechende Gesetze erlassen.

Und ein Ausschuss des US-Kongresses hat einen Entwurf für ein bundesweites Gesetz gegen unerwünschte Werbe-Mail („Spam") abgesegnet. Unter anderem schreibt es vor, dass Werbe-Mails eine funktionierende Rückantwortadresse aufweisen und explizit als Werbung gekennzeichnet sein müssen. Außerdem schreibt es generell fest, dass Firmen Verbraucher nicht mehr anschreiben dürfen, wenn diese das nicht wünschen („opt-out"). (Quelle: COMPUTERWOCHE München, Juni 2000)

Wie Sie schließlich Fremde zu Freunden machen

Vertrauen durch Frequenz, Frequenz durch eMail

Damit Sie Ihren festen Platz im Bewusstsein jedes Ihrer Kunden einnehmen können, sollten Sie dort zunächst eine positive emotionale Einstellung anstreben.

Diese Bindungsvoraussetzung ist um so stärker, je größer das Vertrauen zu Ihnen ist. Vertrauen erzeugen Sie unter anderem durch eine bestimmte, für Ihr Angebot, Ihre Problem-Lösung und für Ihren potentiellen Kunden optimale Frequenz, mit der Sie Ihre Botschaften kommunizieren.

Vertrauen durch Frequenz ist damit ein stufenweiser Prozess, der Schritt für Schritt durch die Phasen Aufmerksamkeit, Vertrautheit, emotionale Bindung bis hin zum Erstkauf, den Folge-Käufen und schließlich zur Stammkundschaft führt.

Das ideale neue und persönliche Kommunikations-Mittel zur preiswerten Erzeugung dieser nötigen, schrittweisen Content-Frequenz pro Interessent heißt „eMail“, Ihr ultimatives Dialog-Instrument!

Damit können Sie es sich leisten, Mails zu publizieren, die zunächst einmal gar nicht dem Verkauf, sondern nur der reinen Kunden-Information dienen.

eMail ist ein Kommunikationsmedium, mit dem es möglich wird, auch bei geringem Marketingbudget eine große Anzahl von Kunden regelmäßig zu kontaktieren.

Zum anderen kann damit bei wachsendem Vertrauen aber auch die Bitte um Daten-„Response“ für begründete und einsichtige Zwecke individuell, schnell und problemlos per Mausklick realisiert werden. Und deshalb ist eMail das ideale Permission Marketing-Instrument.

Denn Frequenz allein bringt es nicht, wie uns herkömmliche Massen-Medien Tag für Tag beweisen. Erst die gezielte und gerichtete und dabei preiswert zu realisierende Frequenz pro Zielperson erzeugt genügend individuelle Aufmerksamkeit und Vertrautheit für eine emotionale Bindung. Und genau dies ist eben nur per eMail zu verwirklichen!

Diese einzelnen „step-by-step"-Sequenzen, diese Einzel-Phasen wechselseitiger Kommunikation gilt es jetzt genau zu planen und zu einem variabel einsetzbaren, modularen Ablaufplan zu verknüpfen.

So entwickeln Sie eine Permission-Leiter

Welche Informationen soll welcher Kunde wann bekommen? Und welche Daten wollen Sie wann erheben? Da dies sehr stark branchen- und produktabhängig ist, kann hier keine spezielle Aufzählung erfolgen. Ganz allgemein aber geht es zunächst einmal darum, die eMail-Adresse analog zur „Flirt"-Telefonnummer zu erbitten. Einen Fax-Vordruck hierfür finden Sie im nächsten Kapitel, dem Praxis-Teil.

Die eMail-Adresse ist also die erste Sprosse Ihrer Permission-Leiter; die oberste Stufe könnte zum Beispiel der Erstkauf sein. Was dazwischenliegt, also wieviele Stufen es außerdem geben soll, hängt erstens von Ihren individuellen Anforderungen und Besonderheiten ab. Und zweitens von der individuellen Geschwindigkeit und der Permission-Willigkeit Ihres Kunden.

Das bedeutet, Sie sollten alternative Zwischenstufen, Schleifen, einbauen, um vorsichtigere oder langsamere Kunden Schrittchen für Schrittchen wieder auf Ihre Standard-Permission-Leiter zurückzuführen.

So sind zum Beispiel alle Fragen nach dem Geburtsdatum ein „heißes Eisen", das heißt Geburtsdaten werden nur sehr ungern weitergegeben.

Hier brauchen Sie eine besonders überzeugende Begründung. Zum Beispiel vorab ein wertiges Geburtstagsgeschenk auswählen lassen und mit der Frage verknüpfen, wann, zu welchem Tag es ins Haus geschickt werden soll.

Am Beispiel unseres Newsletters für Kleinkinder leuchtet die Bedeutung des Geburtsdatum jedem Nutzer ein: Mütter im siebten Schwangerschaftsmonat benötigen ganz andere Informationen, als Eltern eines einjährigen Kleinkindes.

Oder Sie müssen eben hier eventuell eine „Umleitung", also eine Schleife in Ihrer Permission-Leiter einbauen. Die könnte zum Beispiel aus mehreren verteilt gestellten, also auf verschiedene Mails gesplitteten kleinen Fragen nach dem Geburtstags-Verhalten bestehen: Schenken Sie gerne, machen Sie anderen gerne eine

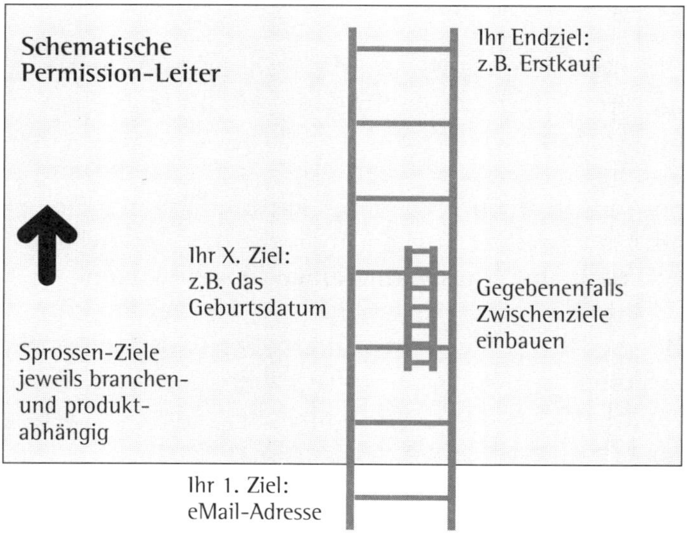

Entwickeln Sie Ihre eigene Permission-Leiter!

Freude? Was schenken Sie am liebsten: 3-5 vorbereitete Antworten zum Anklicken vorgeben ...

Am Ende dieser Schleife steht dann natürlich das Geburtsdatum und damit wieder die ursprüngliche Stufe als Zwischenziel auf dem Weg nach „oben".

Wie Sie Ihre Permission Database richtig aufbauen

Damit Sie nun jederzeit tagesaktuell wissen, wo - auf welcher Stufe der Permission Leiter - sich der einzelne Kunde befindet, sollten Sie alle gesammelten Daten natürlich systematisch in einer Permission Database erfassen.

Daneben ist es wichtig für einen systematischen Permission-Auf- und Ausbau zum Beispiel über folgende Daten „Buch zu führen": Neukunden-Akquirierungskosten ohne und mit Permission Marketing (vorher-/nachher-Vergleiche), Test- und Aktions-Ergebnisse sowie die absolute Zahl der „permissions", die Sie erreicht haben und wie Permission Marketing sich auf das Kaufverhalten auswirkt.

Warum Sie ein Marketing Curriculum anbieten sollten

Permission Marketing basiert auf Vertrauen. Dazu gehört auch ein wechselseitiger Informations-Austausch zwischen Ihnen als Anbieter und Ihren Kunden zum gegenseitigen Kennenlernen.

Zeigen Sie Ihren Kunden deshalb auf der Basis eines systematisch aufbereiteten Curriculums, eines Lehrplanes also, was Sie wann, wie und wo für ihn tun können und auf welcher Philosophie Ihr Unternehmen beruht.

Auch hier gibt es genau wie bei der Permission-Leiter keine allgemeingültige Vorgehensweise. Jedes Marketing Curriculum sieht anders aus, ist firmen-, branchen- und produktabhängig. Das Wichtigste dabei ist, dass Ihr Kunde sukzessive mehr über Ihr Unternehmen lernt - und Sie dadurch mehr über ihn.

Nachdem Sie nun einiges über die Voraussetzungen und Limitierungen erfahren haben, wie Sie Permission einholen, folgt zum Abschluss dieses Kapitels die Praxis.

Praxis-Teil: 11 erprobte Tipps, um Permission einzuholen

Wie Ihnen in kürzester Zeit fast alle Interessenten ihre Adresse geben

Permission Marketing lässt sich wie wir gesehen haben idealerweise via eMail-Newsletter durchführen. Aber natürlich sind auch alle anderen dialog-geeigneten Instrumente vom Info-Terminal bis zum Direct Mail einsetzbar beziehungsweise in einer integrierten Aktion verknüpfbar.

Das Geheimnis, wie Ihnen in kürzester Zeit fast alle Interessenten medienübergreifend ihre Adresse geben, liegt im Nutzendenken. Und somit in der Beantwortung der folgenden Vorteils-Fragen: Womit können Sie Ihre (potentiellen) Kunden erfolgreicher machen? Welches brennende Problem bewegt Ihre Kunden? Welche Themen interessieren Ihre Kunden? Welche regelmäßigen Informationen sind für Ihre Kunden besonders wertvoll? Welche Geschenke kommen bei Ihren Kunden am besten an?

Sie wissen es noch nicht? Dann finden Sie es heraus! Zum Beispiel indem Sie sich einen Tag pro Woche Zeit nehmen, um Beschwerdebriefe zu lesen. Oder um in Ihrer Reklamations-Abteilung oder im Service-Bereich oder in Ihrem Call-Center „mitzuhören". Indem Sie die FAQ-Seiten Ihres Web-Auftrittes analysieren: Welche Seiten (= welche Fragen und Probleme) wurden am häufigsten angesteuert?

„FAQ" ist nichts Unanständiges, sondern die Abkürzung von „frequently asked questions", also eine Liste der am häufigsten gestellten Fragen und natürlich deren Beantwortung.

Oder auch indem Sie gezielt kurze Umfragen zum Beispiel im Netz durchführen. Sehen Sie sich einmal die Startseite von „www.aol.de" an. Dort gibt es die ständig wechselnde Mini-Umfrage: Eine kurze Frage plus eine von drei anklickbaren Antworten.

Wer was tut, soll belohnt werden. Als Dankeschön für's Mitmachen gibt es ein Geschenk. Und damit haben Sie wiederum ein ideales Präsente-Testfeld: Welche Gratis-Geschenke (zum Beispiel Überraschungs-Geschenke vs. Gratis-Einkaufs-Gutschein vs. Produkt-freegifts) „laufen" und welche nicht?

Mit der Beantwortung dieser Fragen, Umfragen und Tests haben Sie dann Ihre unternehmensindividuellen Vorteile für eine optimale Adress-Gewinnung gefunden! Doch halt! Bevor Sie jetzt starten, sollten Sie unbedingt die folgenden „Fallen" berücksichtigen.

Was Sie bei der Gewinnung von eMail-Adressen technisch und rechtlich beachten sollten

Zunächst einmal müssen Sie die technischen Voraussetzungen für einen reibungslosen eMail- beziehungsweise eMail-Newsletter-Verkehr schaffen. Entweder bietet Ihnen Ihr Provider eine eMail-Server-Möglichkeit oder Sie betreiben einen eigenen. Es geht aber auch eine Nummer kleiner, vor allem wenn Sie erst damit beginnen wollen.

Einen eigenen eMail-Newsletter aufzubauen, ist inzwischen kein Problem mehr.

EXKURS: EINRICHTEN UND PUBLIZIEREN EINES NEWSLETTERS

Ein eMail-Newsletter funktioniert ähnlich wie eine Zeitung mit spärlichen grafischen Möglichkeiten: Pro Ausgabe werden mehrere Text-Beiträge (eigene Beiträge und solche von freien Autoren, Interviews, Leser-Meinungen, Anzeigen) geschrieben beziehungsweise gesammelt, zu einer Ausgabe „geschnürt" und elektronisch an die Abonnenten verschickt.

Das Versenden und Empfangen eines eMail-Newsletters funktioniert mit einem der vielen eMail-Programme (eMail-Clients) wie etwa Microsofts Outlook Express, Netscapes Messenger, Eudora oder Pegasus und viele andere. Diese eMail-Programme genügen allen Anforderungen in der Regel völlig bis zu einem gewissen Verwaltungsaufwand.

Wird dann der Administrationsaufwand zu hoch, sollten Sie Hilfe in Form von speziellen Programmen (Listserver oder Mailinglisten-Programme) über Ihren Provider oder einen entsprechenden Dienstleister im Web in Erwägung ziehen oder „inhouse" sogar einen eigenen eMail-Server aufsetzen.

Diese Listserver (zum Beispiel ListSERV und Majordomo) bieten Automatik-Funktionen für das An- und Abmelden Ihrer Abonnenten (in der Regel mit „subscribe" und „unsubscribe" bezeichnet).

Grundsätzlich müssen Sie bei Ihrem eMail-Newsletter (einer schreibt an viele) oder Ihrer Mailing-Liste (das ist ein reines eMail-Diskussionsforum analog den Chat-Rooms, also viele schreiben an viele Teilnehmer) zwei Adressen einrichten. Eine Administrations-Adresse und eine Verteiler-Adresse. Erstere dient zum Sammeln der An- und Abmeldungen Ihrer Abonnenten. Mittels der Verteiler-Adresse schließlich werden alle gesammelten Beiträge an die Abonnenten bzw. Teilnehmer gemailt.

Wichtigste Kriterien für einen erfolgreichen Newsletter sind die inhaltliche Struktur (Wiedererkennung, klare Gliederung), die Qualität (prägnante Beiträge ohne weitschweifiges „Geschwafel") und die von Ihnen festzusetzende Erscheinungsweise (täglich, wöchentlich, vierzehntägig, monatlich oder unregelmäßig).

Vor jedem Versand sollten Sie Ihren Newsletter auf die Einhaltung folgender Mindest-Merkmale checken:
Kopf - Newsletter-Name und Ausgaben-Nummer, Erscheinungsdatum, opt-out-Möglichkeit, Abonnenten-Gesamtzahl, richtiger Betreff-Text?
Body - generell in 10-12 Punkt Schrift-Größe, max. 70 Zeichen pro Zeile eingehalten? Inhaltsverzeichnis vorhanden und korrekt? eMail und URL's alle korrekt und funktionsfähig?
Fuß - Impressum; opt-in, opt-out; eMail-Link für Lesermeinungen, „member-get-member"- also Weiterempfehlungs-Hinweis

Der beste Tipp zum Schluss: Abonnieren und analysieren Sie möglichst viele Newsletters!

Mehrere im Netz erhältliche Programme bieten Ihnen alle Funktionen, um auch einen größeren Verteiler zu erstellen, um Listen anzulegen und alle Empfänger zu bedienen. Eines der bekanntesten Programme ist das kostenlose Pegasus Mail, das als sogenannter eMail-Client lediglich lokal auf Ihrem Rechner zu installieren ist.

Wie Sie einen Newsletter-Service einrichten, erklärt der nebenstehende Exkurs. Neben diesen technischen Fragen gilt es aber auch die Gesetzeslage zu berücksichtigen.

Grundsätzlich gilt in Deutschland für jedes Unternehmen: Eine sogenannte „kalte“ Akquise ist verboten! „Kalt“ bedeutet in diesem Fall: Der werblich Anzusprechende hatte bis zu diesem Zeitpunkt noch keine Geschäftsbeziehung zu Ihnen. Oder anders gesagt: Die Kontakt-Aufnahme muss vom Nachfrager ausgehen, nicht vom Anbieter!

Immer wieder fragen Marketingleiter nach Anbietern von eMail Adressen. Mailings via eMail werden immer noch häufig gleichgesetzt mit klassischen Mailings per Briefpost.

Dabei bringt es überhaupt nichts 250000 eMail Adressen für nur 99 Dollar zu kaufen, weil die Adressen in solchen Listen sowieso schon wertlos und abgestumpft sind durch die Tausende Werbe-eMails. Wer einmal in einer solchen Liste gelandet ist, wird schwerlich bereit sein, noch irgendeine Werbe-eMail zu öffnen.

Aber auch ganz unabhängig von der geringen Resonanz auf eMail ist es in Deutschland derzeit schlicht und einfach verboten, unangeforderte Werbebotschaften per eMail zu versenden. Die unaufgeforderte Zusendung von eMails verstößt wegen der damit für den Emp-

Angebote von eMail-Adressen in den USA. Solche Adressen sind jedoch von geringem Wert, weil die Empfänger schon abgestumpft gegenüber Werbung sind.

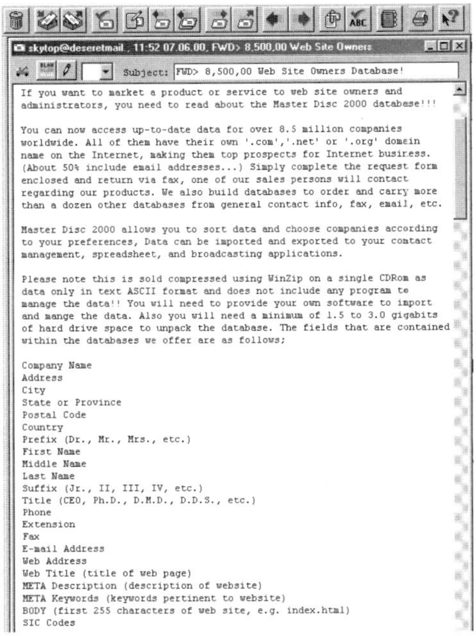
skytop@deseretmail., 11:52 07.06.00, FWD> 8,500,00 Web Site Owners

Subject: FWD> 8,500,00 Web Site Owners Database!

If you want to market a product or service to web site owners and administrators, you need to read about the Master Disc 2000 database!!!

You can now access up-to-date data for over 8.5 million companies worldwide. All of them have their own '.com','.net' or '.org' domain name on the Internet, making them top prospects for Internet business. (About 50% include email addresses...) Simply complete the request form enclosed and return via fax, one of our sales persons will contact regarding our products. We also build databases to order and carry more than a dozen other databases from general contact info, fax, email, etc.

Master Disc 2000 allows you to sort data and choose companies according to your preferences, Data can be imported and exported to your contact management, spreadsheet, and broadcasting applications.

Please note this is sold compressed using WinZip on a single CDRom as data only in text ASCII format and does not include any program to manage the data!! You will need to provide your own software to import and mange the data. Also you will need a minimum of 1.5 to 3.0 gigabits of hard drive space to unpack the database. The fields that are contained within the databases we offer are as follows;

Company Name
Address
City
State or Province
Postal Code
Country
Prefix (Dr., Mr., Mrs., etc.)
First Name
Middle Name
Last Name
Suffix (Jr., II, III, IV, etc.)
Title (CEO, Ph.D., D.M.D., D.D.S., etc.)
Phone
Extension
Fax
E-mail Address
Web Address
Web Title (title of web page)
META Description (description of website)
META Keywords (keywords pertinent to website)
BODY (first 255 characters of web site, e.g. index.html)
SIC Codes

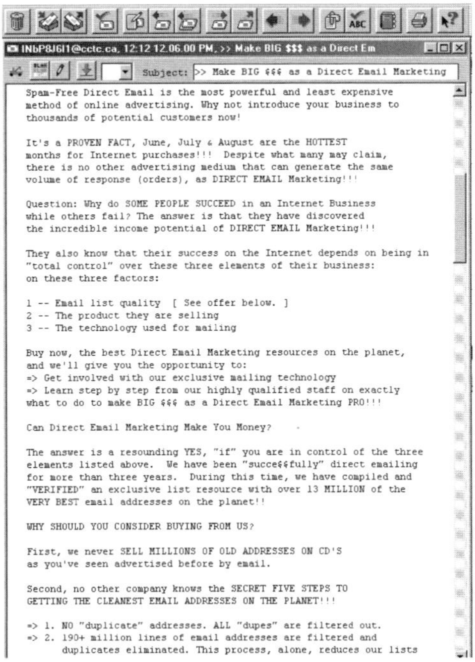
INbP8J6I1@cctc.ca, 12:12 12.06.00 PM, >> Make BIG $$$ as a Direct Em

Subject: >> Make BIG $$$ as a Direct Email Marketing

Spam-Free Direct Email is the most powerful and least expensive method of online advertising. Why not introduce your business to thousands of potential customers now!

It's a PROVEN FACT, June, July & August are the HOTTEST months for Internet purchases!!! Despite what many may claim, there is no other advertising medium that can generate the same volume of response (orders), as DIRECT EMAIL Marketing!!!

Question: Why do SOME PEOPLE SUCCEED in an Internet Business while others fail? The answer is that they have discovered the incredible income potential of DIRECT EMAIL Marketing!!!

They also know that their success on the Internet depends on being in "total control" over these three elements of their business: on these three factors:

1 -- Email list quality [See offer below.]
2 -- The product they are selling
3 -- The technology used for mailing

Buy now, the best Direct Email Marketing resources on the planet, and we'll give you the opportunity to:
=> Get involved with our exclusive mailing technology
=> Learn step by step from our highly qualified staff on exactly what to do to make BIG $$$ as a Direct Email Marketing PRO!!!

Can Direct Email Marketing Make You Money?

The answer is a resounding YES, "if" you are in control of the three elements listed above. We have been "succe$$fully" direct emailing for more than three years. During this time, we have compiled and "VERIFIED" an exclusive list resource with over 13 MILLION of the VERY BEST email addresses on the planet!!

WHY SHOULD YOU CONSIDER BUYING FROM US?

First, we never SELL MILLIONS OF OLD ADDRESSES ON CD'S as you've seen advertised before by email.

Second, no other company knows the SECRET FIVE STEPS TO GETTING THE CLEANEST EMAIL ADDRESSES ON THE PLANET!!!

=> 1. NO "duplicate" addresses. ALL "dupes" are filtered out.
=> 2. 190+ million lines of email addresses are filtered and duplicates eliminated. This process, alone, reduces our lists

fänger verbundenen Kosten (Telefongebühren, Nutzung des Servers) gegen § 823 BGB. Dies gilt unabhängig davon, ob der Empfänger Privatperson, Freiberufler oder Gewerbetreibender ist (Landgericht Berlin, Beschluss vom 15. Mai 1998 - 16 O 301/98).

Auch in der eCommerce-Richtlinie der Europäischen Union wird anerkannt, dass unangeforderte eMails stören. Hier wird jedoch der Ansatz vertreten, dass belästigte Surfer sich ja in sogenannten Robinson-Listen eintragen können.

Betrachtung kommerzieller elektronischer Kommunikation in der eCommerce-Richtlinie der Europäischen Union

(30) Die Zusendung nicht angeforderter kommerzieller Kommunikationen durch elektronische Post kann für Verbraucher und Anbieter von Diensten der Informationsgesellschaft unerwünscht sein und das reibungslose Funktionieren interaktiver Netze beeinträchtigen. Die Frage der Zustimmung der Empfänger bestimmter Formen der nicht angeforderten kommerziellen Kommunikation ist nicht Gegenstand dieser Richtlinie, sondern ist, insbesondere in den Richtlinien 97/7/EG und 97/66/EG, bereits geregelt. In Mitgliedstaaten, die nicht angeforderte kommerzielle Kommunikation über elektronische Post zulassen, sollten geeignete Initiativen der Branche zum Herausfiltern entsprechender Mitteilungen gefördert und erleichtert werden. Darüber hinaus müssen nicht angeforderte kommerzielle Kommunikationen auf jeden Fall klar als solche erkennbar sein, um die Transparenz zu verbessern und die Funktionsfähigkeit derartiger Filtersysteme der Branche zu fördern. Durch elektronische Post zugesandte nicht angeforderte kommerzielle Kommunikationen dürfen keine zusätzlichen Kommunikationskosten für den Empfänger verursachen.

(31) Mitgliedstaaten, die in ihrem Hoheitsgebiet niedergelassenen Diensteanbietern die Versendung nicht angeforderter kommerzieller Kommunikation mit elektronischer Post ohne vorherige Zustimmung des Empfängers gestatten, müssen dafür Sorge tragen, daß die Diensteanbieter regelmäßig sog. Robinson-Listen konsultieren, in die sich natürliche Personen eintragen können, die keine derartigen Informationen zu erhalten wünschen, und daß die Diensteanbieter diese Listen beachten.

Dies gilt nicht nur im Endkunden-Bereich, sondern auch für „B2B“, obwohl hier in einer Art Grauzone ständig dagegen verstoßen wird. Sicher wurden auch Sie schon zum „Opfer“ eines abendlichen Telefon-Marketing-Versuches oder es flatterte Ihnen per Fax ein unbekanntes Angebot ins Büro. Dies ist nicht legal!

„B2B" = „Business-to-Business", also der geschäftliche Bereich im Gegensatz zu „B2C", („C" für consumer) dem Endkunden-Bereich.

Und analog zur Faxwerbung ist eben auch das sogenannte „spamming” in Deutschland verboten. Also die massenhafte Aussendung von unverlangten eMails. Dies jedoch ist im Permission Marketing undenkbar! Denn Permission Marketing basiert auf Zustimmung, auf Begründung, auf echtem, persönlichem Nutzen verknüpft mit jeweils einer Kunden-Adresse.

Der auf diese Weise akkumulierte Wert ist wiederum nur für Sie ein individueller Unternehmens-Nutzen und

Die Kundenbeziehung ist zu wertvoll, als dass jemals diese Adressen an Dritte weitergegeben würden.

Datenschutz - Von der Firmen-Erklärung bis zu „Safe Harbour"
2 Beispiele, die zeigen, dass Datenschutz nicht nur eine Floskel ist.

1. Beispiel: GMX - Policy (Hausordnung) [in Auszügen]
GMX hat sich zum Ziel gesetzt, allen seinen eingetragenen Teilnehmern ein zuverlässiges und leistungsfähiges Instrument für den Informationsaustausch im Internet zu sein. Damit das so bleibt, nehmen wir bei GMX ein paar Regeln sehr ernst und achten streng auf deren Einhaltung - im Interesse aller GMX und Internet-Anwender. Anwender, die sich mit den folgenden Regeln nicht anfreunden können, bitten wir von einer Registrierung abzusehen. Benutzerkennungen, deren Inhaber sich an die Regeln nicht halten, werden ohne Vorwarnung aus dem System gelöscht!

I. Kein Datenmüll - NO SPAM/NO UCE! Wer meint, das Internet mit Werbe e-mails (UCE) überhäufen zu müssen, ist bei GMX am verkehrten Ort. Es ist ausdrücklich nicht gestattet, GMX Kennungen oder die e-mail Verteiler dazu zu verwenden, Werbe- oder andere Marketingbotschaften an Internet-Anwender (egal, ob GMX Mitglieder oder nicht) zu verschicken, beziehungsweise weiterzuleiten! Das gleiche gilt selbstverständlich für sogenanntes Mail-Bombing und den anderweitigen Missbrauch von e-mail Systemen (SPAM). Eingeschlossen sind auch Newsgruppen und andere Kommunikationssysteme des Internet. Wer hier negativ auffallen will, verwende dazu bitte nicht seine GMX e-mail Adresse! [...]

2. Beispiel: „Safe Harbour" - ein sicherer Hafen für Digital-Daten
Nach jahrelangem Streit haben sich die USA und die EU nun auf eine gemeinsame Richtlinie zum Schutz der Privatsphäre geeinigt. Das Abkommen soll sicherstellen, dass digitale Daten, die von der EU an die USA gesandt werden, mittels der "sicherer Hafen"-Idee geschützt werden. Gemäß dieser wollen die USA zusammen mit der EU einen Katalog von Maßnahmen aufstellen, wie US-Unternehmen Kundendaten schützen sollen. Einzelne US-Unternehmen können sich verpflichten, dieses Projekt umzusetzen. Eine Liste, welche Firmen sich dem "Sicherer Hafen"-Projekt anschließen, wird ab 1. Juli, dem Stichtag der Umsetzung, auf den Seiten des US-Handelsministeriums veröffentlicht. Die jetzt erzielte Einigung bezieht sich allerdings nur auf Unternehmen. Eine Lösung für den Finanzsektor soll später gefunden werden.

Die Europäische Union zählte die USA nicht zu den Staaten mit hohen Datenschutz-Standards. Eigentlich dürften keine Mails mehr von Europa aus in die USA geschickt werden. Die Amerikaner ihrerseits warfen der EU Wirtschaftsprotektionismus vor. Die entscheidende EU-Direktive vom Oktober 1998 zum Kunden-Datenschutz würde US-Unternehmen benachteiligen, die keine Daten mehr über EU-Bürger sammeln dürften. Die Internet-Beauftragte des US-Wirtschaftsministeriums, Becky Burr, hatte mehrmals erklärt, dass sie und ihre Kollegen an der Selbstregulierung der Wirtschaft festhalten wollten. *Quelle: FAZ 16. März 2000 (sri)*

deshalb nicht übertragbar auf eine breite Masse. Für Sie als Permission Marketer kommt es, wie wir gesehen haben, ebenso wenig in Frage, Adress-Listen an Dritte zu vermieten oder zu verkaufen oder selbst solche Fremd-Listen zu beziehen. Zu letzterem besteht auch überhaupt keine Notwendigkeit, wie Sie jetzt gleich sehen werden.

4 erfolgreiche Wege, um die eMail-Adressen Ihrer Kunden und Interessenten zu bekommen

Der „Trick" besteht zunächst darin, aus einem mehr oder weniger diffusen Zielgruppen-Potential oder Gesamtmarkt Ihre Interessenten herauszufiltern. Dies ist ein mehrstufiger Prozess, durch den Sie Ihren potentiellen Kunden-Kreis in jeder Stufe weiter eingrenzen. Dazu haben Sie mehrere Möglichkeiten.

Ihr wichtigstes Ziel bei dieser ersten Interessenten-Gewinnungsstufe ist: Erlaubnis einholen, um den potentiellen Kunden mehr Informationen senden zu dürfen! Idealerweise natürlich per eMail oder eMail-Newsletter, weil dies für Sie die kostengünstigste Möglichkeit ist.

Auch hier können und sollten Sie zunächst analog unserer Permission-Leiter „Schleifen" einbauen. Um über konventionelle Wege - etwa ein Mailing in der zweiten Kontaktstufe - den offline-Bereich abzudecken oder noch unentschlossenen Zielpersonen mehr Entscheidungshilfe zu geben. Alle Werbemittel sollten Sie jedoch immer mit Ihrer Web-Adresse plus Hinweis auf den (praktischen, schnellen und kostenlosen) Info-Newsletter versehen.

Wenn Sie Konsumgüter herstellen oder vertreiben, können Sie beispielsweise über ein Mini-Mailing, das eine Produkt-Probe und eine Response-Möglichkeit enthält, einen ersten Kontakt per Haushalts-Werbung initiieren. Und im Anschluss an diese Aktion an alle Nicht-Reagierer dasselbe Mailing noch einmal oder auch mehrmals schicken!

Response erzeugen Sie hier zum Beispiel durch einen Meinungstest über Ihr Produkt, kombiniert mit einem oder mehreren Preisen oder Geschenken als Belohnung fürs Mitmachen. Dies lässt sich auch mit der „early bird"-Technik erweitern: Jeder, der mitmacht, bekommt eine Belohnung. Die ersten (7.777) Schnell-Antworter erhalten natürlich einen höherwertigen Preis.

Haben Sie ein fachspezifisches Produkt-Angebot, so empfiehlt sich zunächst die Schaltung einer Dialog-Anzeige in einem zielgruppenspezifischen Fachmagazin mit dem oben angesprochenen ersten Ziel: Mehr Informationen anfordern.

Dies realisieren Sie entweder mit einem Dialog-Mailing, das natürlich wiederum eine Response-Möglichkeit enthalten muss oder dem Zweitkontakt per eMail-Newsletter beziehungsweise beiden Möglichkeiten.

Das gleiche „Spielchen" lässt sich natürlich auch im Internet verwirklichen. Hier ist Ihre erste Stufe zum Beispiel ein Banner, der einen echten Vorteil verspricht. Interessenten werden dadurch mit Ihrer Internet-Seite verlinkt. Und die enthält neben dem versprochenen Nutzen natürlich auch ein Newsletter-Registrierungsfeld, durch das der potentielle Kunde die unterste Sprosse Ihrer Permission-Leiter erklimmen kann.

Alle Interessenten und Kunden greifen besonders gerne beim Schnelligkeits-Vorteil per eMail(-Newsletter) zu, wenn dieser Nutzen ganz offensichtlich ist: Zum Beispiel die Versorgung mit aktuellen Informationen über Gesetzes-Änderungen oder die ständige Rechtsprechung. Aber auch besondere Vorteile, wie sie zum Beispiel der eShop „jrcrew" für seine Stammkunden bereithält, sind natürlich ein besonderer Anreiz.

Stammkunden bei jrcrew.com erhalten via eMail am Donnerstagabend die wöchentlichen Sonderangebote, die der breiten Öffentlichkeit erst freitags vorgestellt werden. Über eine Million Abonnenten des eMail-Newsletters!

Wenn Sie vorhaben, vorhandene Kunden in Zukunft auch per eMail anzuschreiben, empfiehlt sich für den Permission-Marketer ein sehr sensibles Vorgehen. Zunächst senden Sie mit einem ganz normalen Postmailing an alle Ihre Kunden einen Brief, in dem Sie auf die Vorteile von eMail hinweisen.

Legen Sie dem Schreiben einfach eine Faxantwort bei, auf der Ihre Kunden ihre eMail Adresse angeben und schon haben Sie das schriftliche Einverständnis, dass Ihre Kunden Ihren Newsletter gerne abonnieren.

Eine weitere Möglichkeit, Ihre Stammkunden auf Ihre Permission Leiter via eMail-Newsletter schicken zu können, besteht per Fax-Info. Zum Beispiel so wie durch den Muster-Faxvordruck auf der nächsten Seite. Aber Achtung: Aus rechtlichen Gründen bitte nur Kunden damit beschicken, keine Interessenten!

Ein sofort einsetzbarer Muster-Faxvordruck zur Adress-Gewinnung

„Ihre Bank" - Antwortfax
zur Anforderung Ihres Gratis-Newsletter

Um schnelles **Rückfax** wird gebeten:
00 00 00 - 00 00 00

Ihre Bank AG
Börsenring 777

67890 Daxhausen

Fon: 00 00 00 - 00 00 00
Fax: 00 00 00 - 00 00 00
Web: www.rsponse.de
eMail: info@rsponse.de

Sehr geehrte Frau Muster,

gerade in Bezug auf Geld-Anlagen kann **schnelle Information** entscheidend sein.

Deshalb bieten wir Ihnen heute an, den Dialog mit Ihre Bank AG über **moderne Kommunikationsmittel** zu intensivieren!

Bevor wir Ihnen jedoch wichtige Informationen, topaktuelle Angebote und interessante Neuigkeiten direkt über **eMail** zusenden, würden wir gerne sicher sein, dass unsere Zusendung auch Ihre Zustimmung findet. Deshalb bitten wir Sie heute, dieses kurze Formular zu unterschreiben und an uns zurückzusenden oder zurückzufaxen.

Wir freuen uns darauf, mit Ihnen noch direkter und noch schneller kommunizieren zu können und bedanken uns im voraus für die Rücksendung des Formulars.

Mit freundlichen Grüßen

Susanne Schmidt
Ihre Bank AG

Ihr Name: Frau Margarete Muster

Ihre Firma: Muster-GmbH Musterstrasse 100 in 12345 Musterstadt

Ihre eMail-Adresse: ....

JA, ich erkläre mich einverstanden, dass Ihre Bank AG mir per eMail regelmäßig aktuelle Informationen zusendet.

Datum: .... Unterschrift: ....

Bitte einfach per Fax zurück an: **00 00 00 - 00 00 00**
Oder per Post an: Ihre Bank AG Börsenring 777 in 67890 Daxhausen

Kunden-Permission per Fax einholen durch ein eindeutiges Nutzen-Versprechen.

5 Wege, wie Sie bestehenden Kunden Ihren eMail-Newsletter nahebringen:

1. Senden Sie ein Postmailing, das die Vorteile des Mediums eMail anpreist und dem ein Fax-Antwortschein beiliegt, auf dem Kunden ihre eMail-Adresse angeben. Vorteil für Sie: Sie haben das Einverständnis schriftlich.

2. Senden Sie ein Postmailing, das die Vorteile des Mediums eMail anpreist und auf dem der Hinweis auf ein Formular im WWW steht, auf dem Kunden Ihren eMail-Newsletter abonnieren können. Vorteil für Sie: wenig Aufwand für Sie, keine falsch geschriebenen eMail-Adressen.

3. Senden Sie ein Faxmailing, das die Vorteile des Mediums eMail anpreist. Vorteil für Sie: preiswerter Versand.

4. Senden Sie ein Mailing per eMail, das die Vorteile des regelmässigen Newsletters anpreist und bieten Sie per „Opt-In" die Möglichkeit zum Abonnement des Newsletters. Nachteil: Sie haben nicht alle eMail-Adressen.

5. Senden Sie ein Mailing, per eMail, das den Kunden freudig als Abonnenten des neuen Newsletters begrüßt und bieten Sie per „Opt-Out" die Möglichkeit, das Zwangs-Abonnement des Newsletters wieder zu kündigen. Nachteil: Sie haben nicht alle eMail-Adressen und manche Kunden reagieren verärgert auf das ungefragte Versenden.

8 Ja-Fragen für erfolgreiches Permission Marketing

Haben Sie Ihren Kunden gesagt, wozu Sie ihre Adressen verwenden?

Haben alle Empfänger Ihres Newsletters diesem Abonnement explizit zugestimmt?

Verhindern Sie, dass jemand ungefragt Ihren Newsletter erhält, weil ein anderer seine Adresse eingetragen hat?

Bieten Sie deutlich sichtbar die Möglichkeit mit einer einfachen Prozedur den Newsletter wieder abzubestellen?

Sind Ihre Nachrichten persönlich auf den Empfänger zugeschnitten?

Sind Ihre Nachrichten für den Empfänger wichtig und relevant?

Kann Ihr Empfänger selbst seine Wünsche, wie Frequenz und Themen einstellen?

Sagen Sie Ihren Kunden offen, welche Daten Sie zu welchem Zweck speichern?

Was ist „opt-in"? Was bedeutet „opt-out"?

Beim vorstehenden Faxvordruck haben wir bereits die „opt-in"-Variante kennengelernt. Damit bezeichnet man eine Wahlmöglichkeit an einem Kundenkontakt-Programm, wie es etwa unsere Permission Leiter darstellt, teilzunehmen.

Analog dazu wird zum Beispiel in jedem eMail-Newsletter die Möglichkeit geboten, diesen Service sofort wieder abzubestellen: Dies nennt man „opt-out". Sie realisieren diese Permission Marketing-Technik auf folgende Weise: Alle Abonnenten Ihres eMail-Newsletters können über einen in jeder eMail vorhandenen „unsubsribe"-Hyperlink einfach eine leere eMail an Sie schikken.

BEITRAEGE fuer die Liste an leserbeitrag@autoresponder.de

ANMELDEN zur Liste
onlinemarketer@autoresponder.de - Betreff: "OnlineMarketer"

ABMELDEN der Liste
omd-abmelden@autoresponder.de - Betreff: "OMD abmelden"

ARCHIV des OnlineMarketer DIGEST
http://www.autoresponder.de/onlinemarketer/archiv/

MEDIADATEN des OnlineMarketer DIGEST - Textanzeige schalten?
Mail an omd-sponsoring@autoresponder.de - Mediainfo kommt sofort

„Opt-in" und „Opt-out" am Beispiel des „OnlineMarketer DIGEST"-Newsletter von Andreas T. Frenko, zu abonnieren über „www.autoresponder.de".

Diese Kündigungs-eMails steuern beziehungsweise sammeln Sie entweder am einfachsten über eine spezielle eMail-Adresse (z.B. per „mailto:ab@ihre-firma.de"-Anweisung) oder Sie bitten Ihren Kunden eine von Ihnen vorher festgelegte Betreff-Zeile einzutragen. Letzteres ist noch einmal ein kleiner Filter, ein kleiner „Stolperstein", um die geplante Kündigungs-Option vielleicht doch nicht wahrzunehmen.

Wenn alle Stricke reißen, wenn nichts mehr „geht“, dann haben Sie noch die folgende, nicht ganz 100-prozentig saubere und elegante Lösung als „Notnagel“: Sie informieren alle Kunden per erster eMail und nur einmalig („dies ist die einzige eMail, die ich Ihnen heute schicke ...“) über Ihr Kundenkontakt-Programm und bieten darin die sogenannte „opt-in“-Möglichkeit.

Was Sie dagegen keinesfalls tun sollten, ist: Per eMail allen Ihren Kunden zu „drohen“, dass diese ab sofort und „automatisch“ mit einem regelmäßigen eMail-Newsletter „versorgt“ werden, aber ja jederzeit die Möglichkeit zum Ausstieg haben. Dieses Vorgehen hat natürlich mit Permission Marketing nicht das Geringste zu tun. Also bitte so nicht vorgehen!

Zusammenfassung von Kapitel 4: Der erwünschte, persönliche und relevante Permission-Dialog basiert auf Vertrauen!

Die beste Werbung ist nichts wert, wenn es nicht gelingt, einen Dialog aufzunehmen, der vom Kunden gewünscht wird. Um einen Kunden ein zweites Mal anzusprechen, benötigen Sie dessen Adresse, Telefonnummer oder eMail-Adresse.

Anders als beim klassischen Direkt-Marketing geschieht im Permission Marketing die Direktansprache nur auf ausdrücklichen Wunsch des Kunden. In der Praxis wird dabei ein Anreiz geboten, die Adresse anzugeben, um das Angebot wahrzunehmen.

Am Beispiel eMail läßt sich dies einfach verdeutlichen: der Kunde gibt seine eMail Adresse an und erhält im Gegenzug jeden Monat für ihn wertvolle Informationen.

Bestehende Kunden sollten ebenfalls nicht ungefragt mit Serien-eMails belästigt werden. Fragen Sie Ihre Kunden vorher mit einem klassischen Mailing, ob sie Ihren kostenlosen Info-Service nutzen wollen. Dann sind Sie sicher, dass die Informationen ausdrücklich erwünscht sind.

Mit einem einfachen Mausklick kann diese Beziehung vom Kunden jederzeit beendet werden, wenn die Informationen nicht mehr interessieren. Das Internet eröffnet damit völlig neuartige Chancen, Kunden selbst die Kontrolle über ihre Daten zu geben.

Diese maximale Kundenorientierung zwingt Anbieter, diese wertvollen Beziehungen viel intensiver zu pflegen, als es bisher der Fall war. Die Macht von Kunden wächst. Botschaften an Kunden müssen im wesentlichen drei Merkmale erfüllen: sie müssen erwünscht sein, sie müssen persönlich sein, und sie müssen für den Kunden relevant sein.

Wer regelmäßig solche Nachrichten sendet, wird mit einer dauerhaften emotionalen Beziehung belohnt. Die Qualität dieser Beziehungen beeinflusst in der digitalen Ökonomie nicht unwesentlich den Wert von Unternehmen. Wesentlicher Bestandteil dieser Beziehungen ist das Vertrauen von Kunden, dass die eigenen Daten nicht weitergereicht werden.

Datenschutz im Sinne der Nichtweitergabe von Kundenadressen ist wesentlicher Bestandteil der Philosophie von Permission Marketing. Auch amerikanische Unternehmen spüren zunehmend die Bedeutung der Unternehmens-internen "Privacy Policy".

Wie Sie erfolgreich und kostengünstig Ihren Dialog gestalten

5

PERMISSION MARKETING - KAPITEL 5 ...

Kapitel-Abstract
für Schnell- und Diagonal-Leser

Eine gute Beziehung braucht Pflege. Dazu schreiben Sie Ihren Kunden regelmäßig Botschaften, die freudig erwartet werden. In diesem Kapitel lernen Sie, welche Möglichkeiten Ihnen eMail bietet, um Kunden fast zum Nulltarif regelmäßig anzuschreiben. Sie lernen, worauf Sie bei der Gestaltung von eMails achten müssen, damit die Mails gelesen werden. Sie erhalten über hundert praktische Tipps wie Sie die Mails mit Inhalten anreichern, die für Ihre Kunden wirklich interessant sind. Sie erfahren, wie Sie durch Synergie-Effekte mit Partnern selbst nur wenig Arbeit damit haben.

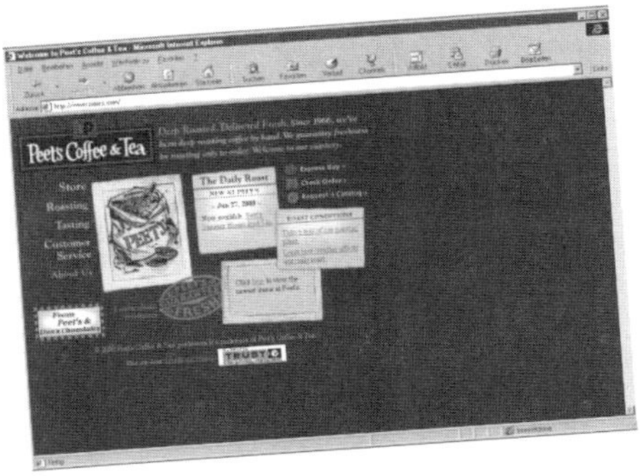

Der kalifornische Kaffee-Lieferant Peets Coffee & Tea (www.peets.com) stand elektronischen Serienbriefen zunächst kritisch gegenüber. Nur zu gut kannte er die endlosen und aufdringlichen „Kauf-mich"-Angebote. Er wollte seine Kunden binden.

Die erste eMail - gesendet im April an Kunden und Interessenten - sollte Peets in erster Linie vorstellen. Er versprach jedem, der bis zu einem bestimmten Tag bei ihm Kaffee kaufte, ein weiteres Pfund als Beigabe. Das Mailing schloss mit einem persönlichen Satz: „Eine letzte Sache. Wir wissen, wie viele eMails Sie erhalten. Wir möchten, dass unser Angebot für Sie einen realen Wert hat, von Interesse ist oder einfach Spaß macht. Wir können Ihnen demnächst einige interessante Überraschungen versprechen."

Die zweite Mail - gesendet im Mai - enthielt ein freundliches „Hallo", eine kurze Meldung und einen Cartoon. „Wir haben diese Mail spät nachts an Sie versandt, weil wir dachten, dass Sie zu denjenigen Menschen gehören, die Ihre eMails gleich morgens zusammen mit dem Kaffee öffnen", schrieb Marketing-Leiterin Heather.

Der Humor kam an. Die erste Mail erreichte eine Rekord-Responsequote von zwanzig Prozent und eine „opt-out"-Rate von zwei. Noch eindrucksvoller war die zweite Kampagne. „An diesem Tag hatten wir dreimal so viele Bestellungen wie an normalen Tagen", schwärmt Frau Heather.

Das Beispiel zeigt: Persönlich gehaltene Botschaften - „wir denken an Sie“ - finden generell Akzeptanz. Um so mehr, wenn sie wichtige Informationen und interessante Angebote enthalten, wenn sie unterhaltsam sind oder sich auf aktuelle Themen beziehen. Dann warten Ihre Kunden auch mit Spannung auf ein regelmäßiges „Lebenszeichen“ von Ihnen.

Erwünscht, persönlich, relevant - die besten Waffen gegen „opt-out" (Abbestellungen)

Je mehr (gewollte und erlaubte) Lebenszeichen Ihre Kunden von Ihnen erhalten, desto größer auch deren Vertrauen. Frequenz heisst damit für Sie zunächst das Zauberwort, um eine vertrauensvolle Beziehung geschäftlich (und auch privat) aufzubauen.

Frequenz - das war bisher eher die „Domäne“ der klassischen Werbemittel oder des klassischen Direct Mailings. Im letzteren Fall eine bisweilen durchaus wirksame Angelegenheit, wenn alle Verkaufs-Faktoren berücksichtigt wurden. Aber - und das gilt im besonderen Maße auch für alle herkömmlichen Werbemittel - insgesamt gesehen doch ziemlich teuer, zähflüssig und höchst uneffizient. Es sei denn, man konnte und kann „aus dem Vollen“ schöpfen.

Wie und womit Sie Ihre Kunden am besten ansprechen

„Big spender" oder „big brother"?

Als Optiker, Handwerker oder kleinerer Dienstleister können wir kaum jede Woche ein Mailing auf unsere Kunden loslassen oder permanent in der lokalen Presse inserieren. Und als größeres Unternehmen sitzen uns doch immer häufiger die Controller im Nacken - und das zu Recht. Denn im Zeitalter der elektronischen Kommunikation können wir mit Permission Marketing alle diese Kosten-„Fliegen“ mit einer Klappe schlagen.

Mittels eMail und eMail-Newsletter verbinden Sie zum Beispiel alle Vorteile des klassischen Direct Mailings mit einem schnellen, stundenaktuellen Medium zu minimalen Kosten.

Außerdem können Sie mit diesem elektronischen Instrument vollautomatisiert auch aussagekräftige Database-Inhalte generieren und per Logfiles Benutzerverhalten messen, ohne mit dem Datenschutz in Konflikt zu kommen. Diesen Bereich werden wir in den folgenden Kapiteln näher betrachten.

Doch wo liegen die konzeptionellen Unterschiede zwischen herkömmlichen Print-Mailings und diesem neuen Medium eMail? Wie funktioniert das Ganze? Wie plane, gestalte und realisiere ich einen eMail-Newsletter, der nicht nur einmal richtig ankommt, sondern mit dem ich dauerhaft Response und deshalb auch Frequenz erzeugen kann?

Mailinfos auf Bestellung - der „Anlass"-Jodler

Der klassische Weg, neue Kunden per eMail anzusprechen, ist ein einfaches Formular oder eine oder mehrere „mailto"-Anweisungen auf Ihren Webseiten. Hier kann der Interessent seine eMail-Adresse eintragen, per Mausklick zum Beispiel Ihren Newsletter abonnieren oder andere interessante Informationen per Hyperlink abrufen. Doch was können wir hier bieten, was gibt Anlass genug, einen Kontakt herzustellen?

Die „mailto"-Anweisung ist ein HTML-Befehl, der einen Link auf eine eMail-Adresse erzeugt. Mit dem Anklicken dieses Links startet automatisch auch das eMail-Programm des Benutzers.

Dazu sollten Sie zunächst einmal alle potenziellen Anlässe rund um Ihr Produkt oder Ihre Dienstleistung systematisch sammeln. Das kann ein besonderes Eröffnungs-Angebot sein oder ein Winterschluss-Verkaufshit. Das ist vielleicht ein spezieller Frühbucher-Rabatt oder eine Zufriedenheits-Checkliste nach dem Urlaub des Kunden, wenn Sie in der Reisebranche tätig sind.

Permission Marketing - Dialogphase
Anlässe für Mails zur Anregung für die eigene Suche

1. Events
Einladung zur Betriebsführung; Betriebsfest mit Kunden; Fachvortrag; Kundenseminar, Messe; Produkt-Präsentation; Tag der Offenen Tür; Vorführung; Wettbewerb

2. Aktionen
Beratungs-Gutschein; Gewinnspiel; Gutschein-Aktion; Meinungsumfrage; Preisausschreiben; Testtage; Weiterempfehlungs-Aktion; Werbegeschenke; Wettbewerb

3. Serviceverbesserung
Bonus-System (miles & more, webmiles); Computerberatung; Computerentwurf; Einkauf per Telefon; Garantieleistung (erweiterte); Info-Dienst; Inzahlungnahme; Probe/Test im Geschäft; Prüf-vor-Kauf zuhause; Rabatt; Zahlungsziel (verlängertes); Zahlungserleichterung

4. Sonderangebote
Frühbucher-Rabatt; Preise wie anno Tobak; Preis-Garantie, zeitliche; Preisliste; neue Saisonangebote; Subskription

5. Datum
Geschäftsjubiläum; Kommunion, Konfirmation; persönliche Jubiläen; Rückruf-Aktion

6. Ankündigungen
Betriebs-Urlaub; Neuheiten; neue Telefonnummer; Preiserhöhung, kommende; Preissenkung; Produktverbesserung

7. Informationen
Neuer Katalog; Newsletter; Presse-Infos; Prospekt, neuer; Umzug; Vorstellung neuer Produkte; Vorstellung neuer Mitarbeiter; Website, neue; Wirtschafts-Informationen

8. Saisonale Anlässe
Aschermittwoch; Einkochen, Einkellern; 1.Advent; 1.Mai; Fastenzeit; Fastnacht; Ferienbeginn; Ferien, große; Frühjahrsputz; Frühlingsanfang; Geburtstag; Jahreswechsel; Mittsommernacht; Namenstag; Neujahr; Nikolaus; Ostern; Pfingsten (Ferien); Ramadan; Silvester; Sommeranfang; SSV (Sommerschlussverkauf); Valentinstag; Weihnachten; Winter-Reisen; Wintersportsaison; WSV (Winterschlussverkauf)

9. Stammkunden
Incentives; Treuegeschenk; Werbeprämie

10. Einzelmails
Begrüßung neuer Kunden; Dankeschön für lange Treue; Dankeschön nach dem Kauf; Dankeschön nach Weiterempfehlung; Geburtstag; Kundenjubiläum; Rückruf-Aktion; Statusinformation (Track & Trace für Kunden)

Weitere Anlässe finden Sie zum Beispiel auch durch den Aufbau eines eigenen eMail-Newsletter-Archives. Um einen ersten Überblick zu gewinnen, was alles möglich ist, besuchen Sie die Web-Site www.dir4u.de/newsletter/.

Eine ganze Reihe von Anlässen steckt eventuell auch in Ihrer Produkt-Ausstattung. Etwa elektronisch abrufbare Bedienungsanleitungen für ältere braune und weiße Ware, also Elektronik- und Haushalts-Geräte.

Follow-up-eMail einige Tage nach dem Download einer Software. Zum einen, um Hilfe bei Installations-Problemen anzubieten. Und um zum anderen eine weitere „Klappt-alles"-eMail anzukündigen.

> Dear Torsten,
>
> Thank you for downloading our demo version of PC MACLAN for Windows NT/2000 the leading Windows-based solution for PC-to-Mac connectivity. This download demonstrates all of the award-winning features our software offers to assist you in making your purchase decision.
>
> I will be contacting you via email in a week or so to make sure that everything ran smoothly. If you should experience any problems during the installation of the demo, please feel free to visit our Technical Support Website at http://support. miramarsys.com/techsupp/ or email support@miramarsys.com. We also offer limited technical support for our demo products at 1-805-965-5161 (Monday-Friday, 8am-5pm PST).
> We look forward to serving you.
>
> Sincerely,
>
> Daryl Bulthius
> Customer Service/Sales Executive
> darylb@miramarsys.com
> (800) 862-2526 Ext. 170

Oder Ihr erstklassiger, weltweit einmaliger „Prüf-vor-Kauf"-Autoservice: Sie bieten allen Kunden die Möglichkeit drei volle Tage das Wunsch-Vehikel probezufahren.

Selbstverständlich gegen Hinterlegung einer kleineren Gebühr, die beim Kauf verrechnet wird. Sowie einer anteiligen Vollkasko-Versicherung; Anschluss-Verkäufe von Versicherungen nicht ausgeschlossen. Vom Anmelde-Formular bis zum Versicherungs-Abschluss lässt sich alles elektronisch darstellen und auch regeln.

Weitere Anlässe ergeben sich ganz bestimmt aus Ihren Zahlungs-Konditionen zum Beispiel in Form eines verlängerten Zahlungszieles („order now - pay later“).

Erfolgreiche Kundenbindung dank eMail-Service
Wenn beim Online-Buchhändler Amazon einer von mehreren Millionen Kunden ein Buch bestellt, erwartet ihn eine breite Palette individualisierter Serviceleistungen. „Eines der obersten Ziele ist der kontinuierliche Ausbau unserer weltweiten Kundenorientierung“, sagt Firmengründer Jeff Bezos. Dabei spielt eMail eine wichtige Rolle. Jede Buchbestellung wird zum Beispiel sofort durch einen elektronischen Brief bestätigt. Meist schon wenige Stunden später folgt dann die Mitteilung, dass das Buch verpackt und mit dem Paketdienst „xy“ an die Adresse „abc“ unterwegs ist. Der Erfolg scheint Bezos recht zu geben: Ein Stammkunden-Anteil von 64% zeigt, dass die Kunden-Bindung mit Online-Technologie erfolgreich ist.

Wie so etwas technisch und organisatorisch in den Griff zu bekommen ist, das behandeln wir im nächsten Kapitel.

Auch integrierte Kommunikations-Maßnahmen lassen sich über das Internet preiswert verstärken. So promoten Sie dort zum Beispiel den neuen, soeben erschienenen Print-Prospekt für Ihre stationäre Computer-Handelskette. Und dieser ist für alle „Landeier“ gleich von Ihrer Homepage als PDF-File downloadbar.

PDF (portable document format) nennt sich ein plattformunabhängiges, bild- und text-integrierendes Dateiformat der Firma Adobe.

Alle Ihre Anreiz-Systeme - Freegift, Incentives, Wettbewerbe, Preisausschreiben - sind nicht nur eine Aufmerksamkeits-Meldung wert, sondern lassen sich inzwischen problemlos elektronisch integrieren. Und es sind dabei auch ganz neue Mischformen denkbar: Von der real-virtuellen Jagd auf besondere Sammel-Symbole bis zum kombinierten TV-Internet-Bingo ist vieles denkbar und fast alles machbar.

Ihre Jubiläums-Aktionen, Ereignisse, Events und Veranstaltungen bieten immer einen besonderen News-Charakter. Von der Platzreservierung Ihrer Deutschlandweiten Wander-Dessousmodenschau, selbstverständlich mit „Naomi“ über regionale Wein-Verkostungen beim örtlichen Winzer bis hin zu europaweiten Road-Show-Terminbuchungen - alles eMail-aktuell!

Das ist vor allem wichtig bei eventuellen Termin-Verschiebungen oder Ausfällen. Rückruf- oder Umtausch-Aktionen vom Auto bis zum PC-Game? Natürlich eine Sache für Ihren eMail-Service. Denn je schneller Sie informieren, desto geringer die Gefahr von Unfällen und negativen Presse-Reaktionen. Und kostengünstiger können Sie Ihre Kunden und Interessenten nicht unterrichten.

Angenommen, Sie verkaufen Heizöl und Ihre Kunden müssen derzeit immer bei Ihnen anrufen, um den aktuellen Tagespreis zu erfahren. Warum automatisieren Sie diese Routine-Angelegenheit nicht einfach und bieten all denen, die sich derzeit mit der Frage herumquälen, wo sie ihr Heizöl am preiswertesten bekommen, einen automatischen Benachrichtigungs-Service? Kunden können sich online registrieren und erhalten täglich eine eMail mit dem aktuellen Tagespreis.

Im Idealfall bieten Sie Ihren Kunden neben allen aktionsbezogenen Informationen auch einen regelmäßigen eMail-Newsletter als elektronische Kundenzeitschrift an. Mit allen Vorteilen einer solchen flexibel einsetzbaren Dialog- und Permission-Plattform von der Kundenbindung bis zum Cross-Selling.

Dieser Basis-Newsletter mit Informationen über Ihr Unternehmen, Ihre Produkte und Mitarbeiter lässt sich zudem mit personalisiertem „Content“ der verschiedensten Art aufladen und damit noch wertiger, noch erwünschter, noch bedeutsamer machen.

Wie Sie einfach und problemlos den Content für Ihre Mailings generieren

Bevor Sie überhaupt an das Schreiben von Newsletter-Inhalten gehen, machen Sie sich immer wieder den größten Unterschied zwischen Direct- und Electronic-Mails bewusst. Während bei Print-Mails die Trägheit sehr stark eine Rolle spielt, das Mailing also bei einer Nichtreaktion mehrfach wiederkommen kann, ist dies bei eMail nicht der Fall. Das heißt, Sie haben beim virtuellen Brief immer nur eine Chance. Und die gilt es deshalb optimal zu nutzen!

Der wichtigste Unterschied zwischen herkömmlichen Direct-Mailings und eMail ist: Die sogenannte „opt-out"-Möglichkeit. Der Kunde kann jede Ausgabe eines Newsletters sofort und endgültig wieder abbestellen! Genau deshalb muss der Content von elektronischen Mailings absolut kundenorientiert sein!

Wir wollen und müssen also verhindern, dass Kunden unsere eMail wieder abbestellen. Unser wahrer Kampf als Marketing-Leiter oder als Autor eines Newsletters findet damit nicht gegen das berühmt-berüchtigte leere weiße Blatt oder besser den leeren „Screen" statt.

Sondern in erster Linie gegen den „opt-out", gegen das allgegenwärtige „unsubscribe", gegen die jederzeitige Abbestell-Möglichkeit! Das bedeutet sehr viel mehr Mühe, sehr viel mehr „Herzblut" beim Schreiben, beim Redigieren von Texten, beim Mix des Contents. Und damit verbieten sich plumpe Werbung und dröhnende, aber nichtssagende Produkt-Informationen von selbst.

Das „Geheimrezept" für responsestarken Content steckt in der erschöpfenden und befriedigenden Antwort auf unausgesprochene Leserfragen!

Ein kleiner Ideen-Lieferant, aus welchen Quellen Sie den Inhalt Ihres Newsletters speisen können, um interessanten und relevanten Nutzen zu erzeugen.

Ideen-Geber: Newsletter-Content mit Themen von A-Z

QUELLEN:
Druckschriften; Geschäftsberichte; Intranet; Marktforschungs-Untersuchungen; Patentrecherchen; Pressemitteilungen; Studien; vorhandene Kundenzeitung

TAGESAKTUELLES:
Aktuelle Meldungen der Branche; aktuelle Urteile und Verordnungen; Meldungen von Kooperationspartnern; neue EU-Rechtsprechung und -Richtlinien; Pressemitteilungen

THEMEN INTERN:
Änderungen (der Vertriebsstruktur u.a.); neue Mitarbeiter; neue Zweigstellen; Jubiläen; Saison-Höhepunkte (Frühjahr; Ostern, Weihnachten etc.)

THEMEN EXTERN:
Branchenklatsch; Diskussionsforen; Experten-Meinungen zu aktuellen Fragen; geänderte Vorschriften oder Richtlinien; neue Technologien; Themenwünsche von Lesern; Trends; warum sind welche Themen aktuell?

PRODUKTE:
Aktuelle Sonderangebote; Immobilien (10 Tage vor Print); neue Produkte; Produktverbesserungen; Restposten; Schnäppchen; seltene wertvolle Stücke; Sommerschluss-Verkauf; Testimonials; Winterschlussverkauf;

EVENTS:
Arbeitskreise; Fachtagungen; Kongresse; Messebeteiligungen; Online-Chat mit Experten; Seminarangebote; Terminkalender; Veranstaltungen; Verbandssitzungen; wichtige Branchentermine

LESE-, HÖR- UND SEH-STOFF:
Artikel in Zeitschriften; Bestsellerlisten; Buchbesprechungen; Literaturtipps; Neuerscheinungen

INTERNET/INFORMATIONSTECHNOLOGIE:
Interessante Websites; neue Software; Wissenschaftsreport

TIPPS:
Checklisten; Energie; Finanzierungstipps; Logistik; komplementäre Angebote von Partnern; Kunden präsentieren Problemlösungen; Prozesse; Rezepte; Spartipps

INDIVIDUELLES:
Auftragsbestätigung; Link auf aktuelles Interessensprofil; Status-Reports; Tracking-Meldungen

Gehen Sie von Ihren Kunden aus, schreiben Sie kundenorientiert, dann produzieren Sie Content, der wirklich relevant ist und süchtig macht.

Wie kommen Sie zum Beispiel auf eine 90-prozentige Response-Rate? Durch Steuerspar-Tipps! Durch aktuelle Meldungen, Insider-know-how aus der Branche, durch Vorab-Botschaften verschaffen Sie Ihrem Leser einen wichtigen Informations-Vorsprung gegenüber seiner Konkurrenz und damit einen echten Nutzen. Nicht umsonst ist der Kress-Report (www.kress.de) eine der wichtigsten und meistgelesenen Insider-Informationsquellen.

Gehen Sie als Newsletter-Redakteur mit den Augen und Ohren Ihrer Kunden und Leser durch den Tag. Sie kennen am besten deren Probleme. Lesen Sie Kunden-Reklamationen, sprechen Sie mit Ihrem Call-Center. Halten Sie alles Gesehene und Gehörte, alle Ideen zum Beispiel via Handheld, Laptop oder Diktiergerät fest.

Welche Themen interessieren Ihre Kunden? Was lesen Ihre Kunden gerne? Worüber müssen Ihre Interessenten informiert sein? Wie machen Sie Ihre Kunden erfolgreicher oder glücklicher? Was wird als Top-Nachricht, als Gesprächsstoff sofort weitererzählt? Welches brennende Problem beschäftigt Ihre Kunden derzeit?

Eine ganze Reihe von konkreten Einsatz-Möglichkeiten hat sich in der Praxis sehr gut bewährt, weil diese zusätzlich Vertrauen schaffen und weitere Dialog-Möglichkeiten eröffnen. Deshalb sollten Sie diese Beispiele für Ihren eMail-Service ebenfalls übernehmen.

Hierzu gehören alle Trackingmeldungen über den jeweiligen Produktions- oder Transportstatus eines bestellten Produktes. Und „after sales" zur Abrundung selbstverständlich auch eine eMail zur Kundenzufriedenheit einige Tage nachdem der Kunde Ihr Produkt erhalten hat. Diese eMail ist auch gut kombinierbar mit einem kleinen Fragebogen und follow-up-Möglichkeiten in Form von Zusatz- oder Cross-Selling-Angeboten.

Mehr Kundenbegeisterung durch eMail-Service

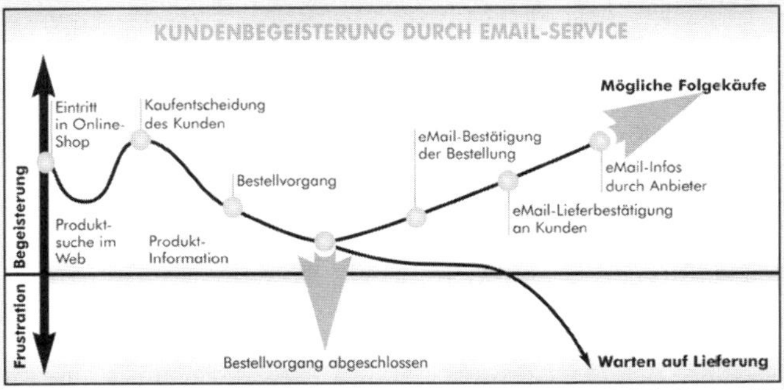

Quelle:Absolit Marketing 1999

Der große Erfolg von Status-eMails ist damit zu erklären, dass normalerweise Kunden in der Nachkauf-Phase häufig „allein gelassen" werden. Am Beispiel der Vernetzung mit Electronic Shopping kann man das gut dokumentieren.

Zunächst haben Kunden eine hohe Kauf-Motivation, wenn sie sich via WWW in einen Online-Shop begeben. Die Suche nach dem gewünschten Produkt lässt die Begeisterung aber schnell dahinschmelzen. Viele Shops verlieren hier Kunden. Falls aber das Wunsch-Produkt gefunden wurde, steigt die Laune bis zur Kaufentscheidung.

Der Bestell-Vorgang zehrt dann meist noch einmal an den Nerven. Nachdem das „Danke für Ihre Bestellung" (hoffentlich, weil noch immer nicht selbstverständlich) über den Monitor flimmerte, ist die Stimmung erleichtert. In der unmittelbaren Nachkauf-Phase ist eine starke Bindung an den Anbieter vorhanden. Auch um dies auszubauen eignet sich eMail hervorragend.

Beispielsweise schafft eine eMail, die vier Stunden nach der Bestellung mit einer „Paket-jetzt-beim-Lieferdienst"-Nachricht beim Käufer eintrifft, ein persönliches „Die tun was für mich"-Gefühl. In diesen Stunden und Tagen nach dem Kauf sind die Kunden am empfänglichsten für eMail-Nachrichten. Jetzt haben Sie die besten Möglichkeiten, die Begeisterungskurve des Kunden aufrecht zu erhalten. Die Bereitschaft für Folge-Käufe und damit Ihre Chance auf mehr Umsatz ist hier signifikant hoch!

Gerade bei Neukunden ist oft die Unsicherheit bei einem Online-Einkauf sehr hoch. Hier können eMails mit Status-Informationen vom Bestell-Vorgang bis zur Nachkauf-Phase Vertrauen schaffen.

Das erste Mal ...

Als Klaus Maier sein erstes Buch via Internet bestellt hatte, war er mächtig stolz. Die Webadresse einzugeben war ja noch einfach, aber dann genau dieses Buch zu finden, und schließlich diese langwierige Bestell-Prozedur ...

Am Ende kam zwar ein „Danke für Ihre Bestellung", aber hatte er jetzt wirklich alles richtig gemacht? Als er gleich darauf in sein elektronisches Postfach sah, staunte er nicht schlecht: Da hatten die ihm doch glatt schon einen Brief geschrieben, und er konnte aufatmen. Lieferadresse, bestellter Titel und Kaufpreis waren korrekt.

Nachmittags blinkte das eMail-Zeichen auf seinem Bildschirm und er bekam erneut eine Liefer-Bestätigung. Auch eine Nummer war angegeben, unter der er beim Paketdienst nachfragen könne. Spaßeshalber probierte er es aus. Und bekam prompt die Meldung, dass das Buch im Auslieferungslager in Frankfurt angekommen sei.

Als Klaus Maier am nächsten Tag sein Buch in Händen hielt, war er so begeistert von dem zuverlässigen und schnellen Service, dass er sich gleich auf die eMail-Benachrichtigungsliste für Neuerscheinungen seines Lieblingsautors eintrug.

Haben wir es nicht alle genau so oder ganz ähnlich erlebt, unser erstes Online-Shopping? Hoffentlich! Und falls nicht, dann sorgen Sie bitte dafür, dass Ihre Kunden genauso zufrieden sind wie in diesem Beispiel.

Zum anderen sollten Sie alle individuellen Meldungen über Verbrauchsberechnungen, den Stand des Kundenkontos, Neuerscheinungen, Veranstaltungstermine sowie Änderungen von Aktienkursen anbieten.

All dies sind Beispiele von Mails, an denen der Kunde ein starkes persönliches Interesse hat. So versendet beispielsweise der Flugticket-Broker „Tiss" elektronische Kurznachrichten (SMS) an eine vorab festgelegte Handy-Nummer, wenn das Flugzeug Verspätung hat. Hierbei zeigt sich auch die besondere Stärke des elektronischen Systems: Individuelle Nachrichten können automatisch generiert und versandt werden, ohne dass eine manuelle Bearbeitung notwendig wird.

Aktuelle Veranstaltungen und speziell zusammengestellte Termine (Messe-Termine des laufenden Jahres, geplante Aktion-Emissionen für das nächste Vierteljahr) können von Interesse sein. Genau so wie Ihr persönlicher Buchtipp an Ihren Leser.

Oder die interessantesten Websites zu einem besonderen Thema inklusive einer Kurz-Beschreibung bis hin zur Web-Site der Woche, des Monats oder des Jahres. Hier können Sie natürlich auch besonders gut Ihre Kunden mit einbeziehen.

Die folgenden Fragen sollten Sie sich stellen, bevor sie eine Nachricht absenden:

Was ist das Ziel dieser Nachricht? Wollen sie informieren, überzeugen oder wissen, ob das Thema für den Leser interessant ist?

Was ist der Inhalt dieser Nachricht? Mit welcher Art von Informationen erreichen Sie Ihr Ziel? In wieweit ist Ihr Leser mit dem Thema vertraut? Welche Zusatz-Informationen müssen sie liefern, um das richtige Wissensniveau zu erreichen?

Warum liest Ihr Leser diese Nachricht? Muss er eine Entscheidung fällen? Oder will er zu dem Thema besser informiert sein?

Welcher Einstellung hat Ihr Leser zu Ihnen und zu Ihrer Nachricht?

In welcher Situation befindet sich Ihr Leser in diesem Moment? Was beschäftigt ihn gerade?

Vielleicht schenken Sie Ihren Kunden auch ein Newsletter-„Schaufenster“, in dem diese eigene Lösungen, eigene Beiträge präsentieren können. Dieser „Mitmach“-Aspekt führt uns auch zu einer bunten Palette von zusätzlichen Content-Möglichkeiten.

Einen regelmäßigen Newsletter herauszugeben ist mit sehr viel Arbeit verbunden, denn wir müssen hier mit jedem Satz einen Vorteil, einen Nutzen für den Kunden transportieren. Nicht immer sind wir in der glücklichen Lage Wort für Wort selbst zu verfassen, denn das Tagesgeschäft nimmt doch die meiste Zeit in Anspruch. Warum auch alles selbst machen?

Content von Partnern

Binden Sie Ihre Kunden und Partner einfach in Ihr Newsletter-Konzept mit ein. So ist zum einen Ihnen gedient und darüberhinaus verfügen alle Ihre Content-Lieferanten über eine exzellente Dialog-Plattform.

Die 6 wichtigsten Fragen zum Content von Partnern

- Welche Partner könnten Content liefern?
- Wer kann „inhouse" Content liefern?
- Wen besuchen Ihre Leser?
- Wer oder wen kennt Ihre Leserschaft?
- Wo beschaffen sich Ihre Leser überall Informationen?
- Mit welchen Unternehmen haben Ihre Leser sonst noch zu tun?

Ihre Suche sollte natürlich zunächst einmal im eigenen Unternehmen beginnen. Wenn Sie mit den entsprechenden Fachabteilungen (Marketing-, Marktforschungs-, Patent-, Personal-, PR-, Presse-, Werbe-Abteilung, Verkauf, Vertrieb) vernetzt sind, so sind die Auswahl, die Zusammenstellung und das Einbinden von Content relativ problemlos und schnell realisierbar. Weil alle Beiträge, Berichte und Recherche-Ergebnisse in der Regel bereits in digitaler Form vorliegen.

Ideen-Geber:
Content-Partner für Ihr Newsletter-Konzept

INTERNE PARTNER:
Patentstelle, Personal-Abteilung, Pressestelle, Marktforschung, Verkauf, Vertrieb

EXTERNE PARTNER:
Berater; Buchhändler; externe Agenturen (PR-, Personal-, Werbe-Agenturen, Marktforschungs-Institute, Unternehmensberatungen); freie Autoren; Händler; Hersteller komplementärer Produkte; Lieferservice; Lokalredaktion; Mitbewerber; Newsletter-Betreiber; Online-Redaktionen; Portale; Softwarehersteller; Suchdienste; Schulen; Trendforscher; Universitäten; Verbände; Verlage; Zeitschriften-Redaktionen

Eine kleine Auswahl potentieller „Lieferanten" von Newsletter-Content. Nach dem Motto „Eine Hand wäscht die andere", aber ohne Anspruch auf Vollständigkeit.

Auch andere Newsletter-Herausgeber können adäquate Partner sein. Für die Lieferung von gegenseitigen Inhalten vereinbaren Sie einfach einen beiderseitigen Verweis-Link. Genauso könnten Ihnen für Ihre Branche bedeutsame Portale die Inhalte liefern. Sie bauen gleichzeitig einen Hyperlink auf dieses Portal in Ihren Newsletter mit ein.

Auch mit Verbänden, die interessante News liefern, sollten Sie solch eine „win-win"-Partnerschaft zum gegenseitigen Nutzen anstreben.

Ja, denkbar als Content-Partner ist selbst Ihr Mitbewerber im Netz. Prüfen Sie ganz unvoreingenommen auch diese Möglichkeit, denn statt sich gegenseitig Marktanteile abzujagen, könnte hier eins plus eins gleich drei ergeben, d.h. für jeden kann mehr herauskommen als bei der jeweiligen „Einzelkämpfer"-Lösung.

Wem können Sie und wer kann Ihnen Nutzen bieten? Freie Autoren und Unternehmensberatungen suchen immer Kunden und haben manchmal Inhalte, die interessant und relevant sind.

Vielleicht kooperieren Sie ja schon mit einem Software-Hersteller, der Lösungen für Ihre Branche bietet. Über eine Kurz-Beschreibung dieser Software bis zum ausführlichen Unternehmens-Porträt lässt sich vieles integrieren. Auch alle Hersteller ergänzender Produkte kommen in Frage.

So hat vielleicht der Buchhändler um die Ecke eigene Literatur-Tipps parat und liefert Ihnen dann den Content in Form einer (regelmäßigen) Buchbesprechung. Darüberhinaus sind die Online-Redaktionen von Fach- und Publikums-Zeitschriften sowie die Lokal-Redaktion Ihrer Stadt immer sehr gute Partner.

Bestimmt gibt es private oder öffentliche Schulen, die an einer Internet-Zusammenarbeit interessiert sind. Auch Fachhochschulen, Universitäten sowie Verbände und Verlage können Forschungsergebnisse, Untersuchungsberichte, Dokumentationen und Publikationen zu relevanten Themen bieten.

Auch im Freundes- und Bekanntenkreis gibt es sicher den einen oder die andere mit Autoren-Ambitionen. Genügend Möglichkeiten für Content also. Bleibt jetzt nur noch eine Frage: Wie und mit welchen Stil-Mitteln sage ich's meinen Lesern?

Warum spannen Sie nicht einfach Ihre Kunden als Content-Lieferanten ein? So wie der Süßwarenhersteller, der immer einen neuen Funk-Werbespot zum Thema „Die besten Ausreden" präsentierte.

Hörer durften Anregungen und Ideen an den Hersteller senden, der dann die besten auswählt und damit den nächsten Werbespot mit Inhalt füllte. Machen Sie es genauso und veranstalten Sie beispielsweise ein Preisausschreiben und schon füllt sich Ihr Newsletter mit interessanten Inhalten.

Sie können auch Ihre Kunden auffordern, zu schreiben, wie diese selbst eine praktische Lösung für ein Problem oder eine Anwendung gefunden haben, die alle betrifft. Die Beispiele können von der Wohnungseinrichtung, Ideen für die Gartengestaltung bis hin zu anonym einzusendenden Praxis-Tipps zu den blühendsten Steueroasen sein ...

Wie Sie Ihren Newsletter optimal gestalten

From high frequency to speed selling

Die Nachkauf-Phase als wichtige zusätzliche Umsatz-Chance via eMail hatten wir schon erwähnt. Gerade weil es ein sehr schnelles Medium ist, bietet sich der elektronische Brief auch zum Beispiel in Form eines eMail-Generators für die Kunden-Kommunikation an.

Ein eMail-Generator kann Ihrem Kunden innerhalb von Sekunden Antworten liefern. Gute Software (www.llynch.de) erlaubt per Datenbank-Abgleich das automatische Versenden persönlich adressierter eMails an größere Kundengruppen.

Aber anders als Briefe eröffnen eMails vielfältige Möglichkeiten, Fehler zu machen und damit dem Gegenüber zu offenbaren, dass man mit diesem innovativen Kommunikationsmedium noch nicht recht vertraut ist!

Ein Kernproblem dabei ist die Tatsache, dass ein und dieselbe eMail mit unterschiedlichen Programmen betrachtet ganz unterschiedlich aussieht!

Zwei Lösungen gibt es: Sie gestalten unterschiedliche Versionen Ihres eMail-Newsletters und bieten Ihren Kunden vor dem „opt-in“ gleich eine Auswahl-Mög-

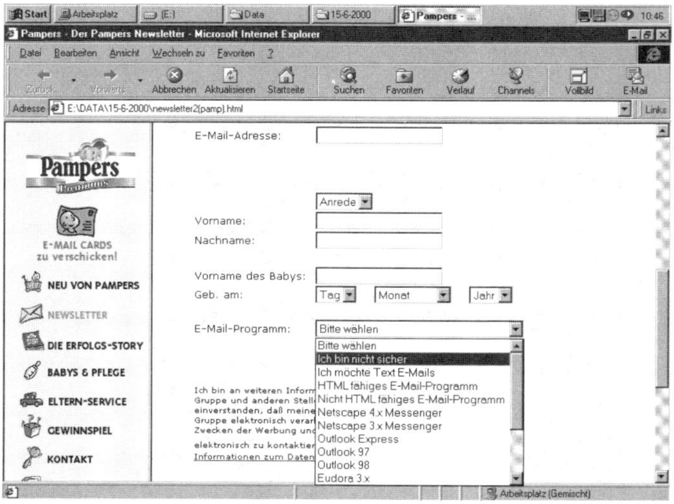

Auch die praktische Wahl-Möglichkeit seinen an das eigene eMail-Programm angepassten Newsletter zu beziehen, schafft Vertrauen.

lichkeit, den Newsletter in „seiner" eMail-Version zu abonnieren. Oder Sie nehmen die verbreitetste Variante mit dem „kleinsten gemeinsamen Nenner" und schikken einfach gestaltete Mails. Aber dafür vielleicht mit einer Auswahl unterschiedlichster Themen-Newsletter, welche die Kundenbindung verstärken können?!

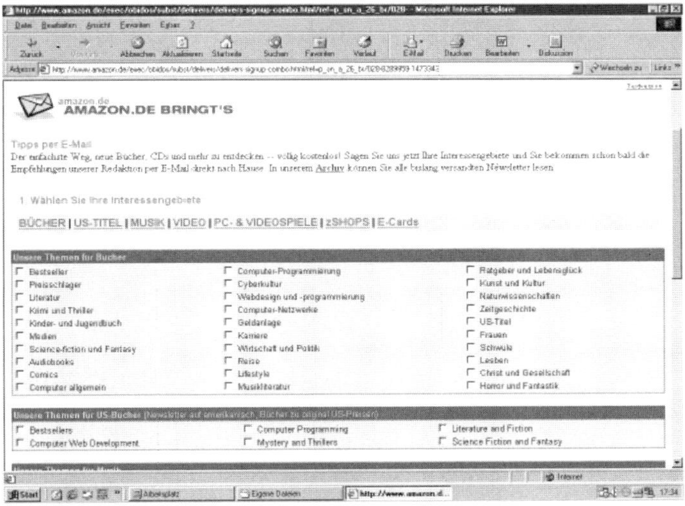

„Warum in der Ferne schweifen?" sagte sich Amazon und bietet seinen Kunden bindungsorientiert eine breite Themen-Auswahl an unterschiedlichsten Newsletters.

Diese Variante bedeutet, dass Sie auf Formatierungen wie Fett- oder Kursivschrift sowie verschiedene Schrift-Typen verzichten sollten. Hervorhebungen können durch sparsame Verwendung von GROSSEN Buchstaben oder das Setzen von *Sternchen* realisiert werden. Aber Vorsicht, Großbuchstaben bedeuten auch lautes Reden oder Schreien. Doch der Reihe nach!

„Ds können wir Ihnen noicht reparieren ..." 5 »do's & dont's« zur richtigen eMail-Technik

E-Mail ist ein schnelles Medium, deshalb gibt es häufig zwar durchaus unterhaltsame, aber manchmal auch sinnentstellende und damit „geferhliche" Schreibfehler. Hier empfiehlt sich ein Programm mit Rechtschreibhilfe und ein kurzes Durchlesen am Ende, um beim Kunden ein rundes und positiveres Bild zu hinterlassen. Natürlich verwenden Sie in Ihren Serien-eMails die persönliche Anrede. Alle entsprechenden Programme können diese aus der Kundendatenbank einlesen.

Anders als bei Briefen gilt hier nicht automatisch das "Sehr geehrte ..." als Standardanrede. Wenn auch das in der Pionierzeit des Internet verbreitete "Hallo Herr Müller" in der Ablösung begriffen ist, so sind doch deutliche Unterschiede im Ansprechstil dieses jungen, schnellen Mediums vorhanden.

Häufig verwendet wird "Guten Tag Frau Maier". Unter Geschäftskunden bevorzugen etwa 50 % eine etwas lokkere Anrede, bei jungem Konsumpublikum wird ganz selbstverständlich geduzt.

Noch immer gibt es Firmen, die Serien-eMails versenden, indem sie im cc-Feld (carbon copy: Kopie dieser Mail wird an weitere/n Empfänger versandt) einfach alle eMail-Adressen ihrer Kunden eintragen. Für Kunden ist das entweder interessant: Mit wem haben die denn noch zu tun? Oder ärgerlich: Hinter drei Seiten Adressen versteckt sich irgendwo eine kurze Nachricht. Intelligenter ist es da schon, das „bcc"-Feld zu verwenden (blind carbon copy), denn dabei sieht der Empfänger nicht, an wen die Mail sonst noch geht.

Oft vergessen wird auch die Einstellung der richtigen Zeilenlänge: Wenn Zeilen zu lang sind, sehen sie beim Empfänger zerrissen aus, weil sie dort dann automatisch umbrochen werden. Optimal ist deshalb, gleich beim Erstellen die Einstellung auf eine Länge von 70 Zeichen, besser noch 65 Zeichen jeweils mit Umbruch (return) zu begrenzen.

Ebenfalls oft zu Problemen führen die Dateianhänge (attachments), also die Möglichkeit beliebige Daten an eine eMail anzuhängen. Nicht nur wegen der damit verbundenen Viren-Angst. Sondern in unserem Falle vor allem wegen des Datenvolumens und der damit einhergehenden längeren Übertragungszeit sollten Sie auf Dateianhänge in Serienbriefen verzichten.

Von ASCII's, ASAP's und anderem Getier ... 7 Schönheits-Tipps rund um den Zeichen-Vorrat

Wichtig für die Gestaltung ist die Entscheidung über das Schriftformat. Genauer gesagt geht es um die grundsätzliche Verwendung einer proportionalen oder nichtproportionalen Schrift. Was heisst das?

Bei einer Proportional-Schrift wie etwa der Times nimmt jeder Buchstabe eine individuelle Breite ein. So läuft das Times-„l“ schmaler als das „G“ und so weiter. Bei nichtproportionalen Zeichen wie etwa der Schriftart Courier weist jedes Zeichen die gleiche Breite auf, deren Schriftbild uns übrigens an ein steinzeitliches Gerät namens „Schreibmaschine“ erinnert ...

Das eigentliche Problem entsteht jetzt durch die Schriftarten-Voreinstellung, die der Empfänger in seinem Mail-Programm wählen kann. Proportional oder nicht? Da wir dies im voraus nicht wissen, empfiehlt es sich zur Vermeidung unschöner Flatter-Mails sich auf einen nichtproportionalen Schriftschnitt wie etwa die Courier zu beschränken und auf Tabellen in eMails vorsichtshalber zu verzichten.

Dagegen scheint das Umlaute-Problem (lieber ae statt ä oder doch nicht) heute weitgehend gebannt zu sein. „Schuld“ daran ist die sogenannte MIME-Erweiterung moderner eMail-Software: Multipurpose Internet Mail Extensions. Was nichts anderes heißt, als dass mittels dieses Standards Dateien jeglicher Art in ein eMail-fähiges 7-„bittiges“ Format konvertiert und beim Empfän-

„Äh, bin ich schon drin oder was?"

Alles Gute kam früher einmal von jenseits des großen Teiches. So auch das ASCII-Format (American Standard Code for Information Interchange) für dessen Beschreibung 7 Bit genügten.

Da wir frechen Europäer uns aber anmaßen, Sonderzeichen und Umlaute (siehe oben) - 8 Bit (!) - zu verwenden, musste nun extra für uns eine Software-Erweiterung namens MIME (Multipurpose Internet Mail Extensions) geschaffen werden, die unseren 8-Bit-Buchstaben- und Zeichensalat in die 7-Bit-Röhre zwängt und anschließend beim Empfänger wieder herausfischt.

Zum Glück standen wir nicht ganz allein da. Auch die Asiaten sowie ein besonderes Völkchen, die sogenannten Text-, Grafik-, Video- und Audio-Dateien, sind ebenfalls 8-Bit-Anhänger. Glück gehabt!

ger automatisch wieder umgewandelt werden. Vorausgesetzt bei letzterem ist der „Content-Type" ebenfalls MIME (zu sehen in der Kopfzeile). Wenn Umlaute trotzdem nicht übertragen werden sollten, so liegt es meistens nicht am eMail-Programm, sondern an der Konfiguration eines Firmennetzwerkes.

Dank MIME könn(t)en wir doch auch grafisch gestaltete eMail-Botschaften in der Webseiten-Sprache HTML (Hypertext Markup Language) versenden. HTML erlaubt die Einbindung von Farben, formatierten Buchstaben und Abbildungen. Doch schon wieder will das nicht so recht klappen. Denn HTML ist nicht gleich HTML, was vor allem auch am großen Browser-Krieg Netscape-Warriors gegen Explorer-Thunderbirds liegt. Leider können derzeit nur etwa 35% aller Mailprogramme HTML vernünftig lesen.

Verlockend ist die Verwendung von HTML auch deshalb, weil die Responseraten von HTML-Mails nachweislich etwa 2-3 mal höher sind als die normaler Textmails! Sollen HTML-Mails versandt werden, ist die genaue Kenntnis des Mailprogramms nötig, mit dem der Empfänger arbeitet. So können die Programme Microsoft

Outlook oder Netscape Messenger mit diesem Format inzwischen leidlich umgehen. Bei dem ebenfalls weitverbreiteten Eudora zum Beispiel gibt es jedoch Konvertierungsprobleme.

Bevor HTML-Mails verschickt werden, muss also zunächst mit einem geeigneten Programm aus den bereits von Kunden empfangenen eMails der Name des verwendeten Mailprogramms extrahiert werden. Anschließend kann an einige Kunden dann HTML-Mail verschickt werden.

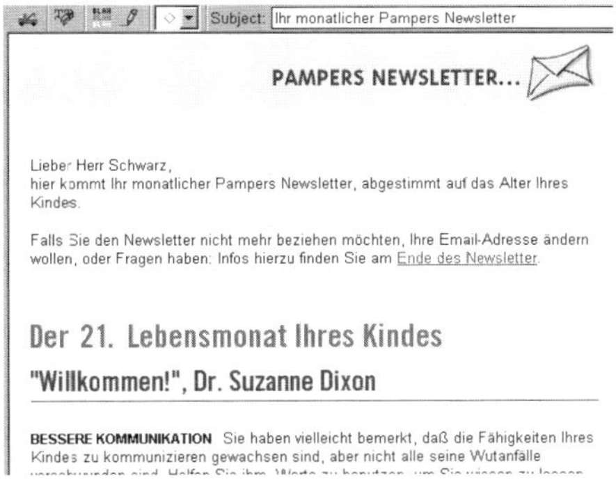

Pampers bietet wie bereits im letzten Kapitel erwähnt, seinen Kunden die Möglichkeit den eMail-Newsletter wahlweise auch im HTML-Format (hier im Ausschnitt) zu abonnieren.

Das in den USA neben Plain-text und HTML ebenfalls gebräuchliche Format HTML-lite berücksichtigt die speziellen Anforderungen des AOL-Mailprogramms.

Doch zum Glück haben wir unser eMail-Gestaltungspulver noch nicht ganz verschossen. Über den sparsamen Großbuchstaben-Einsatz haben wir schon gesprochen. Sternchen, diverse Rahmen, „Emoticons" oder „Smileys" stehen ebenfalls Gewehr bei Fuß und warten auf ihren Einsatz! Drehen Sie diesen Text um 90° im Uhrzeigersinn, so bedeutet ;-) ein verschmitztes Lächeln und :-) ein Lachen. Wie sagt schon ein uraltes chinesisches Sprichwort: Wer ein Lächeln sät, wird ein Lachen ernten!

Wenn wir unseren normalen Zeichenvorrat auf eine bestimmte Art und Weise arrangieren, so haben wir ein besonderes Stilmittel, um auch die zwischenmenschliche Kommunikations-Dimension (Mimik, Gestik, Tonlage, Betonung) in die eMail-Gestaltung mit einfließen zu lassen. Ja, Sie können auch aus dem ASCII-Zeichen-Vorrat kleine grafische Kunstwerke zaubern und so zum Beispiel Ihre eMail-Signatur auflockern.

(Typo:-) grafische eMail-Elemente

Auf **Fett**- oder *Kursiv*-Schrift sowie verschiedene Schrift-**T**y**p**en sollten Sie verzichten.

Hervorhebungen können durch sparsame Verwendung von GROSSEN Buchstaben (entspricht lautem Reden) oder das Setzen von *Sternchen* realisiert werden.

Durch „Emoticons" (Verbindung aus „emotion", also Gefühl und „icon" für Bildwerk) oder „Smileys" können Sie sehr gut die verschiedensten Stimmungen transportieren:

:-)	Der Urvater aller „smileys" ...
:-(	... und sein trauriges Gegenstück
;-)	Verschmitzt lachen
:-x	A kiss is just a kiss ...
:-D	Lange und laut lachen.
~:-(	Mann, was bin ich sauer!
:-P	Die Zunge herausstrecken
=):-)=	Uncle Sam
P-)	Pirat

```
      \|||/
      (• l •)
......oOOOo......oOOOo......
```

You want more? Go to www.smileyseite.de

Aus dem vorhandenen Zeichenvorrat können Sie einfach und schnell auch jede Menge Rahmen erzeugen:

```
++++++++++++++++++++++++++++++++++++++++
========================================
-------------------------------------------------------------------
**********************************************************
##############################################
''''''''''''''''''''''''''''''''''''''''''''''''''''''''''''''''''''''''''''''''''''''''''''''
//////////////////////////////////////////////////////////////////////////////
>>>>>>>>>>>>>>>>>>>>>>>>>>>>>>>>>>>>>>>>
uuuuuuuuuuuuuuuuuuuuuuuuuuuuuuuuuuuuuu
HHHHHHHHHHHHHHHHHHHHHHHHHHHHHHHHH
||||||||||||||||||||||||||||||||||||||||||||||||||||||||||||||||||||||||||||||||||||||||
```

Vielleicht auch mit einem neuen „ASAP“? Profis unter Ihren Kunden wird diese zeitsparende Verwendung von Abkürzungen vertraut sein. So bedeutet das Akronym ASAP „as soon as possible”, CU heisst ausgeschrieben „see you“ („bis bald“) und AFAIK „as far as I know“ („soweit ich weiß“). Wer davon noch nicht genug hat - „ASAP“ http://www.on-luebeck.de/hilfe/slang.html ansurfen!

Das Fazit aus diesen doch recht engen gestalterischen Grenzen: Es gibt kein Verstecken hinter optischen Gags, Einsatz bei Konzept und Inhalt ist gefordert!

„Ich bin von Kopf bis Fuß auf Nutzen eingestellt..." 5 Seiten Konzeptions-Tipps für Ihren Mail-Erfolg

Jede E-Mail im Briefkasten des Nutzers sieht zunächst einmal gleich aus. Der Chef der Multimedia-Agentur Pixelpark, Paulus Neef, erhält täglich 70-100 eMails, die er auch liest!

Dabei gilt es drei Hürden zu überwinden: Die Betreffzeile muss so interessant sein, dass die eMail überhaupt geöffnet wird. Ihr guter Name als Absender sowie eine verlockende Betreffzeile sind dabei für den Leser die einzigen Entscheidungshilfen! Der Text muss so kurz und übersichtlich sein, dass die Kernaussage in Sekunden erkennbar ist und der Inhalt der Mail muss für den Leser einen wirklichen Nutzen darstellen.

Wenn Sie es nicht schaffen, auch die dritte Hürde zu nehmen, wandert Ihre eMail-Adresse bei vielen Nutzern in den Filter für unerwünschte Mail und ihre nächste Mail wandert dann automatisch in den elektronischen Mülleimer.

Jede Mail besteht aus drei Abschnitten: Im Kopf erscheint der Name des Newsletters, die Ausgaben-Num-

Achten Sie bei Ihrem eMail-Newsletter-Konzept unbedingt immer auf ein wiedererkennbares und charakteristisches Erscheinungsbild. Denn im Netz hat Ihr Newsletter die Funktion einer Werbekonstanten genau wie Logo, Slogan oder Hausfarben.

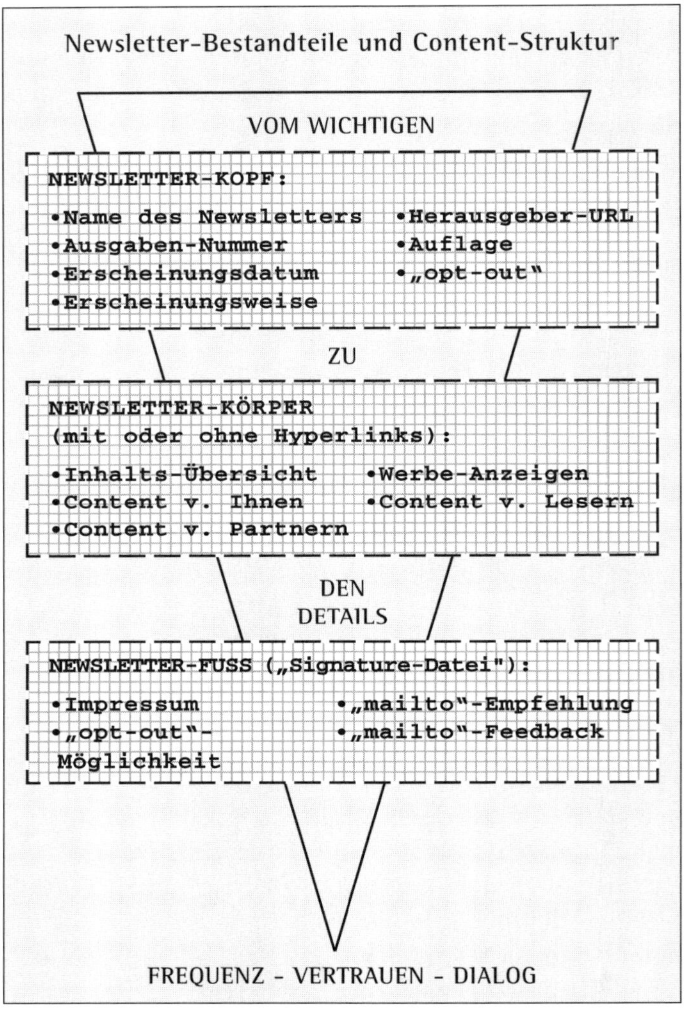

mer mit Erscheinungsdatum und Erscheinungsweise (täglich, wöchentlich, monatlich, unregelmäßig), die Herausgeber-URL, die Auflage und die „opt-out"-Möglichkeit. URL, das ist der sogenannte „uniform resource locator", die Web-Adresse in der uns vertrauten Form „www. Ihrname.de."

Im „body" steht dann Ihr eigentlicher Content, bestehend aus Ihren Beiträgen und denen Ihrer Partner, eventuellen Anzeigen sowie den Leser-Meinungen. Für die Text-Gestaltung in der eMail gilt die Regel der umgekehrten Pyramide: Die wichtigsten Inhalte müssen ganz am Anfang stehen, weniger relevante Details am Ende.

Da bei Pressemitteilungen der Redakteur unverfroren den Text unten abschneidet, dürfen hier nicht die wichtigsten Dinge am Ende stehen. Gleiches gilt für eMails: Der Titel (Betreffzeile) weckt Interesse und der erste Satz enthält die wesentliche Kernbotschaft, so dass der Leser entscheiden kann ob er weiterliest.

Im Newsletter-body, also dem Textkörper, sollte deshalb auch zu Beginn ein neugierig machendes Inhalts-Verzeichnis, eine Themen-Übersicht stehen. Kurz, prägnant und interessant formuliert und immer gleich aussehend wie eine Werbe-Konstante nun einmal zu sein hat. Und ganz wichtig für einen hohen Wiedererkennungswert!

Im Newsletter gibt es verschiedene Variations-Möglichkeiten, den Text als reinen Text zu präsentieren oder ihn als „Anreißer" zusammen mit Hyperlinks auf ausführlichere Webseiten-Beiträge verweisen zu lassen. Die Arbeit mit Hyperlinks bietet den großen Vorteil, dass sie explizit messen können, ob eine Nachricht oder ein Thema für Ihre Leser wirklich interessant ist.

Für die Text-Gestaltung selbst halten Sie sich an die folgenden bewährten Dialog-Marketing-Regeln. Warum Dialog-Regeln? Weil Sie im Permission Marketing zunächst eine vertrauenschaffende Frequenz erzeugen wollen. Frequenz generieren Sie durch Vorteils-Kommunikation und die wiederum basiert auf verkäuferisch gestalteten Texten. Sie verkaufen also zunächst keine Waren, sondern Ihren Content. Jedesmal aufs Neue!

Die wichtigsten Unterschiede zwischen klassischem Direct Mail und eMail und was Sie dabei unbedingt beachten sollten.

8 Regeln, wie sich eMails von klassischen Direct-Mailings unterscheiden

1. Regel: Eine eMail kann jederzeit abbestellt werden, deshalb muss der Inhalt relevant, interessant, nutzen-orientiert und persönlich sein.

2. Regel: eMails werden sehr schnell gelesen, deshalb kurze prägnante Sätze verwenden, in denen präzise die wesentlichen Kundennutzen erläutert werden.

3. Regel: Es bestehen beim normalen eMail-Newsletter nur minimale Gestaltungs-Möglichkeiten. Hier ist texten angesagt und nur texten! Allenfalls minimal unterstützt durch einige wenige Auszeichnungs-Möglichkeiten.

4. Regel: Die Betreffzeile von eMails ist der „Türöffner". Sie entspricht dem Versandkuvert des klassischen Direct-Mails ohne dessen grafische Gestaltungs-Möglichkeiten. Deshalb hier den Kundennutzen präzise erfassen und aktiv texten.

5. Regel: Bei Print-Mails geht ein identisches Mail an alle Kunden. Bei eMails sind Segmentierungen und Individualisierungen blitzschnell per Datenbank-Abgleich möglich. Deshalb diese Chance nutzen, denn die Kunden erwarten bei eMails auch, dass diese stärker personalisiert sind.

6. Regel: Die Sprache in eMails ist anders als in klassischen Mailings: Schneller, etwas lockerer, weniger formell. Daher diesem Sprachstil anpassen und noch kürzere Sätze als beim guten Mailing verwenden.

7. Regel: Bei klassischen Mailings werden Fehler auch mal verziehen; an alle Nicht-Reagierer kann mehrfach das gleiche Mailing versandt werden. Beim eMail-Newsletter heißt es dagegen jedesmal: Alles oder nichts! Denn via „opt-out" kann die elektronische Mail sofort abbestellt werden.

8. Regel: Weniger ist mehr! Während bei klassischen Mailings nur das Porto von aufwendigen Beilagen abhält, kostet es bei eMails nicht viel, den ganzen Katalog als Attachment mitzuschicken. Dateianhänge sind bei Serien-eMails jedoch verpönt, da Sie Ladezeit beanspruchen. Lassen Sie Ihre Kunden lieber selbst per Hyperlink die gewünschten Daten anfordern.

Headlines, also Überschriften, müssen unausgesprochene Leserfragen beantworten. So wie zum Beispiel Ihre Betreff-Zeile. Sie ist der „Türöffner“ in Ihr Mailing, vergleichbar dem Versandkuvert im klassischen Mailing.

Hier und in allen anderen Überschriften müssen Antworten auf unausgesprochene Leserfragen stehen. Das sind alle „W“-Fragen: Wer schreibt mir; was will der; was habe ich davon; wer beweist mir das; was kostet das. Diese Antworten gießen wir mittels persönlicher Ansprache („Sie“), eines Vorteils-Adjektives (neu, preiswert, gratis) und eines „Action“-Verbs (nutzen, gewinnen, wählen) in eine prägnante Kurzform. Mit einem Wort: Lesen Sie die BILD-Zeitung!

Der Fließtext sollte ebenso verkäuferisch gestaltet werden. Das heißt, einfache Sprache, einfachen Satzbau, bildhafte und konkrete Worte, aktive Verben verwenden. Um dies zu kontrollieren, machen Sie nach der Fertigstellung Ihres Newsletters neben der obligatorischen Rechtschreib-Prüfung noch den „Putzfrauen“- beziehungsweise den „Putzmänner“-Test! Geben Sie Ihren Text jemandem zu lesen, der garantiert nicht „in der Materie“ drinsteckt! Dies ist die beste Methode, verständliche, aktive Newsletter zu texten.

Im Fuß Ihres Newsletters sollte das Impressum (Copyright plus Herausgeber-Angaben plus Mitarbeiter-Angaben), die „opt-out“-Möglichkeit, eine „mailto“-Chance zur Weiterempfehlung sowie eine Feedback-eMail-Adresse für Ihren Leser-Content stehen. Diese Information können Sie in einer „Signature-Datei" speichern und somit in jede Mail automatisch einblenden lassen. Diese Signature-Datei lässt sich auch gut einsetzen, um auf aktuelle Termine oder Messepräsentationen hinzuweisen.

Eine Frage die sich immer wieder stellt, ist die nach der optimalen Frequenz. Während bei gedruckten Mailings drei bis sechs Botschaften pro Jahr ausreichen, ist es bei eMail problemlos möglich auch häufiger zu schreiben.

Der Aufwand, um schnell einmal eine eMail an zehntausend Kunden zu versenden, ist ungleich geringer, als ein Print-Mailing an die gleiche Anzahl von Adressen. Nicht wenige Kunden werden sich jedoch belästigt fühlen, wenn sie jede Woche eine eMail von Ihnen erhalten.

Der einfachste Weg, die richtige Frequenz zu ermitteln, ist folgender: Lassen Sie Ihre Kunden frei entscheiden wie häufig sie eine Nachricht wünschen. Auf einem elektronischen Auswahlformular lässt sich einfach ankreuzen, ob der Newsletter wöchentlich, monatlich oder nur alle zwei Monate gewünscht wird.

Abonnieren Sie vor der Gestaltung Ihres eigenen Newsletters eine Reihe anderer. Um sich zu orientieren, um gute zu übernehmen und um schlechte zu vermeiden. Schaffen Sie sich Ihr persönliches Newsletter-Archiv. Einen hervorragenden Einstieg hierzu finden Sie auf der Web-Seite http://www.der-newsletter.de.

Einige besonders gut gelungene Dialog-Gestaltungsbeispiele folgen auf den nächsten Seiten. Damit sowie mit der abschließenden, kopierfähigen Checkliste haben Sie hervorragende Chancen, Ihren Dialog kostengünstig und erfolgreich zu gestalten und Vertrauen durch Frequenz aufzubauen.

Zusammenfassung von Kapitel 5: Mit der richtigen Dialog-Gestaltung via eMail die Beziehungen optimal pflegen!

So wie eine Freundschaft von regelmäßigen Treffen lebt, ist auch beim Permission Marketing die Beziehung auf regelmäßige Kontakte angewiesen. Hierfür eignet sich eMail in mehrfacher Hinsicht besonders gut: Das Medium ist preiswert, einfach, schnell und interaktiv!

Wichtig für Meldungen, die gut ankommen, ist der richtige Zeitpunkt. Unzählige Möglichkeiten bieten sich an, um Kunden eine Nachricht zukommen zu lassen: Ein Event, ein Gutschein, ein Preisausschreiben, der Hinweis auf einen neuen Service oder der Geschenk-Tipp zu Ostern - ein Anlass findet sich immer. Entscheidend für die Akzeptanz des Newsletters sind dessen Inhalte.

Die Nachrichten müssen für Kunden relevant und wertvoll sein. Quellen für wichtige Informationen gibt es viele: Pressemitteilungen, Studien, neue Richtlinien, firmeninterne Meldungen, Branchenklatsch oder Buchbesprechungen. Worüber müssen Ihre Kunden informiert sein, was werden sie sofort weitererzählen?

Für die Herstellung eines eMail-Newsletters bietet sich die Zusammenarbeit mit Partnern an. Dies kann die eigene Pressestelle sein, aber auch Hersteller komplementärer Produkte, Lieferanten, Unternehmensberatungen oder Universitäten können interessante Neuigkeiten beisteuern.

Ist der Inhalt beisammen, muss dieser für einen eMail-Newsletters zunächst einmal medienadäquat aufbereitet werden. Einige spezielle Regeln für die Gestaltung erfolgreicher eMails gilt es zu beachten, bevor der Newsletter in der vom Kunden gewünschten Frequenz versandt wird.

Praxis: 4 x beispielhafte Dialog-Gestaltung

1. Newsletter: BOL

Beispiel für einen gelungenen eMail-Newsletter: BOL (www.bold.de), einer der bekanntesten Buchhändler im Netz. Jeweils mit Hyperlinks zu den kurz angerissenen Themen.

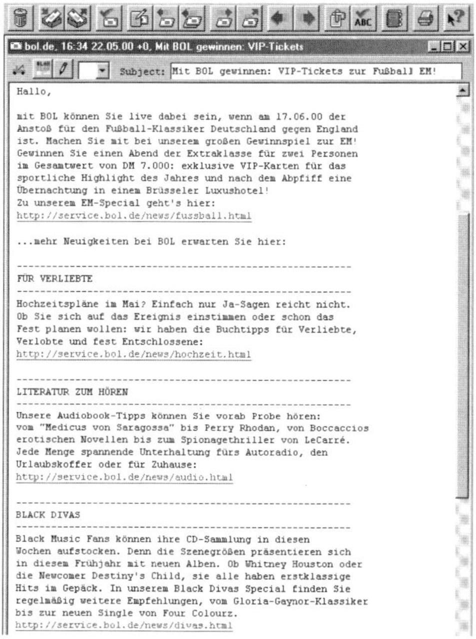
bol.de, 16:34 22.05.00 +0, Mit BOL gewinnen: VIP-Tickets

Subject: Mit BOL gewinnen: VIP-Tickets zur Fußball EM!

Hallo,

mit BOL können Sie live dabei sein, wenn am 17.06.00 der Anstoß für den Fußball-Klassiker Deutschland gegen England ist. Machen Sie mit bei unserem großen Gewinnspiel zur EM! Gewinnen Sie einen Abend der Extraklasse für zwei Personen im Gesamtwert von DM 7.000: exklusive VIP-Karten für das sportliche Highlight des Jahres und nach dem Abpfiff eine Übernachtung in einem Brüsseler Luxushotel!
Zu unserem EM-Special geht's hier:
http://service.bol.de/news/fussball.html

...mehr Neuigkeiten bei BOL erwarten Sie hier:

FÜR VERLIEBTE

Hochzeitspläne im Mai? Einfach nur Ja-Sagen reicht nicht. Ob Sie sich auf das Ereignis einstimmen oder schon das Fest planen wollen: wir haben die Buchtipps für Verliebte, Verlobte und fest Entschlossene:
http://service.bol.de/news/hochzeit.html

LITERATUR ZUM HÖREN

Unsere Audiobook-Tipps können Sie vorab Probe hören: vom "Medicus von Saragossa" bis Perry Rhodan, von Boccaccios erotischen Novellen bis zum Spionagethriller von LeCarré. Jede Menge spannende Unterhaltung fürs Autoradio, den Urlaubskoffer oder für Zuhause:
http://service.bol.de/news/audio.html

BLACK DIVAS

Black Music Fans können ihre CD-Sammlung in diesen Wochen aufstocken. Denn die Szenegrößen präsentieren sich in diesem Frühjahr mit neuen Alben. Ob Whitney Houston oder die Newcomer Destiny's Child, sie alle haben erstklassige Hits im Gepäck. In unserem Black Divas Special finden Sie regelmäßig weitere Empfehlungen, vom Gloria-Gaynor-Klassiker bis zur neuen Single von Four Colourz.
http://service.bol.de/news/divas.html

2. eCards: Amazon

Ein weiteres Beispiel für eine gelungene Dialog-Gestaltung sind die sogenannten eCards: Elektronische Gruß-Botschaften mit jahreszeitlichen oder anlass-orientierten Themen-Motiven. Hier von www.amazon.de.

3. Newsletter: INFOQUELLE

INFOQUELLE -- Wirtschafts NEWSLETTER,
Ausgabe: 30.06.2000

Spruch der Woche: ____________________________

"Der vernuenftige Mensch passt sich der Welt an; der Unvernuenftige besteht auf dem Versuch, die Welt sich anzupassen. Deshalb haengt aller Fortschritt vom unvernuenftigen Menschen ab."
--- George Bernhard Shaw
"Es ist unmoeglich, dass eine Maschine, die schwerer ist als Luft, je wird fliegen koennen."
--- Lord Kelvin, Praesident der Royal Society, 1895
... wo wird uns die Welt wohl Grenzen des Unmoeglichen, des Unvernuenftigen aufzeigen?
Ein unbegrenztes Wochenende mit einem gesunden Mass an Unvernunft wuenscht Ihnen das Team von http://www.infoquelle.de

Anzeigenkontakt: Rita Beulker,
mailto:beulker@infoquelle.de
Aktuelle Abonnentenzahl: 3.533

INHALT am 30.06.2000: ____________________________

1. TV - Tipps
2. Mobbing am Arbeitsplatz
3. Gut geruestet fuer den Urlaub: Reiseapotheke und mehr ...
4. Meldungen und Surftipps
5. unsere Serviceangebote

Thema im naechsten Newsletter:
--> Mobbing in der Schule
--> Sind wir noch bei Sinnen? -> Der Geruchssinn

1. TV - Tipps ____________________________

Thema: "Man sieht nur mit dem Herzen gut.
Das Wesentliche ist fuer die Augen unsichtbar",
Sendung: Themenabend zu Antoine de Saint-Exupèrys
Sender: Arte

Zweites Beispiel für einen gelungenen Newsletter: INFOQUELLE Wirtschafts Newsletter. Abo-Möglichkeit über www. infoquelle.de.

Zweites Beispiel für einen gelungenen Newsletter: INFOQUELLE Wirtschafts Newsletter. Abo-Möglichkeit über www. infoquelle.de.

Tag, Datum, Uhrzeit: Sonntag, 02.07.00, ab 20.40 Uhr
http://www.arte-tv.com/program/dindex.html
* * * *
Thema: Designer sprechen ueber die Werbung
Sendung: Die Kreativen, 6 tlg. Reihe (2-954-086)
Sender: 3sat
Tag, Datum, Uhrzeit: Montag, 03.07.00, 23.00 - 0.00 Uhr
http://www.3sat.de/programm.html
* * * *
[...]

Anzeige ___________________________
[...]

____

2. Mobbing am Arbeitsplatz
Das Wort "Mobbing" kommt aus dem Englischen und steht urspruenglich fuer das Verhalten des Mobs (Meute, Masse, Mehrheit) gegenueber einem Einzelnen. Die Herkunft des Wortes macht das Grundproblem des Mobbing deutlich: Die "Mehrheit" der Mitarbeiter erklaert eine(n) unter sich zum Aussenseiter und wendet sich - jeder auf seine Weise - gegen das "Opfer".
[...]

Anzeige ___________________________
[...]

____

3. Gut geruestet fuer den Urlaub: Reiseapotheke
Die Urlaubszeit ist gekommen. Was gibt es Schoeneres, als dem Alltag fuer zwei bis drei Wochen zu entfliehen. Damit Sie sich richtig erholen und nicht, wie uebrigens jeder fuenfzigste Arbeitnehmer in Deutschland, arbeitsunfaehig aus dem Urlaub zurueckkommen, empfiehlt es sich vor Reiseantritt Informationen ueber das Urlaubsland einzuholen und eine vernuenftig bestueckte Reiseapotheke mitzunehmen.
Lesen Sie in der infoquelle wie Ihre Reiseapotheke

aussehen sollte, damit sie in alter Frische, wenn nicht, noch frischer aus dem Urlaub zurueckkommen.
http://www.infoquelle.de/Gesundheit/Tipps/Reiseapotheke.cfm

[...]

---

4. Meldungen und Surftipps

Mobbing
http://www.mobbing-zentrale.de/index2.html
Die Mobbing-Zentrale e.V. ist in ganz Deutschland taetig und der einzige Verein dieser Art. Sie arbeitet eng mit allen kompetenten Personen und Gruppen des jeweiligen Bezirks zusammen. Inzwischen verfuegt die Mobbing-Zentrale ueber mehr als 500 Adressen von Personen, die sich mit dem Thema Mobbing auskennen.
http://odenwald-ezine.de/themen/mobbing/fakten.html
Fakten, Tipps, Erfahrungen, Rechtslage und Links zum Thema Mobbing.
http://www.w-s-k.de/betriebsverfassungsgesetz.html
Hier finden Sie das Betriebsverfassungsgesetz (BetrVG).

[...]

Anzeige ____________________

[...]

Witz der Woche:
Ein Mann betritt eine Tierhandlung, um einen Papagei zu kaufen. Der Verkaeufer zeigt die drei vorraetigen Exemplare. Der erste Papagei ist herrlich bunt, bildschoen und 50 cm gross. 'Na ja', denkt der Kaeufer, der wird wohl recht teuer sein. Er fragt den Verkaeufer nach dem Preis: "1.000 Mark! Aber dafuer spricht er

Zweites Beispiel für einen gelungenen Newsletter: INFOQUELLE Wirtschafts Newsletter. Abo-Möglichkeit über www.infoquelle.de.

Zweites Beispiel für einen gelungenen Newsletter: INFOQUELLE Wirtschafts Newsletter. Abo-Möglichkeit über www. infoquelle.de.

auch deutsch und englisch." Der Kaeufer sieht sich den zweiten Papagei an. Dieser ist nicht so schoen und auch ein bisschen kleiner. "Was kostet dieser hier?" "2.000 Mark! Er spricht vier Sprachen fliessend." Dies ist dem Kaeufer auch zu teuer und er sieht sich den dritten Papagei an, der ein bisschen mickrig und zerrupft auf der Stange sitzt. Der Verkaeufer nennt ihm den Preis "3.000 Mark!" "Und was kann er?" fragt der Kaeufer. "Hab ich noch nicht herausgefunden, aber die anderen beiden sagen "Chef" zu ihm..."

Sie moechten einen eigenen Beitrag zum Thema Wirtschaft, Gesundheit, ... in diesem Newsletter veroeffentlichen?
Schicken Sie Ihre Vorschlaege an
<mailto:beulker@infoquelle.de>

Unsere Serviceangebote:
* Kostenfreier Preis-und Leistungsvergleich von: Versicherungen, Krankenkassen, Finanzdienstleistun

[...]

Impressum:
Dieser Newsletter wird herausgegeben von der
Firma data solution GbR, Berlin
(<http://www.infoquelle.de/Kontakt.cfm>)
Internet-Site: <http://www.infoquelle.de>
Redaktionelle Betreuung: Sybille Klepiszewski
schreiben Sie uns: <mailto:sybille@infoquelle.de>
Newsletter-Archiv: <http://www.infoquelle.de/Newsletter/index.cfm>

4. Newsletter: ZDF

Guten Tag Torsten Schwarz,

ZDF-NEWSLETTER vom 20.07.2000 - http://www.zdf.de/
</jump.htm?url=http://www.zdf.de/>
****

1) Treff: Mainzelmännchen auf Europa-Tour
2) CyPorter: Unterwegs zur "New Economy"
3) aspekte: Auf dem Jakobsweg nach Santiago de Compostela
4) PRAXIS: Der Kick mit dem Board
5) auslandsjournal: Kanzlerbesuch in Japan
6) reiselust: Im Herzen Schwedens
7) WISO: Richtig bewerben
8) History Channel: Die Suche nach den Quellen des Nils
9) Show der Sieger: Hätten Sie's gewusst?
10) Tour de France: Endspurt für Rad- und Quizprofis
11) Kurz angesurft

****

1) Treff:
MAINZELMÄNNCHEN AUF EUROPA-TOUR
Die Mainzelmännchen haben Ferien und befinden sich in den kommenden acht Wochen auf großer Europa-Reise - und Sie könnnen bei der Fahrt von Norden nach Süden mit dabeisein! Sie erfahren Wissenswertes über Land und Leute und können tolle Preise gewinnen: Reisen, Scate Scooter, Koch- und Reisebücher, Mainzelmännchen-Überraschungspakete und mehr. Jede Woche wird ein anderes Ziel angesteuert. Die erste Station ist Norwegen - kommen Sie mit in das Land der Mitternachtssonne!
http://www.zdf.de/treff/mainzelmaennchen/europareise/index.html </jump.htm?url=http://www.zdf.de/treff/mainzelmaennchen/europareise/index.html>
***

2) CyPorter:
UNTERWEGS ZUR "NEW ECONOMY"
Auch in diesem Jahr begibt sich das ZDF-Morgenmagazin auf eine Wirtschaftsreise. "New Economy - live" [...]
***

Viertes Beispiel für einen gelungenen Newsletter: Das ZDF (www.zdf.de) ist natürlich als Medien-Gigant ebenfalls im Web vertreten.

Viertes Beispiel für einen gelungenen Newsletter: Das ZDF (www.zdf.de) ist natürlich als Medien-Gigant ebenfalls im Web vertreten. Und bringt in seinem Newsletter jede Menge News, Tipps und Trends.

3) aspekte:
AUF DEM JAKOBSWEG NACH SANTIAGO DE COMPOSTELA
aspekte unternimmt eine wunderbare Reise. Wolfgang Herles und Matthias Hügle folgen dem Jakobsweg, der [...]
***

4) PRAXIS:
DER KICK MIT DEM BOARD
Ob mit drei oder zwei Rädern, mit Lenkstange oder Knauf - Tretroller sind der absolute Sommertrend in Sachen [...]
***

5) auslandsjournal:
KANZLERBESUCH IN JAPAN
Gerhard Schröder im Land der aufgehenden Sonne: [...]
***

6) reiselust:
IM HERZEN SCHWEDENS
Die Provinz Dalarna wird das "Herz von Schweden" [...]
***

7) WISO:
RICHTIG BEWERBEN
Eine professionelle Bewerbungsmappe ist immer noch das wichtigste Instrument, um an einen Job zu kommen. Dazu müssen Sie die Bewerbung zum richtigen Zeitpunkt [...]

... übrigens, im WISO-Stellenmarkt gibt es 110.000 aktuelle Angebote:
http://www.zdf.de/ratgeber/wiso/jobs/index.html
</jump.htm?url=http://www.zdf.de/ratgeber/wiso/jobs/index.html>
***

8) History Channel:
DIE SUCHE NACH DEN QUELLEN DES NILS
Nachdem Napoleon 1798 Ägypten erobert hatte, wurde [...]
***

9) Show der Sieger:
HÄTTEN SIE'S GEWUSST?
In welcher Stadt finden im Jahr 2006 die olympischen Winterspiele statt? Wer schrieb die Oper "Fidelio"? Wie

[...]
***

10) Tour de France:
ENDSPURT FÜR RAD- UND QUIZPROFIS
Nur noch wenige Tage, aber immerhin noch 450 Kilome-
[...]
***

11) Kurz angesurft:
Gesundheit!-Gourmed: Essig und Olivenöl - ein starkes Duo:
http://www.zdf.de/ratgeber/gesundheit/archiv/39108/index.html
</jump.htm?url=http://www.zdf.de/ratgeber/gesundheit/archiv/39108/index.html>
***
[...]
***

****

Die Rubriken von ZDF.online auf einen Klick:

Hilfe zu Fragen in allen Lebenslagen:
Ratgeber - http://www.zdf.de/ratgeber/ </jump.htm?url=http://www.zdf.de/ratgeber/>

Rund um die ZDF-Shows:
Unterhaltung - http://www.zdf.de/unterhaltung </jump.htm?url=http://www.zdf.de/unterhaltung>

Sportliches und mehr:
Events - http://www.zdf.de/events/ </jump.htm?url=http://www.zdf.de/events/>

Wissen ist Macht:
Wissen - http://www.zdf.de/wissen/ </jump.htm?url=http://www.zdf.de/wissen/>

Chats, Service & Kult
Treff - http://www.zdf.de/treff/ </jump.htm?url=http://www.zdf.de/treff/>

Das ZDF-TV-Programm:
Programm: http://www.zdf.de/programm/ </jump.htm?url=http://www.zdf.de/programm/>

Das ZDF-Kinderangebot:
ZDF-tivi: http://tivi.zdf.de </jump.htm?url=http://

Viertes Beispiel für einen gelungenen Newsletter: Das ZDF (www.zdf.de) ist natürlich als Medien-Gigant ebenfalls im Web vertreten. Und bringt in seinem Newsletter jede Menge News, Tipps und Trends.

Viertes Beispiel für einen gelungenen Newsletter: Das ZDF (www.zdf.de) ist natürlich als Medien-Gigant ebenfalls im Web vertreten. Und bringt in seinem Newsletter jede Menge News, Tipps und Trends.

tivi.zdf.de>

Die Spielwiese von ZDF.online:
Spielen & Gewinnen: http://www.zdf.de/spiele/ </
jump.htm?url=http://www.zdf.de/spiele/>

Das digitale Bouquet des ZDF:
ZDF.vision: http://www.zdf.de/programm/zdfvision/
index.html
</jump.htm?url=http://www.zdf.de/programm/zdfvision/
index.html>

****
Aktuelle Nachrichten aus Politik, Wirtschaft, Computer
und Sport:
ZDF.MSNBC: http://www.zdf.msnbc.de/ </
jump.htm?url=http://www.zdf.msnbc.de/>
****

ZDF-NEWSLETTER - Ein Service von ZDF.online

ZDF.online
Postfach 4040
55100 Mainz
Tel.: 06131-70-1
Fax.: 06131-706864
eMail: ZDF-Newsletter@zdf.de
http://www.zdf.de/ </jump.htm?url=http://www.zdf.de/>

Möchten Sie den ZDF-Newsletter abbestellen?
So geht's: Senden Sie uns bitte eine Antwort - eMail an
ZDF-Newsletter@zdf.de
mit dem Betreff: unsubscribe

Hat sich Ihre eMail-Adresse geändert?
Dann löschen Sie sich bitte aus dem ZDF-Verteiler (siehe
oben) und tragen sich erneut ein.
Klicken Sie bitte hier:
http://www.zdf.de/treff/newsletter/index.html
</jump.htm?url=http://www.zdf.de/treff/newsletter/
index.html>
Fragen, Anregungen oder Meinungen zum ZDF?
Senden Sie uns einfach eine eMail an ZDF-
Newsletter@zdf.de.

(C) 2000 ZDF.online

CHECKLISTE
eMail-Newsletter

Kopieren Sie sich einfach diese Checkliste und nehmen Sie sie zu Ihren Newsletter-Unterlagen. Dann einfach Punkt für Punkt durchgehen, alles abhaken und mit Datum versehen.

- ❑ Datenbank-Anbindung für die automatische Personalisierung eingerichtet?
- ❑ Impressum vollständig?
- ❑ „Opt-out"-Möglichkeit vorhanden?
- ❑ Zeilenlänge auf 70 Zeichen mit Umbruch?
- ❑ „Signature"-Datei erstellt und vollständig? (Impressum; „opt-out"-Möglichkeit; „mailto"-Empfehlung; „mailto"-Feedback)
- ❑ Weiterempfehlungs-Möglichkeit eingebaut?
- ❑ Content-Beiträge vollzählig vorhanden?
- ❑ Anzeigen-Texte vorhanden?

Content-Beitrag von:______________________________

Content-Beitrag von:______________________________

Anzeigen von:______________________________

- ❑ Newsletter-Kopf vollständig? (Name des Newsletters; Herausgeber-URL; Ausgaben-Nummer; Auflage; Erscheinungsdatum; Erscheinungsweise; „opt-out")
- ❑ Themen-Übersicht für Newsletter-Körper vorhanden?
- ❑ URL's und „mailto"-Anweisungen alle kontrolliert?
- ❑ Newsletter-Text selbst kontrolliert und von anderen überprüfen lassen?

Text-Prüfer:______________________________

Text-Prüfer:______________________________

Alles gecheckt und okay? Dann ab die elektronische Post und viel Erfolg!

Wie Sie die wahren Kunden-Wünsche kennenlernen und systematisch Wissen dazu sammeln

6

PERMISSION MARKETING - KAPITEL 6 ...

Kapitel-Abstract
für Schnell- und Diagonal-Leser

Jeder Kontakt bedeutet Kommunikation. Jede Kommunikation bietet Ihnen die Chance, Ihre Kunden besser kennenzulernen. In diesem Kapitel lernen Sie die vielfältigen Möglichkeiten kennen, die Ihnen elektronische Kommunikationssysteme bieten, um mit jedem Kontakt auch wiederum Ihr Wissen über Kunden-Wünsche zu erweitern. Lernen Sie, welche Chancen modernes Wissens-Management bietet, um Ihre Kunden-Kontakte und damit Ihr Unternehmen wertvoller zu machen. Anhand zahlreicher praktischer Beispiele wird gezeigt, wie Sie responsestarke Mailings entwerfen und die Beliebtheit Ihrer Inhalte auch präzise messen können.

Neulich bei einer Messe stand ich ganz begeistert vor einen Stand eines Software-Herstellers. Dieser hatte doch tatsächlich ein ganz wunderbares Datenbank-Programm geschaffen, bei dem zum Beispiel im Moment eines Anrufes automatisch das Bild des Gegenübers auf dem eigenen Rechner erschien!

Dabei erinnerte ich mich, dass der Hersteller meines eigenen Datenbank-Programms doch ebenfalls genau solche Zauberkünste versprochen hatte. Jetzt wollte ich es aber genau wissen. Gesagt, getan: Ich rief gleich bei meinem Hersteller an. Ich wollte mich erkundigen, was ich denn genau dafür benötigte, damit auch mein Computer mir immer gleich sagen konnte, wer gerade anruft und was ich bisher schon mit dieser Person besprochen habe.

Am anderen Ende meldete sich dann auch gleich (!) eine freundliche Frauenstimme, die mich nett und völlig überraschend mit folgenden Worten „überfuhr": „Guten Tag Herr Schwarz! Das ist aber lange her, dass Sie sich bei uns zuletzt gemeldet haben. Sind sie denn mit ihrem Programm „Organice" zufrieden, das sie vor anderthalb Jahren bei uns gekauft haben?" Ich war sprachlos!

Woher wußte diese Dame, wer ich bin? Und wieso konnte sie sich so schnell daran erinnern, dass ich vor anderthalb Jahren (das wußte ich ja selbst schon nicht mehr) dieses Programm gekauft hatte?

Begeistert erklärte ich ihr, dass ich genau das, was sie gerade mit mir gemacht hatte, auch mit meinen Kunden gerne tun möchte: Im Moment des Anrufes soll sich gleich das richtige Datenbank-Fenster öffnen, so dass ich sofort darüber informiert bin, mit wem ich telefoniere und wie der Inhalt meines letzten Kontaktes mit dem Anrufer war.

Die freundliche Dame erklärte mir, dass ich dafür ein bestimmtes „TAPI"-fähiges Telefon benötige. Sie informierte mich auch sogleich darüber, welche Telefone dafür in Frage kämen und fragte, ob sie mir denn nicht der Einfachheit halber gleich eine Liste mit der Beschreibung der in Frage kommenden Telefone zufaxen solle. Ich sagte: „Ja, das ist sehr nett von Ihnen. Faxen Sie mir es einfach zu."

Eine Zehntelsekunde (!) später piepte plötzlich mein Faxgerät und die Beschreibung der Telefone flatterte mir entgegen. Nun war ich endgültig platt. Ich bedankte mich für den freundlichen Service und dann blieb mir nichts anderes mehr übrig - ich bestellte gleich und sofort ein entsprechendes Telefon!

Die Verfügbarkeit von Wissen über Kunden-Wünsche ist heute ein entscheidender Wettbewerbsvorteil. In einer Zeit, in der die Qualität der Produkte vorausgesetzt wird, gewinnt der Kundenservice als marktentscheidendes Merkmal an Bedeutung.

Je mehr Sie über Ihre Kunden wissen, desto besser können Sie deren Wünsche befriedigen. In Kombination mit klassischen Kommunikations-Medien und einem systematischem Database Marketing (der Nutzung einer Kunden-Datenbank mit dem Ziel, mehr Kunden-Nähe herzustellen) eröffnet das Internet neue Chancen zu mehr Kunden-Orientierung und -Nutzen.

Genau genommen leben wir heute jedoch trotz aller Fortschritte immer noch in einem ziemlich chaotischen digitalen Dschungel. Mit vielen Möglichkeiten und noch mehr Risiken. Meist werden die bereits vorhandenen Chancen moderner PC-Technik nur punktuell wahrgenommen.

Ein durchgängiges „eNutzen"-Konzept aus einem Guss scheint bei den wenigsten Unternehmen vorhanden zu sein. Nach dem Motto: Das Internet ist ja nur ein weiterer Vertriebskanal und sonst nichts. Doch das World Wide Web ist mehr. Es zwingt uns zu einer strikten Orientierung am Kunden-Nutzen. Und das wiederum ist ja überhaupt nichts Neues, sondern seit eh und jeh die einzig wirksame Marketing-Philosophie. Vom Weltkonzern bis zum griechischen Gemüsehändler um die Ecke.

Plädoyer für „Tante-Emmadigital"

Aber im langsam auf Touren kommenden Digital-Zeitalter wird genau diese totale Hinwendung zum Kunden immer überlebenswichtiger. Und ohne den massiven Internet-Einsatz plus einer flexiblen und perfekten

Logistik sowie einer dialog-orientierten Permission-Strategie nicht zu schaffen sein. Das Internet ist somit viel mehr als nur ein neuer Vertriebskanal.

Es ist das perfekte Dialog-Instrument, das den Marketing-Traum einer echten „one-to-one"-Beziehung früher oder später realisieren wird. Dann nämlich, wenn wir eine Antwort auf die allerwichtigste Frage haben: Was wünschen meine Kunden?

Bevor wir hierauf überhaupt eine eindeutige Antwort bekommen, kann es zunächst einmal nur darum gehen, die kundenfreundliche Unternehmens-Ausrichtung insgesamt zu verbessern. Beim Angebot, bei den Web-Sites, bei den Newsletters und bei den Zeitschriften, um nur einige wenige Beispiele zu nennen.

> „In the next five years, there will be two sorts of companies. Those who use computers as marketing tools and those who face bankruptcy."
> Prof Dr. Warren Mc Farlen 1992
>
> Diese treffende Prognose hat auch dann nichts von ihrer Aktualität verloren, wenn wir statt „Computer" das Wörtchen „Kunden-Orientierung" einsetzen.

Client-Server-Prinzip nennt man eine (PC-) Struktur, bei der eine Zentralstelle (der Server) über grundlegende Steuerungs- und Kontroll-Mechanismen (Programme, Speicherplatz) verfügt, die dann allen angeschlossenen Clients (Kunden) zur Verfügung gestellt werden können.

Und dann stellt sich die alles entscheidende Frage: Wie kommen wir an die Kunden-Wünsche? Dabei bieten uns die elektronischen Medien ganz neue Möglichkeiten, die wir vorher so noch nicht hatten.

Bei elektronischen Medien gestaltet sich jeder Kunden-Kontakt nach dem „Client-Server"-Prinzip: Jeder Kontakt ist eine Anfrage an einen Computer, die dieser nicht nur beantwortet, sondern protokolliert und speichert.

Genau diese Fähigkeiten machen die neue Kunden-Beziehung auf elektronischer Basis aber besonders wertvoll. Alles kann so ablaufen, dass es abgespeichert und damit dauerhaft gesammelt, strukturiert, organisiert und miteinander verknüpft werden kann.

Die logische Konsequenz daraus: Je mehr ein Unternehmen über seine Kunden weiß, desto besser kann es wiederum auf die Wünsche seiner Kunden eingehen, woraus sich zusätzliches Wissen generiert ...

Deshalb wird bereits heute in der digitalen Ökonomie der Wert eines Unternehmens danach beurteilt, wieviel es über seine Kunden weiß, wie gut damit diese Kunden-Beziehung ist. Und welches Potenzial sich daraus ergibt, um beispielsweise auch Cross-Selling-Angebote machen zu können.

Yahoo ist genau dafür ein hervorragendes Beispiel. Yahoo weiß sehr viel über seine Kunden und hat damit das entsprechende Potenzial zu einer echten eCommerce-Company. Das heißt also, neben der eigentlichen „Pfadfinder"-Tätigkeit auch noch Produkte zu verkaufen. Weil die Macher von Yahoo ganz genau wissen, nach welchen Inhalten, nach welchen Themen ihre Kunden suchen.

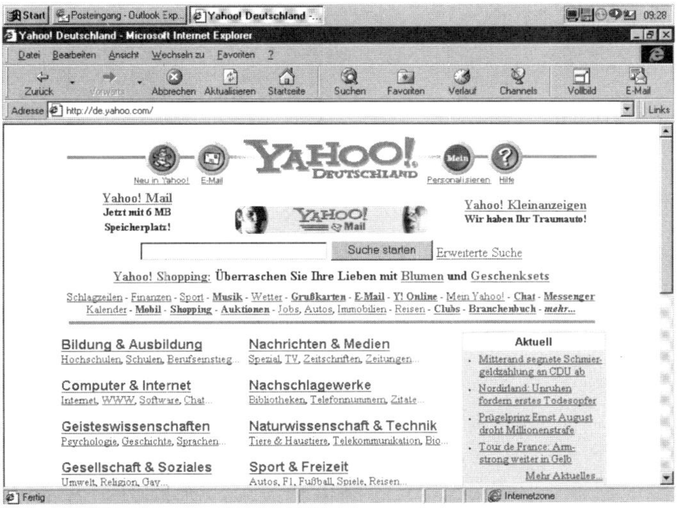

Heute schon yahoot? Ein enormes Wissens- und damit auch ein gewaltiges Umsatz-Potenzial steckt hinter diesem bekannten Suchkatalog.

Jeder Kontakt bedeutet, dass wir mit dem Kunden in irgendeiner Art und Weise kommunizieren. Und bei jeder Kommunikation fließen Informationen in beide Richtungen: Zum Beispiel Angebote auf die eine und Kunden-Fragen auf die andere Seite.

Bei diesem Kommunikations-Fluss geht es darum, nicht nur zuzuhören, sondern alle dabei empfangenen Informationen systematisch zu sammeln.

Dieses Wissen aus Transaktionen mit dem Kunden speist sich natürlich aus den unterschiedlichsten Quellen. Das können Verkaufs- oder Informations-Transaktionen sein - zum Beispiel der Abruf von Daten per Fax-Polling - oder Fragen am Telefon. Wenn Sie nun mit diesem Transaktions-Pool an Wissen systematisch umgehen, dann praktizieren Sie Database-Marketing.

Wie Sie Ihr Database-Marketing optimal organisieren und einsetzen

Von digitalen Schubladen und virtuellen Schuhkartons

Database-Marketing heißt, wir brauchen eine Kundendatenbank, in der alle Informationen, die wir sammeln und zusammengetragen haben, abgespeichert werden.

Sinn und Zweck dieser Database ist es, Kunden-Gruppen dann nach verschiedenen Kriterien zu segmentieren und damit immer individueller ansprechen zu können. Dadurch lassen sich auch die Verkaufs-Angebote immer mehr personalisieren und Kunden profitabler machen.

Beispielsweise kann es für Sie als Buchhändler durchaus interessant sein, Ihre Kunden danach zu untertei-

Exkurs: Was Sie über Datenbanken wissen sollten

Stellen Sie sich vor, alle Informationen, die Sie genau jetzt in dieser Sekunde brauchen, liegen verstreut an den verschiedensten Orten: Kunden-Anschriften in hunderten von eMails, Faxe in vielen Ordnern, handgeschriebene Telefon-Notizen. Die einzige Lösung für dieses Daten-Chaos: „Wir brauchen eine Datenbank!" Aber was ist das überhaupt?

Unter einer Datenbank oder Database versteht man ein elektronisches System zur (in der Regel tabellarischen) Speicherung und Verwaltung umfangreicher Datenmengen. Damit können innerhalb kürzester Zeit über bestimmte gemeinsame Merkmale die gespeicherten Informationen miteinander verknüpft und so neue Erkenntnisse gewonnen werden.

Datenbanken bestehen aus einer Datenbasis , in der Datenbestände aller Art (z.B. Artikel-Nummern, Lagerbestände oder Kundendaten) gespeichert werden. Und einem Datenbank-Management-System, das den Zugriff auf die Daten verwaltet. Sollen nun verschiedene Daten über ein gemeinsames Merkmal (alle Angestellten einer Firma, die zumindest über die Firmenadresse ein allen gemeinsames Merkmal besitzen) verbunden werden, so wird hierfür in der Regel ein sogenanntes relationales Datenbank-Management-System (z.B. Access) eingesetzt. Dieses speichert Daten in anschaulichen (untereinander verknüpften) Tabellen oder (mathematisch formuliert) in Relationen.

Alle Datenbank-Zugriffe werden mit Hilfe von sogenannten Abfragesprachen (Query Languages) realisiert. SQL (Structured Query Language) heißt die bekannteste, die durch ihre Einheitlichkeit einen Standard bildet. Eine Teilmenge davon wird übrigens als gemeinsamer Standard ODBC (Open Database Connectivity; eine universelle Schnittstelle für alle Windows-Anwendungen) von vielen Herstellern unterstützt.

SQL-Server bilden in den meisten Unternehmen die Basis der gesamten Datenverarbeitung. Noch, denn es gibt inzwischen in Form der objektorientierten Datenbanken eine präzisere Alternative. Kurz gesagt können letztere nicht nur starre Tabellenzeilen verwalten, sondern auch komplexe Objekte (einen Pkw zum Beispiel) speichern und miteinander verknüpfen (z.B. den Motor herauslösen). Was derzeit noch den breiten Erfolg dieser objekt-orientierten Datenbanken verhindert, ist ein gemeinsamer Standard.

Eine Datenbank oder Database ist zunächst einmal nichts anderes als eine Sammlung von in Tabellenform gespeicherten Daten. Durch gemeinsame Merkmale können nun verschiedene Tabellen miteinander verknüpft und daraus neue Daten, neue Erkenntnisse gewonnen werden.

len, ob sie lieber Krimis lesen, sich für Gartenbücher interessieren oder, ob sie immer die neuesten Bestseller kaufen.

Umgekehrt kann man natürlich auch zwischen profitablen und unrentablen Kunden segmentieren. Und unrentable Kunden beispielsweise mit einem etwas preiswerteren, etwa einem elektronischen Kontakt-Management-Programm „bearbeiten", während profitablere Kunden auch einmal angerufen oder mit einer Sonderaktion bedacht werden.

Speicher-Inhalte von Kunden-Datenbanken:

- **Grunddaten**
  Name und Adresse
  Geschlecht und Anrede
  Bankverbindung
  Alter
  Einkommen
  Beruf
  Branche
  Mitarbeiterzahl
  Umsatz
  Bonität
- **Potenzialdaten**
  Sie liefern Anhaltspunkte zum erwarteten Nachfragevolumen
- **Aktionsdaten**
  Werbeaktionen, Mailings, Anrufe, Angebote
- **Reaktionsdaten**
  Anfragen, Nachfragen, Aufträge, Umsätze

Kunden-Datenbanken dienen dazu, Informationen über Ihre Kunden zu speichern, damit Sie diese individueller ansprechen können. Einfachstes Beispiel ist die Kunden-Datenbank von Herrn Werner, dem Besitzer eines Klimatechnik-Betriebes, der seine Kunden individueller ansprechen möchte (siehe Abbildung). Als bei einem seiner letzten Kontakte ein guter Kunde, Herr Müller, ganz beiläufig erwähnte, wie sehr seine Tochter gerade für das Abitur „büffelte", wurde das natürlich sofort in der Kunden-Datenbank festgehalten.

Herr Müller ruft dann vier Monate später wieder einmal bei dem Betrieb an. Und sofort springt bei Herrn Werner gleich das entsprechende Fenster der Kunden-

Datenbank auf: Er begrüsst Herrn Müller gleich namentlich und fragt, wie denn die Abitur-Prüfung seiner Tochter verlaufen sei.

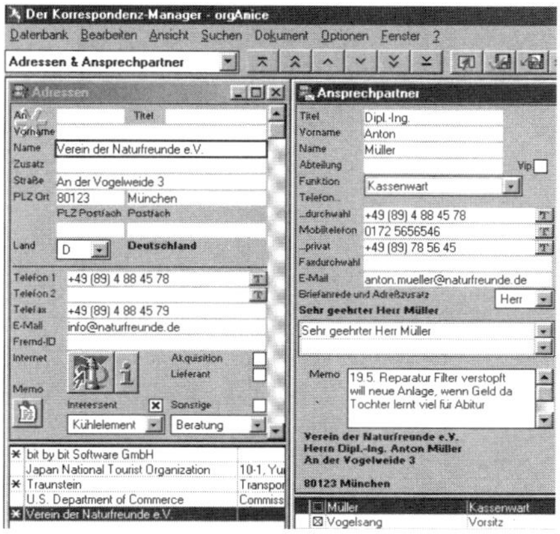

Nach dem positiven Gesprächs-Beginn schiebt er so ganz nebenbei auch die Frage ein, ob denn inzwischen genügend Geld für eine neue Klimaanlage zusammen gekommen sei.

Kundendatenbanken können nun neben solchen bekannten Einzel-Merkmalen wie etwa Name, Anschrift, Geschlecht des Kunden auch noch eine Vielzahl unterschiedlichster Verknüpfungen zum Beispiel in Form von sogenannten Potenzialdaten liefern.

Fragen über Fragen, aber die richtigen ...

Stellen Sie Ihren Kunden solche Fragen, an die Sie beim nächsten Gespräch wieder anknüpfen können.

Fragen Sie zum Beispiel ...

- **nach der Gesundheit:**
  Wie geht es denn inzwischen Ihrem Bein, das Sie sich beim Skifahren gebrochen hatten?
- **nach dem Urlaub:**
  Wie war denn Ihr Urlaub auf Bali, haben Sie den Tauchschein gemacht?
- **nach der neuen Wohnung:**
  Haben Sie inzwischen eine größere Wohnung im Grünen finden können?
- **nach den Kindern:**
  Wie ist eigentlich der Schwimm-Wettbewerb ausgegangen, für den Ihr Sohn so viel trainiert hat?

Das sind prognostizierte Informationen über ein zu erwartendes Nachfragevolumen. Und die wiederum werden durch das Verknüpfen von Aktions- (Telefon-Aktion, Mailing-Versand) und Reaktionsdaten (Anfragen, Umsätze) gewonnen.

Zusätzlich können Sie zum Beispiel anhand vorhandener Kundendaten auch Nutzer-Profile erstellen. Eine der häufigsten Methoden ist hier der Einsatz der sogenannten RFP-Formel. RFP steht für recent (Zeit des letzten Einkaufs), frequent (Neu-, Stammkunde, d.h. die Zahl der Einkäufe pro Zeitraum), price (Umsatz bzw. Reinerlös pro Zeitperiode). Mit diesen Daten erhalten Sie für jeden Kunden eine Bewertungszahl, die ausdrückt, ob ein Kunde eher profitabel oder unrentabel ist.

6 Vorteile Ihrer Datenbank als Herz des Unternehmens:

- **Regelmäßige Anschreiben** an Kunden werden so erst möglich
- **Kundengruppen** können segmentiert und gezielter angesprochen werden
- **Profitable Kunden** lassen sich identifizieren
- **Der Umsatz pro Kunde** kann gesteigert werden
- **Der Service** wird verbessert und gleichzeitig werden Kosten gespart
- **Stammkunden-Bindung und Neukunden-Gewinnung** werden unterstützt

Damit sind natürlich noch längst nicht alle Database-Möglichkeiten erschöpft. Die sogenannte „Value-Spectrum-Matrix" (siehe Grafik auf der übernächsten Seite) eröffnet weitere Chancen: Sie können über diese Art der Kunden-Bewertung dann unterschiedliche Kontakt-Management-Programme starten und so zum Beispiel umsatzschwächere Kunden auf ein höheres Ertrags-Niveau führen.

Mit diesem Instrument der Value-Spectrum-Matrix sind Sie in der Lage, Kundenwünsche zu analysieren, ein effektives Controlling durch Nutzer-Statistiken zu ermög-

Database-Marketing als Output von Kommunikations-Maßnahmen

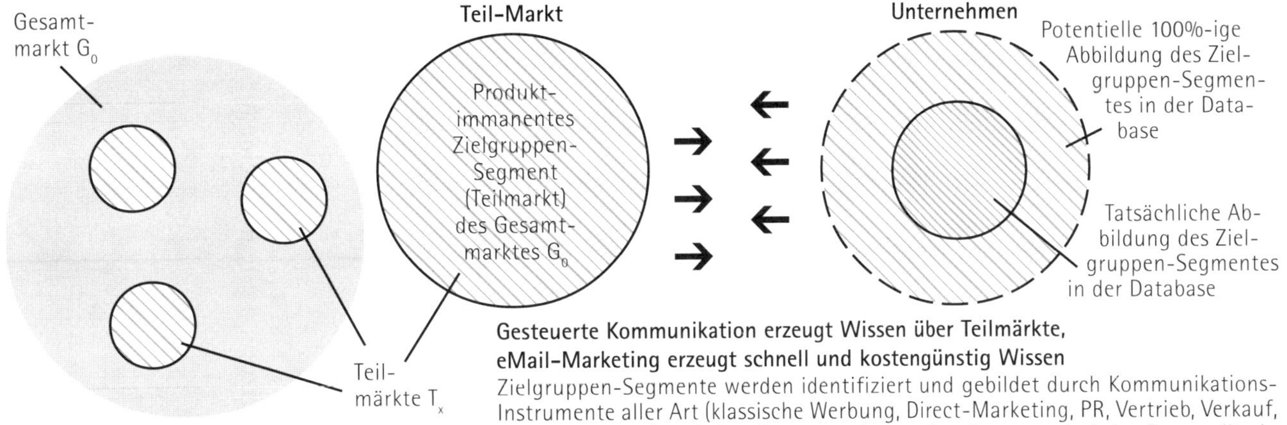

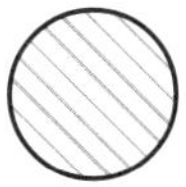
Zielgruppen-Segmente im Gesamtmarkt, die sich „automatisch" durch das jeweilige Angebot bilden. Im Umkehrschluss heisst das: Durch die Angebots-Bildung oder Auswahl kann man auch neue Zielgruppen generieren.

Gesteuerte Kommunikation erzeugt Wissen über Teilmärkte,
eMail-Marketing erzeugt schnell und kostengünstig Wissen

Zielgruppen-Segmente werden identifiziert und gebildet durch Kommunikations-Instrumente aller Art (klassische Werbung, Direct-Marketing, PR, Vertrieb, Verkauf, Marktforschung) und dem Response daraus. Der Response in jeder Form sollte in die Database einfließen, so dass im Idealfalle die Database ein 100%-iges digitales Abbild des realen (Teil-)Marktes darstellt. Natürlich kann diese Ideal-Umwandlung in den allermeisten Fällen nicht erreicht werden. Dann geht es darum, eine möglichst hohe „Erkenntnis-Quote" zu bekommen. Hierbei ist das Instrument „eMail" beziehungsweise „eMail-Newsletter" das optimale Werkzeug, weil es eine Response- und Dialog-Maschine ist, enorm schnell und unschlagbar preiswert.

Erwünscht, persönlich, relevant - die besten Waffen gegen „opt-out"

Die Value-Spectrum-Matrix gibt Auskunft über den Wert-Status von Kunden und signalisiert durch die vier Verben „ausbauen", „binden", „verzichten" und „halten", welches Kontakt-Management-Programm bei welchem Status am geeignetsten ist.

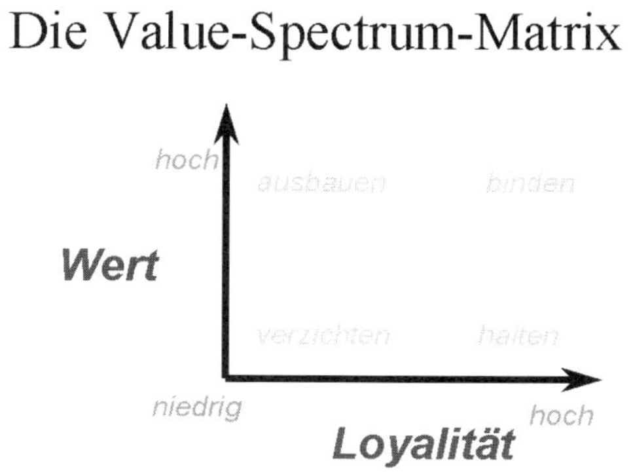

lichen, Angebote zu optimieren, Zugriffsinformationen auszuwerten, Verbreitungs- und Werbekontaktmessungen durchzuführen und zum Beispiel auch Mediaforschung durch Webdesign zu realisieren.

Die Struktur dieser Matrix ist so angelegt, dass Sie den Wert eines Kunden in Abhängigkeit von seiner Loyalität, von seiner Treue zum Unternehmen aufzeigt. Oder kurz gesagt: Je höher die Bindung zum Unternehmen, desto wertvoller ist ein Kunde.

Das Entscheidende ist: An dieser Loyalität können Sie sehr stark arbeiten. Dazu gibt Ihnen dieses Buch Hilfestellung. Sie können nun zum Beispiel bei Kunden, die einen niedrigen Wert haben, kostengünstige elektronische Kontakt-Medien wie eMail und eMail-Newsletter einsetzen, um die Loyalität von Kunden zu steigern. Und damit den Status von „verzichten" auf „halten" zu ändern.

Damit dieses Instrument sowie alle weiteren kundenorientierten Strategien aber überhaupt richtig und aussagekräftig funktionieren können, müssen bestimmte

Voraussetzungen in Bezug auf Ihre Daten-Systematik und -Organisation erfüllt sein. Diese Voraussetzungen werden im allgemeinen mit den Schlagworten „CRM“ (Customer Relationship Management) und „Data Mining“ umschrieben.

„Tut mir leid, da bin ich nicht zuständig ...?" Warum Sie mit CRM an Vertrauen gewinnen

Bei der Betrachtung von Datenbanken hatten wir erwähnt, dass deren Hauptaufgaben das Verknüpfen von vorher dezentral gelagerten, also verteilten und verstreuten Informationen sind.

CRM, Customer Relationship Management, geht noch einen Schritt weiter. Das bedeutet, wenn Sie CRM einsetzen, werten Sie alle Kundenkontakte nicht nur systematisch aus. Sondern Sie speichern ganz bewusst die-

2 kompetente Meinungen zu „CRM"

„Customer Relationship Management (CRM) ist ein ganzheitlicher Ansatz zur Unternehmensführung. Er integriert und optimiert auf der Grundlage einer Datenbank und Software zur Marktbearbeitung sowie eines definierten Verkaufsprozesses abteilungsübergreifend alle kundenbezogenen Prozesse in Marketing, Vertrieb, Kundendienst sowie F&E. Zielsetzung von CRM ist die gemeinsame Schaffung von Mehrwerten auf Kunden- und Lieferantenseite über die Lebenszyklen von Geschäfts-Beziehungen. Das setzt voraus, dass CRM-Konzepte Vorkehrungen zur permanenten Verbesserung der Kundenprozesse und für ein berufslebenslanges Lernen der Mitarbeiter enthalten."
CRM-Forum im Deutschen Direktmarketing-Verband DDV

„CRM ist eine kundenorientierte Unternehmens-Philosophie, die mit Hilfe moderner Informations- und Kommunikations-Technologien versucht, auf lange Sicht profitable Kunden-Beziehungen durch ganzheitliche und individuelle Marketing-, Vertriebs- und Service-Konzepte aufzubauen und zu festigen."
Dipl.-Wirtsch.Inf. Hajo Hippner, Lehrstuhl für ABWL und Wirtschaftsinformatik, Katholische Universität Eichstätt

Customer Relationship Management ist keine modische Marketing-Wortschöpfung sondern konsequent angewendet ein Hilfsmittel, um Vertrauen auf- und auszubauen.

Ein klassisches CRM-Beispiel

Kunde A ruft beim Unternehmen B an und wird bei der Begrüßung auch nach seiner Kunden-Nummer gefragt. Die wisse er nicht, gibt A zur Antwort. Mitarbeiter C, der mit einem CRM-Management-System arbeitet, schaut nun unter dem Namen A ins System.

Sekundenbruchteile später weiß Mitarbeiter C nicht nur die Kunden-Nummer von A, sondern alles über dessen Kontakte zum Unternehmen - vom ersten Kauf bis zum gestrigen Fax, vom Telefonat mit der Reparatur-Abteilung über das Abo des Firmen-Newsletters bis zur Zahlungsmoral.

Nicht nur Mitarbeiter C verfügt damit über ein hocheffizientes System zur Kunden-Kommunikation, sondern alle Kunden-Betreuer, die zum CRM-System Zugang haben.

se Informationen zusammen, um so zum Beispiel den Kundenservice zu verbessern.

In einem CRM-System werden also alle Transaktionsdaten gesammelt. Von der Kurz-Notiz eines Telefon-Gespräches bis zu Datum, Zeitpunkt und Inhalt aller Briefe, Faxe und eMails.

Wie wichtig das für solche immateriellen Firmen-Werte wie Image, Vertrauen und Kompetenz ist, hat jeder von uns schon zur Genüge erlebt. Immer dann, wenn man von unwissenden, „nicht zuständigen“ Angestellten von Durchwahl zu Durchwahl weitergereicht wird, bis das Ganze schließlich in einer Endlos-Warteschleife mit Musik endet.

CRM schafft hier wirksam Abhilfe. Der Kunde braucht nicht lange zu erklären, um was es geht. Er fühlt sich verstanden und gut aufgehoben. Und damit haben Sie ein weiteres wichtiges Stückchen Vertrauen gesät. Zunächst vielleicht nicht sofort am Umsatz messbar, aber in der Summe mit anderen Dialog- und Permission-Maßnahmen langfristig sehr wohl mit positiven Ergebnissen.

Eine Einschränkung bei CRM gibt es und die betrifft überwiegend große Unternehmen. Hier wird unter Umständen ein Customer Relationship Management wegen der Komplexität des Daten-Handlings nicht sofort „greifen". Denn hier treffen sehr unterschiedliche Datenbanken, gespeist aus den unterschiedlichsten Quellen, aufeinander.

Doch auch für diese Situation gibt es bereits ausgereifte Lösungs-Möglichkeiten. Diese fasst man unter dem Begriff „Data Mining" zusammen.

Wußten Sie, dass Sie auf einer Goldmine sitzen?

In jedem Unternehmen werden offline, aber vor allem auch online über Internet-Verbindungen enorme Datenmengen produziert. Diese sind oder werden in den meisten Fällen überhaupt nicht hundertprozentig ausgewertet, sondern nur zur Beantwortung einzelner isolierter Fragestellungen benutzt.

Wenn man nun aber über eine Technik verfügte, diese weitgehend isolierten Datenmengen nach bestimmten Kriterien zu „durchforsten", so besäße man nicht nur eine potentielle sondern eine reale Umsatz-Goldgrube. Daher dieser Bergbau-Begriff „Data Mining".

Unter dem Begriff Data Mining versteht man nun eine Reihe von Technologien, mit deren Hilfe Unternehmen genau dies realisieren können. Das heißt entscheidungsrelevante, hochkomplexe Informationen aus Datenbanken zu extrahieren.

Hier ein solches Data Mining-Modell aus dem Automobil-Bereich: Eine dreidimensionale Analyse der Wirkungsfaktoren-Verknüpfung Hubraum (x-Achse), Beschleunigung von 0 auf 100 (y-Achse) und Gewicht (z-Achse) unter gleichzeitiger Berücksichtigung der jeweiligen Herstellungsländer Amerika, Europa und Asien.

Data-Mining

„halbautomatischer Prozess zur Extraktion bisher unbekannter, nachvollziehbarer Informationen aus sehr großen Datenbanken"

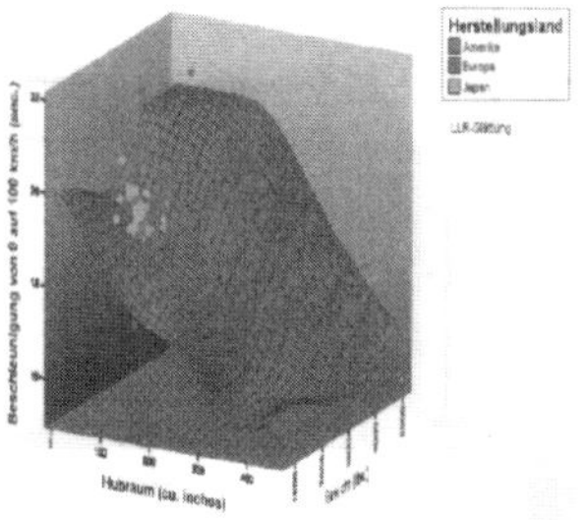

OLAP: On-Line Analytical Processing ist ein Analysetool für Zugriff, Speicherung und Manipulation entscheidungsunterstützender Information

DataMart: ein themenspezifisches Data Warehouse, meist für Abteilungs- oder Geschäftsbereichsinformationen

Data Warehouse: Eine speziell für die Entscheidungsfindung entworfene, themenorientierte Datenbank

Anbieter: SPSS, SAS, NCR

In der Praxis sind zum Beispiel neben der bloßen Adresse meist auch soziodemographische Daten, Kauf- und Potential- sowie Kommunikationsdaten vorhanden. Doch bei allen in die Zukunft gerichteten Fragen, wenn es also um Prognosen von Entwicklungen auf der Basis verknüpfter Informationen geht, versagen herkömmliche Lösungen. Oder die Beantwortung dauert zu lange und hat einen zu hohen Unsicherheitsfaktor.

Welches Angebot an welchen Kunden und wann? Cross-Selling-Potenziale? Lifetime-Profits einzelner Kunden? Die Antworten auf solche mehrdimensionale Fragen hängen ab von der richtigen Verknüpfung unterschiedlichster Informationen.

So hängt beispielsweise die Produkt-Loyalität eines Kunden von einer ganzen Reihe von Kriterien ab: Vom Alter, Geschlecht, Familienstand, von demographischen Faktoren, vom Produkt-Interesse allgemein (Art, Menge und Häufigkeit der bisher gekauften Produkte; eventuelle Anforderung von Produkt-Informationen) bis hin zur Zahlungsmoral, um nur einige Beispiele zu nennen.

Genau hier setzt die Data Mining-Technologie an. Durch statistische Modelle kombiniert mit Verfahren der künstlichen Intelligenz wird ein Großteil aller relevanten Database-Inhalte automatisch analysiert und damit wesentlich beschleunigt. Dies ermöglicht zum Beispiel die Prognose von Verhaltensweisen und Trends. Data Mining liefert damit Erkenntnisse und Zusammenhänge aus riesigen Datenmengen, die bisher für nicht analysierbar gehalten wurden.

Allgemein bekanntere Methoden aus dem Data Mining sind zum Beispiel die künstlichen neuronalen Netze, die ähnlich der biologischen Informations-Verarbeitung selbständig lernende Eigenschaften besitzen und für nichtlineare Prognose-Verfahren eingesetzt werden. Eine zweite bekanntere Data Mining-Technik ist die der linearen Regression - ein Prognoseverfahren zur Erklärung von Verhaltensweisen mit Hilfe unabhängiger Variablen.

Mittels Data Mining können wir also viele bisher unbekannte Zusammenhänge aus den unterschiedlichsten Bereichen (Internet) und Unternehmens-Abteilungen (Buchhaltung, Marketing, Call-Center, Buchhaltung, Service) sichtbar machen. Und unsere Marketing-Aktivitäten dann viel genauer auf einzelne Bedarfs-Felder konzentrieren. Ziel dabei ist eine Segmentierung bis hin zur Personalisierung von Kunden-Gruppen zu erreichen.

So könnten wir beispielsweise ein spezielles „Life-time-Value“-Programm für unsere Website entwickeln, mit dem per Banner- und Print-Werbung die Bindung einer mittels Data Mining selektierten, hochwertigen Zielgruppe (weibliche Kundinnen zwischen 35 und 40 Jahren) noch verstärkt werden kann.

Durch Techniken wie Database, CRM und Data Mining haben wir schon ein hohes Maß an Automatisierung bei der Verarbeitung von Daten und damit eine wesentliche Zeit- und Kostenersparnis erreichen können.

Was nun noch fehlt, ist eine Automatisierungs-Möglichkeit auf der Eingabe-, der Input-Seite. Und genau hier kommt der technische Background des World Wide Web wieder voll ins Spiel: Mit seinen exzellenten Möglichkeiten, automatisierte Abläufe zur Unterstützung unserer Permission Marketing-Strategie zu integrieren.

Was Sie über die Internet-Technik wissen müssen, um davon zu profitieren

CRM wird digital und Kunden-Wünsche werden sichtbar

Das Internet bietet den großen Vorteil, in idealer Weise ein bisher klassisches CRM-System zu ergänzen: Wo bisher ein Sachbearbeiter die entsprechende Notiz über geführte Telefonate oder verschickte Fax-Nachrichten manuell ins System eingeben musste, kann jetzt die gesamte Informations-Aufnahme vollelektronisch erfolgen.

Sehen wir uns dazu einmal Schritt für Schritt den technischen Hintergrund des World Wide Web an. Eine Grundlage dieser neuen elektronischen Geschäfts-Beziehungen ist der Hyperlink, die digitale „Weiche".

Der Hyperlink: Ihr virtuelles Tor - zum Kunden

Der Hyperlink ist eine Verknüpfung, bei der auf eine Anwendung zugegriffen wird, die ein Web-Server zur Verfügung stellt. Dieser Server protokolliert automatisch jeden einzelnen Abruf in einem „Logfile" oder auch „Protokoll-Datei" genannt.

Welche Informationen speichert ein Web-Server in einer Log-Datei?

- Datum und Uhrzeit jedes einzelnen Zugriffs, Seitenabrufs
- Name der abgerufenen Seite
- IP-Adresse des Benutzers
- Kennung des Betriebssystems
- Kennung des Browsers
- Anzahl der übertragenen Bytes
- Adresse der Herkunftsseite (Referer-Seite)
- Bei Suchmaschinen: Stichworte nach denen recherchiert worden ist

Was wird serverseitig alles protokolliert ...

Beispiel für eine Logdatei

195.35.6.19 - - [15/Apr/1997:04:59:32] "GET / HTTP/1.0" 200 6831
195.35.6.19 - - [15/Apr/1997:04:59:38] "GET /hintgr.gif HTTP/1.0" 304 -
195.35.6.19 - - [15/Apr/1997:04:59:38] "GET /erde.gif HTTP/1.0" 304 -
195.35.6.19 - - [15/Apr/1997:04:59:38] "GET /logo.gif HTTP/1.0" 304 -
195.35.6.19 - - [15/Apr/1997:04:59:38] "GET /internet-w.GIF HTTP/1.0" 304 -
195.35.6.19 - - [15/Apr/1997:04:59:39] "GET /line.gif HTTP/1.0" 304 -
195.35.6.19 - - [15/Apr/1997:04:59:39] "GET /internet-ball.gif HTTP/1.0" 304 -
195.35.6.19 - - [15/Apr/1997:05:01:25] "GET /beratung.htm HTTP/1.0" 200 3630
195.35.6.19 - - [15/Apr/1997:05:02:02] "GET /webdesign.htm HTTP/1.0" 200 4514
195.35.6.19 - - [15/Apr/1997:05:03:04] "GET /konzeption.htm HTTP/1.0" 200 4262

... und wie sind diese Informationen in einer Logdatei gespeichert? Die erste Zahl ist die sogenannte IP-Adresse, der Name beziehungsweise die Ident-Nummer eines Computers im Netz.

Mit diesen Protokoll-Dateien ist es Ihnen möglich, dezidiert zu messen, welches Thema welche IP-Adresse wann wie stark (lange) interessiert hat. Und wie lange eine Internet-Seite im Schnitt gelesen wird, bevor die nächste aufgerufen wird.

Damit hat aber jeder Hyperlink, den Sie auf Ihren Web-Sites oder in Ihrer eMail setzen auch immer eine Doppelfunktion: Vordergründig und sichtbar für den Surfer dient er als Verknüpfung zu anderen Web-Seiten. Oder in Form eines sogenannten Ankers zu einem Sprung an eine andere Stelle im gleichen Dokument.

Oder als „mailto"-Anweisung zum automatischen Ansteuern des eMail-Programms: Ein Klick auf eine verlinkte eMail-Adresse öffnet das eMail-Programm des Surfers und trägt automatisch die angeklickte Adresse als Empfänger ein. Und hinter den Kulissen dient Ihnen der Hyperlink gleichzeitig als aktiver Sensor, dessen Betätigung durch den Surfer stets protokolliert, gespeichert und damit auswertbar wird.

Ein weiterer wichtiger Punkt für unsere Permission Marketing-Strategie betrifft die sogenannte IP-Adresse des Benutzers selbst. Also die Internet Protocol-Adresse, die in der oben gezeigten Form (000.00.0.00) vom Server in ein Logfile geschrieben und gespeichert wird.

Was ist erlaubt bei der automatischen Datenspeicherung?

Alle protokollierten Informationen sind nun mit dieser IP-Adresse verknüpft. Ist damit der einzelne Surfer identifizierbar? Nein, denn zum einen deutet diese Adresse nur auf einen Rechner zum Zeitpunkt der Einwahl. Damit weiß man aber nicht, welche Person diesen Rechner bedient.

Zum anderen wird diese IP-Adresse bei jeder neuen Einwahl auch wieder neu vergeben! Weil Provider wie T-Online oder AOL nur eine begrenzte Anzahl von Internet-Adressen haben, werden diese ähnlich wie bei einem Staffellauf jeweils an denjenigen vergeben, der gerade online gehen will.

Dadurch sind Protokoll-Dateien (Logfiles) anonym. Das heißt, wir haben es mit keiner statischen und damit identifizierbaren Adresse zu tun, sondern mit einer dynamischen IP-Adressenvergabe. Damit sind die Logfile-Daten anony-misiert und man kann nicht sagen, welche Person hinter einem Zugriff steckt.

Deshalb können Sie diese anonymen Daten auch problemlos für alle denkbaren Auswertungen benutzen, die Datenschutz-Bestimmungen werden hier nicht tangiert.

3 Praxis-Tipps: So machen Sie Kundenwünsche messbar

Ihr 1. Praxis-Tipp: Das machen Sie mit „Links"

Diese Logfiles sind also ein nützliches und automatisch arbeitendes Instrument, Zugriffe transparent zu machen. Durch deren Auswertung können Sie zum Beispiel feststellen, welche Ihrer Web-Seiten besonders häufig angesurft wurden.

Diese Auswertung allein wird außer statistischem „Müll“ jedoch nicht viel bringen. Es muss natürlich noch ein zweiter Punkt dazu kommen. Die Frage nach dem „Warum“: Warum wurden welche Seiten häufiger angeklickt als andere?

Um diesen zweiten Punkt klären zu können, müssen Ihre Seiten eindeutig interpretierbar sein! Es darf keine Fehlschlüsse geben, denn sonst finden alle nachfolgenden Aktionen auf sehr unsicherem Terrain statt.

Damit sind wir aber am entscheidenden Punkt angelangt. An einem Punkt, wo wir bewusst Response generieren können! Denn der Umkehrschluss aus dem zuvor Gesagten lautet doch: Wenn ich (noch) keine eindeutig interpretierbaren Seiten habe, dann produziere ich welche!

Wie machen Sie das? Ganz einfach: Indem Sie auf einer Website oder in einem eMail-Newsletter zum einen die Themen nur anreißen, zum anderen solche Themen wählen, die zu einer Segmentierung führen! Das ist der

Trick, wie Sie Kundenwünsche messbar machen können und (nach wiederholter Auswertung und Optimierung) Response bewusst erzeugen!

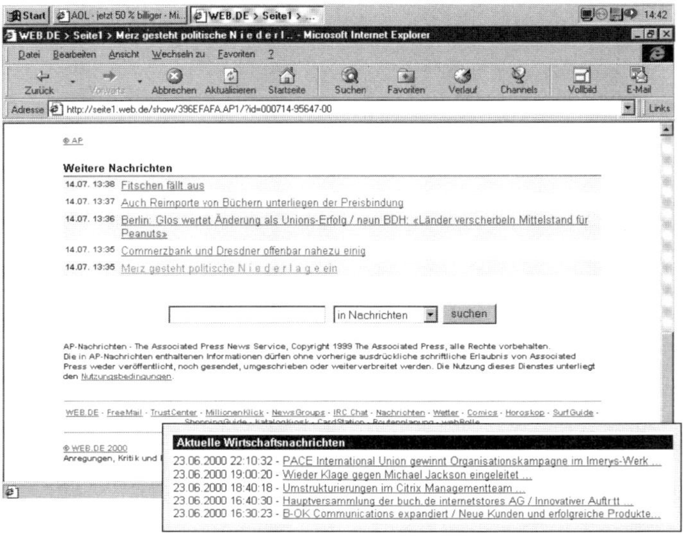

Newsseiten von www.web.de und ECIN (www. ecin. de) Electronic Commerce InfoNet mit Themen-Links, die eine Segmentierung erlauben.

Derjenige, der sich beispielsweise für Michael Jackson interessiert, möchte vielleicht auch mehr über andere Musiker wissen oder es geht ihm um Copyright-Bestimmungen oder ...

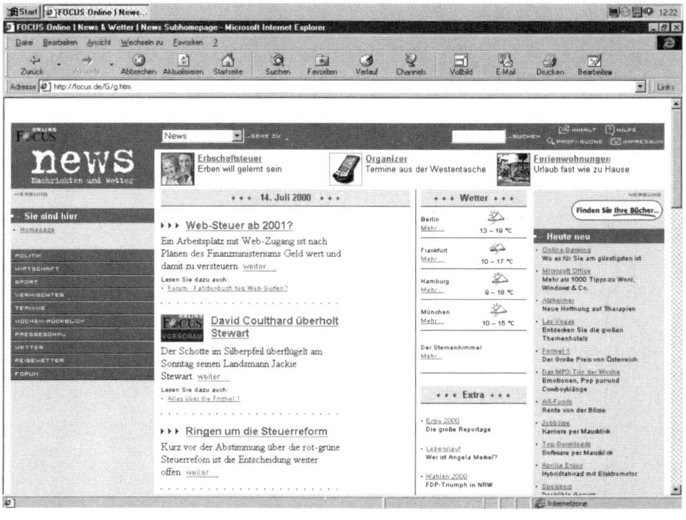

News-Seite von Focus (www.focus. de) mit umfangreichen Themen-Links zu allen möglichen Bereichen.

Diese Hyperlinks können Sie - auf Ihren Websites oder in Ihrem Newsletter - in der Headline-Form (Schlagzeile ist gleichzeitig der Hyperlink) erzeugen. Oder etwas ausführlicher mit zwei oder drei Zeilen beschreiben und als Verstärker noch eine Klick-Aufforderung („..." oder „siehe weiter ..." oder „Mehr dazu ..." oder „weiter ...") hinzufügen.

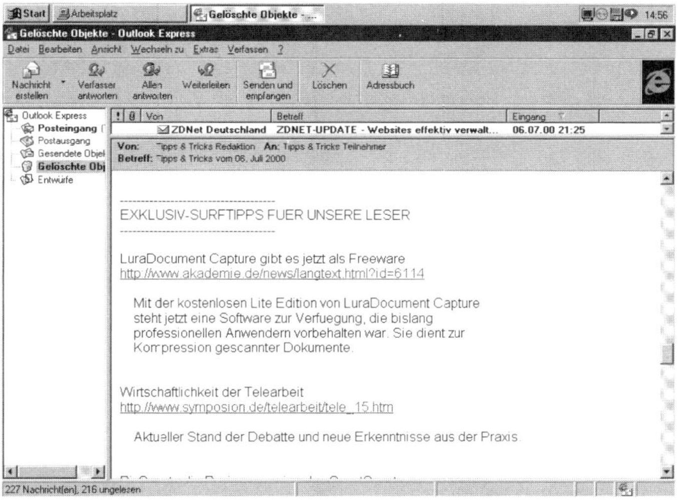

Newsletter von Tipps & Tricks mit Hyperlinks und einem kurzen „Appetizer" des jeweiligen verlinkten Themas.

Sie sehen dann bei der Auswertung der Logfiles ganz exakt die Gewichtung der jeweils ange-sprochenen Themen. Das heißt, welche Nutzer-Gruppen sich für welche Bereiche interessieren. Der reine Hyperlink ist aber nicht Ihre einzige Möglichkeit bewusst Response zu generieren.

Ihr 2. Praxis-Tipp: Checken Sie Ihre Check-Box

Aussagefähige Daten über die Wünsche, Neigungen und Interessen Ihrer Kunden sammeln Sie auch zum Beispiel über eine sogenannte Check-Box. Dabei werden durch Anklicken eines oder mehrerer interessierender Themen ebenfalls aussagefähige Response-Daten erzeugt.

Bei Amazon (www.amazon.de) lassen sich per Check-Box gleich mehrere eMail-Newsletter-Themen auswählen.

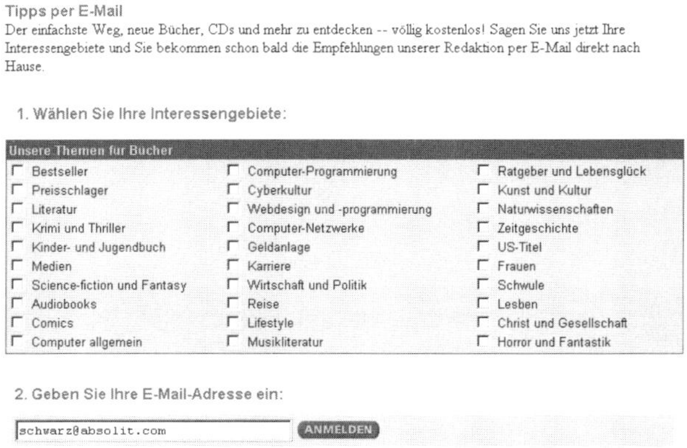

Umgekehrt sind aber auch Ihre Kunden von sich aus gerne dazu bereit, selbst einige Daten an Sie weiterzugeben, wenn dabei als Gegenleistung etwas Nützliches „herausspringt“. Deshalb können wir auch noch eine weitere Response-Möglichkeit nutzen.

Ihr 3. Praxis-Tipp: Formulieren Sie Ihr Formular

Neben dem reinen Hyperlink und der Check-Box können Sie auch ein explizites Formular einsetzen. Wichtig sind hier nachvollziehbare Informationen, wofür Sie diese Formular-Daten abrufen möchten.

Welche Möglichkeit Sie auch wählen, gehen Sie immer offen vor, erklären Sie, wozu Sie welche Daten brauchen und holen Sie sich per Ankreuz-Feld oder Check-Button eine Einverständnis-Erklärung der Nutzer, dass diese Daten auch wirklich von Ihnen gesammelt werden dürfen. Dazu fügen Sie an prominenter Stelle eine

Diese Offenlegung der Datensammel-Gründe bei der Bitte um Surfer-Daten, das explizite Einholen einer Erlaubnis sowie eine Nichtweitergabe-Garantie sind drei zentrale Punkte für den Erfolg unserer Permission Marketing-Strategie!

GMX (www.gmx.de) illustriert hier beispielhaft wie ein Formular angeboten werden sollte: Eine stichhaltige Begründung, warum überhaupt Daten gesammelt werden sollen und eine Garantie, dass keine Daten an Dritte weitergegeben werden.

Garantie-Erklärung bei, dass Sie sich verpflichten, keine Daten an Dritte weiterzugeben.

Denn die Mehrzahl der Surfer ist besonders unsicher, ob, wie und in welchem Umfang ihre Internet-„Spuren" zu welchen Zwecken gesammelt und verarbeitet werden. Und schließlich gilt es vor allem auch, die rechtlichen Bestimmungen einzuhalten.

So sichern Sie sich beim Datenschutz ab

Einen wichtigen Punkt beim Thema Datenschutz konnten wir bei der Betrachtung über die Logfiles zu unserer Beruhigung abhaken: Diese Protokoll-Dateien unseres Web-Servers sind mit einer dynamisch erzeugten, bei jeder neuen Einwahl wechselnden IP-Adresse verknüpft. Damit bleibt der Surfer selbst anonym und deshalb auch alle auf diesem Wege gesammelten Daten.

Dieser Exkurs zu den wichtigsten datenschutzrechtlichen Bestimmungen. wurde von Rechtsanwalt Oliver J. Süme zusammengestellt.

Exkurs: Die wichtigsten datenschutzrechtlichen Bestimmungen

Grundsätze des Datenschutzrechts:

1. Schutz des Allgemeinen Persönlichkeitsrechtes
Datenschutz stellt auf den Schutz des Persönlichkeitsrechtes ab, insbesondere auf das Recht auf informationelle Selbstbestimmung, welches das BVerfG 1983 in seiner Volkszählungsentscheidung entwickelt hat.

2. Keine Unterscheidung nach Datenqualität
Für den Datenschutz kommt es nicht auf die Qualität der Daten an sondern darauf, was damit geschieht. Es gibt insoweit keine unerheblichen Daten.

3. Verbotsprinzip
Jede Verarbeitung personenbezogener Daten ist verboten, es sei denn, es liegt ein gesetzlicher Zulässigkeitstatbestand vor oder der Betroffene willigt ein. Dieses Verbotsprinzip ist auch in die EU-Datenschutzrichtlinie übernommen worden.

4. Personenbezogene Daten:
§ 3 BDSG: Einzelangaben über persönliche oder sachliche Verhältnisse einer bestimmten oder bestimmbaren Person

Art. 2 a EU-Datenschutzrichtlinie:
Als bestimmbar wird eine Person angesehen, die direkt oder indirekt identifiziert werden kann, insbesondere durch Zuordnung (....) zu einem oder mehreren spezifischen Elementen, die Ausdruck ihrer physischen, physiologischen, psychischen, wirtschaftlichen, kulturellen oder sozialen Identität sind.

Der Gegensatz dazu sind anonymisierte Daten, bei denen die Zuordnung zu einer Person nicht oder nur mit unverhältnismäßig hohem Aufwand möglich ist.

Für die Bestimmbarkeit kommt es auf Kenntnisse und Möglichkeiten der speichernden Stelle an: Kann der Bezug zu einer natürlichen Person ohne unverhältnismäßig hohen Aufwand hergestellt werden ? Logfileauswertung (nur Hits werden gezählt) ohne Hilfsmittel ist zumindest bei dynamischer IP kein Problem.

Werden personenbezogene Daten ohne Möglichkeit zu einem Personenbezug, also nur mit einer „Schlüsselnummer" gekennzeichnet und dann weitergegeben, handelt es sich für „Empfänger" nur noch um anonymisierte Daten.

Exkurs: Die wichtigsten datenschutzrechtlichen Bestimmungen. Zusammengestellt von Rechtsanwalt Oliver J. Süme

Problem: Cookies.
Nach fast einhelliger juristischer Meinung datenschutzrechtlich unzulässig, da Einwilligung erforderlich wäre. Cookies sind auf der Festplatte des Nutzers gespeicherte Informationen, die es einem WWW-Anbieter erlauben, einen Besucher, der zum wiederholten Male auf die Webseiten kommt, „wiederzuerkennen". Personenbezogene Daten dürfen nur für die Abrechnung von Diensten verwendet werden. Für Zwecke der Beratung, Werbung oder Marktforschung dürfen persönliche Daten nur mit Einwilligung der Nutzer verwandt werden.

Teledienstdatenschutzgesetz
Das TDDSG ist am 1.8.1998 als Art. 2 des IuKDG (Multimediagesetz) in Kraft getreten und regelt die Erhebung und Verarbeitung von Daten im Internet durch Teledienstanbieter i.S.d. § 2 TDG. Das sind nahezu alle Anbieter im Internet.

Das TDDSG unterscheidet zwischen Bestands- und Nutzungsdaten
1. Bestandsdaten, § 5 TDDSG
Personenbezogene Daten eines Nutzers dürfen erhoben, verarbeitet und genutzt werden, soweit dies für die Begründung , Ausgestaltung oder Änderung des Vertragsverhältnisses erforderlich ist. Darüber hinaus gehende Nutzung bedarf der Einwilligung.

2. Nutzungsdaten, § 6 TDDSG
Personenbezogene Daten über die Inanspruchnahme von Telediensten düfen nur erhoben werden um die Inanspruchnahme des Angebotes zu ermöglichen und um die Nutzung von Telediensten abzurechnen. Nach Beendigung der jeweiligen Nutzung hat der Diensteanbieter eine frühestmögliche Löschungspflicht, die in der Praxis oftmals gar nicht eingehalten werden kann.

3. Darüber hinaus gehende Datenverarbeitung und Nutzung bedarf der Einwilligung des Nutzers. Gemäß § 3 Abs. 7 TDDSG kann Einwilligung auch elektronisch erklärt werden, wenn der Dienstanbieter sicherstellt, daß sie nur durch eine eindeutige und bewußte Handlung des Nutzers erfolgen kann, sie nicht unerkennbar verändert werden kann, ihr Urheber erkannt werden kann, die Einwilligung protokolliert wird und der Inhalt der Einwilligung jeweils vom Nutzer abgerufen werden kann.

4. Unterrichtungspflicht, § 3 Abs. 5 TDDSG
Über die Einwilligung hinaus ist der Nutzer vor einer Datenerhebung über „Art, Umfang, Ort und Zwecke der Erhebung, Verarbeitung und Nutzung personenbezogener Daten zu unterrichten." D. h. dem Nutzer ist klarzumachen, in welcher Weise er später eventuell transparent sein wird. Der Nutzer kann auf diese Unterrichtung verzichten, der Verzicht ist zu protokollieren.

Exkurs: Die wichtigsten datenschutzrechtlichen Bestimmungen. Zusammengestellt von Rechtsanwalt Oliver J. Süme

5. Nutzungsprofile
Sind gemäß § 4 Abs. 4 TDDSG nur bei Verwendung von Pseudonymen zulässig. Die Daten dürfen nicht mit Daten über den Träger des Pseudonyms zusammengeführt werden.

6. Datentausch, § 3 Abs. 3 TDDSG
Kein Tausch Daten gegen Nutzung, wenn Inhalt des Angebots nicht in zumutbarer Weise anders zugänglich ist.

7. Jederzeitiges kostenloses Auskunftsrecht des Nutzers über die zu seiner Person gespeicherten Daten, § 7 TDDS

Dieser Exkurs wurde vom Hamburger Rechtsanwalt Oliver J. Süme (Sueme@kanzlei.hh.uunet.de) zusammengestellt. Herr Süme ist Spezialist für Online-Themen.

Grundsätzlich geht es nun beim Thema Datenschutz im Internet um den Schutz des allgemeinen Persönlichkeitsrechtes und hier vor allem um das Recht auf informationelle Selbstbestimmung (siehe Exkurs).

Dabei gilt zunächst einmal generell ein Verbots-Prinzip für die Verarbeitung personenbezogener Daten. Diese dürfen nur dann erhoben und genutzt werden, wenn es für ein Vertragsverhältnis erforderlich ist. Ansonsten nur mit der Einwilligung des Nutzers.

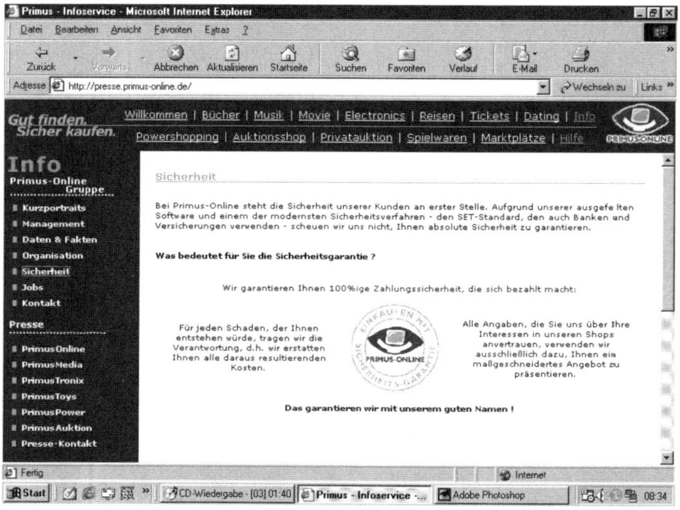

Offenheit und Transparenz zahlen sich letztendlich aus. Das weiß auch PrimusTronix, einer der bekanntesten Web-Anbieter mit einem breitgefächerten Medien-Angebot. Und bietet deshalb eine Sicherheits-Garantie mit Siegel (www.primustronix.de).

Das TDDSG (Teledienstdatenschutzgesetz) unterscheidet hier zwischen sogenannten Bestandsdaten, das sind die personenbezogenen Daten und den Nutzungsdaten (Transaktionsdaten). Beide Daten-Arten müssen getrennt gespeichert werden und dürfen nur dann zusammengeführt werden, wenn der Nutzer oder Kunde explizit seine Erlaubnis dazu gegeben hat.

Somit liegt der Schlüssel zur Datenauswertung im Einklang mit datenschutzrechtlichen Vorschriften tatsächlich in der „Einwilligung des Betroffenen". Diese ist stets dann erforderlich, wenn Daten ausgewertet werden, ohne daß dies für die Erbringung einer bestimmten Anbieterleistung zwingend erforderlich ist.

Liegt eine Einwilligung vor, so ist nach dem TDDSG die Erstellung von Nutzungsprofilen möglich, wenn dabei Pseudonyme verwendet werden, die einen Rückschluß auf den Betroffenen unmöglich machen.

Fügen Sie also Ihrem Web-Angebot immer eine Datenschutz-Erklärung hinzu. Machen Sie Ihre Kunden darauf aufmerksam, warum Sie um Daten bitten und was Sie damit tun werden und was nicht - nämlich keinesfalls an Dritte weitergeben! Nutzen Sie diese Offenheitspolitik. Sie ist einer der wichtigsten Bestandteile für eine vertrauensvolle Kundenbeziehung und damit eine Kernbotschaft von Permission Marketing!

74% aller Surfer sind gerne bereit, Daten herauszugeben, wenn sie personalisierten Service als Gegenleistung erhalten. So das Ergebnis einer Online-Umfrage der Unternehmensberatung Mummert + Partner vom Juni 2000.

So vorbereitet werden Ihre Kunden und Interessenten dann auch gerne bereit sein, Daten mitzuteilen. Dazu kommt, dass Sie auf diese digitale Weise enorme Kosteneinsparungen für sich verbuchen können, die ansonsten bei realen Erhebungen anfallen würden.

Welche Kosten Sie durch Digital-Technik sparen

Es ist im realen Leben im Gegensatz zum Netz sehr aufwendig, Daten zu sammeln. Ein bekanntes skandinavisches Möbelhaus versucht zum Beispiel durch interne „Beobachter", die sich vom Eingang bis zum Ausgang des jeweiligen Möbelhauses an Kunden „heften", mehr über das Nutzerverhalten zu eruieren.

In Supermärkten wird versucht per Kamera-Analyse die begehrtesten Plätze beziehungsweise die von Kunden bevorzugten Stellen auszuwerten: Welche Kunden greifen wie und wo und wann ins Regal?

Sogenannte Augenkamera-Tests werden durchgeführt, um Blickverläufe zu messen. Das heißt, um zum Beispiel eine statistisch signifikante „Idealkurve" des Blickverlaufes beim Betrachten einer Anzeige zu gewinnen (die berühmte rechte Seite rechts oben als Preferenz-Position für Zeitschriften oder Zeitungs-Anzeigen). Nur vergisst man dabei, dass der Blickverlauf durch Bild- und Textelemente gesteuert werden kann, dass diese Messungen also im Grunde genommen sinnlos sind.

Ob Marktforschung, Telefon- oder Passanten-Interviews - eine ganze Branche lebt von diesem Streben nach Sicherheit. Doch alles dies sind enorm kostspielige Instrumente mit oft fragwürdigem Ergebnis, da meist zu viele Variablen das Resultat verfälschen können und dies in der Regel auch tun.

Wie trifft eine Musikgruppe exakt den Geschmack ihrer Fans, ohne für Marktforschung viel Geld auszugeben?
Die „Backstreet Boys" stellten einfach eine Reihe von unveröffentlichten Songs als Hörprobe ins weltweite Netz und ließen ihre Hörer entscheiden, welcher Song ihnen am besten gefällt. Den Vogel bei den Hörern schoss „I'll be the One" ab und so wurde dieser Song als neue Single herausgegeben.

Auf diesen Riesenaufwand an Mensch und Material können Sie in Zukunft verzichten. Denn alle Erkenntnisse über Ihre Kunden und deren Nutzer-Verhalten bekommen Sie im Internet sozusagen als fast kostenlose Dreigabe automatisch geliefert! Und haben damit ein unschlagbar preisgünstiges und wirksames Instrument der Segmentierung bis hin zur Personalisierung.

Praxis: Wonach Dialog-Marketer seit Jahrzehnten verzweifelt suchen

Wie Sie Interaktions-Daten generieren

Zunächst geht es darum, Ihre Kunden in einen Kennenlern-Kreislauf zu integrieren. Schaffen Sie „Customer Touchpoints": Jeder Kontakt mit Kunden erweitert Ihre Wissens-Basis. Über einen Erstkontakt haben Sie vielleicht schon erste Anhaltspunkte über Wünsche und Interessen sammeln können.

Nun möchten Sie natürlich den Folge-Kontakt immer weiter segmentieren, um so durch immer mehr Wissen bis zur Personalisierung Ihrer Kunden vorzudringen. Welche geeigneten Dialog-Instrumente können Sie dazu elektronisch zum Einsatz bringen?

Als Hersteller von Tiefkühl-Produkten für den Heimbereich haben Sie beispielsweise einen Newsletter an alle Ihre Kunden vorbereitet. Hier haben Sie zwei Hyperlinks integriert, die für eine erste Segmentation in die Kunden-Gruppen „Vegetarier" und „Fleischesser" sorgen.

Diese Links sind zum Beispiel folgendermaßen formuliert: „Die 30 leckersten vegetarischen Rezepte" und „7 Grill-Tipps: Wie Sie Ihr Grill-Fleisch superzart zubereiten". Durch die Analyse Ihres Logfiles haben Sie per Mausklick schon zwei wichtige Interessenten-Gruppen

Praxis-Beispiel für eine Interaktions-Daten-Sammlung in 3 Schritten:

1. Schritt: Beispiel eines eMail-Newsletters mit dem Ziel, zwischen Vegetariern und Fleisch-Liebhabern zu segmentieren. Durch den Klick auf den jeweiligen Hyperlink („mehr dazu ...") verraten Kunden Ihre Präferenzen.

2. Schritt: Im zweiten Schritt kann präzise gemessen werden, wie oft welcher Hyperlink angeklickt worden ist. (Quelle: Software-Paket eMail-Newsletter von Llynch)

3. Schritt: Nun kann zielgruppengenau ein zweites Mailing gestartet werden, das den 684 Personen, welche die vegetarischen Rezepte angeklickt haben, ein spezielles Angebot macht.

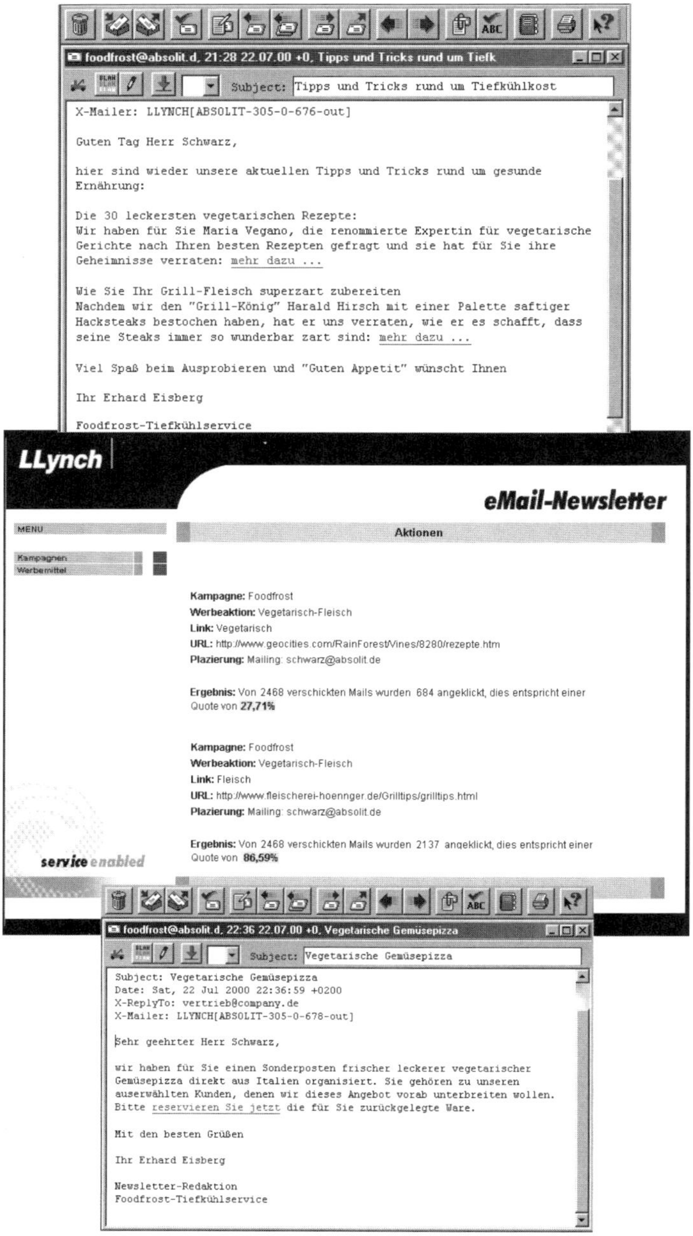

messbar segmentiert und können diese im nächsten Schritt, im nächsten Newsletter mit weiteren Maßnahmen (verschiedene Vegetarier-Gruppen; verschiedene Fleisch-Sorten) immer feiner selektieren.

Neben dem Newsletter als regelmäßigem Dialog-Instrument stehen Ihnen in der digitalen Welt eine ganze Reihe weiterer Interaktions-Instrumente zur Kunden-Segmentation zur Verfügung.

So erstellen Sie etwa ganz schnell und bequem einen digitalen Fragebogen zur einmaligen Befragung aller Kunden und hängen ihn an eine eMail an. Eine Kurz-Umfrage, die Ihnen in kürzester Zeit und etwa im Vergleich zu einer telefonischen Befragung zu minimalen Kosten aussagekräftigen Response und Marktnähe bringt.

Basis aller Instrumente sollte natürlich als Periodikum ein responsestarker eMail-Newsletter sein. Damit haben Sie die Hand am Puls der Zeit, sind direkt in Ihrem Markt und können rasch reagieren, um neue Strömungen und Trends frühzeitig zu erkennen und rascher als andere Ihr Angebot auf neue Erfordernisse abstimmen.

Die 9 besten Regeln für erfolgreichen eMail-Response

Ihre eMail oder Ihr eMail-Newsletter ist Ihr digitaler Verkäufer. Deshalb gelten hier dieselben Gesetze wie im Dialog-Marketing und im Verkauf.

1. Regel: Verwenden Sie eine Nutzen-Ansprache!

Wichtigstes Kriterium für erfolgreichen Response ist die Nutzen-Ansprache: Das bedeutet sich „auf die andere Seite" zu setzen und dann aus dieser Sicht zu überlegen, was mir (dem Kunden) dieses Angebot bringt. Welchen Nutzen habe ich davon? Spare ich etwas? Werde ich dadurch reicher, schöner, klüger, angesehener? Den-

Hautnah am Markt durch digitale Dialog-Instrumente

8 Wege, um Interaktionsdaten per Internet zu gewinnen

- **eMail:** Als sekunden- und minutenschnelles Instrument mit Feuerwehr-Funktion bei brisanten Themen (wichtige Nachrichten, Rückrufaktionen, Sonderangebote); mit angehängtem Fragebogen zur Kurz-Umfrage schneller und kostengünstiger als eine Web-Umfrage

- **eMail-Newsletter:** Ihr Analogon zur Kundenzeitung, wichtig für die Kundenbindung sowie als Plattform für Partner und Kunden

- **FAQ's (frequently asked questions):** Die am häufigsten gestellten Fragen plus mittels Hyperlinks eingerichteten und damit messbaren Antworten

- **Web-Kataloge:** Nach bestimmten Kriterien zusammengestellte Auswahlen, um angebots-, produkt-, zeit- oder ortsspezifische Suchanforderungen schnell und einfach zu ermöglichen. Als Hyperlinks, Check-Boxen oder in Kombination mit Eingabe-Masken verwendbar. So könnten Sie Ihrem Kunden beispielsweise nach der Eingabe seiner Postleitzahl regionale oder lokale Übersichten liefern und haben damit auch entsprechendes Wissen gesammelt.

- **Suchmaschinen:** Allgemeine Suchmaschinen sowie Suchmaschinen innerhalb Ihres Angebotes bringen Ihnen wertvolle Erkenntnisse über die Interessen und Vorlieben Ihrer Kunden

- **Konfiguratoren:** Damit können Ihre Kunden selbständig Angebots-Variablen (PC-Bestandteile, Pkw's, HiFi-Anlagen) miteinander kombinieren. Und Sie haben damit ein Prognose-Instrument, das Sie wesentlich sicherer als konventionelle Maßnahmen den Bedarf planen lässt.

- **Kalkulationsrechner:** Ideal für Versicherungen, im Immobilien- oder Automobil-Bereich. Um dem Kunden zu ermöglichen, Vergleiche anzustellen und Ersparnisse als eindeutigen Nutzen zu erkennen. Und Wissen zu sammeln.

- **Formulare (Fragebogen, Anmeldungen):** Dieses Instrument ist besonders sensibel. Keiner füllt gerne minutenlange Checklisten aus. Deshalb Formulare nur dann, wenn diese wirklich gebraucht werden - kurz und eindeutig!

ken Sie beim Formulieren Ihrer Texte an einen Freund oder Bekannten, dem Sie Ihr Angebot unterbreiten.

Bei der Textgestaltung steht und fällt als logische Konsequenz der Nutzen-Ansprache der Erfolg mit dem verkäuferischen Formulieren: Sie gehen nicht von sich aus, sondern von Ihrem Kunden. Das bedeutet zum einen eine persönliche Ansprache („Sie", nicht „wir"). Machen Sie dazu den „Rot-Grün"-Test: Unterstreichen

Sie alle „Sie"-Worte mit grün, alle „wir"-Worte (wir, ich, unsere Firma, unser Unternehmen) mit einem roten Stift. Überwiegen die grünen Linien? Prima! Falls nicht, noch einmal überarbeiten!

2. Regel: Texten Sie verkäuferisch: „Sie" statt „wir", kurz, präzise, prägnant mit bildhaften Vergleichen!

Zum anderen heißt verkäuferisch texten auch: Kurze Sätze (weniger als 10 Worte) bilden und Absätze mit nicht mehr als fünf Zeilen. Haben Sie alles Überflüssige wie Füllwörter, Hilfsverben und ein Zuviel an Substantiven gestrichen?

3. Regel: Die Betreff-Zeile mit dem Nutzenversprechen ist Ihr „Türöffner"!

Verwenden Sie aktive, konkrete Formulierungen sowie eine bildhafte Sprache? Unter „20 Tonnen Gewicht" kann sich niemand so richtig etwas vorstellen, unter „so schwer wie 20 Jeeps" schon! Dann geben Sie Ihren Text jemandem, der nicht in die „Sache" eingeweiht ist und bitten Sie ihn um ein Verständlichkeits-Urteil!

Steht Ihr Hauptvorteil für Ihre Kunden im Betreff, Ihr wichtigstes Argument in der Überschrift, im ersten Absatz?

4. Regel: „Action"! Sagen Sie Ihrem Kunden, was er tun soll!

Weiß Ihr Kunde, was er tun soll? Soll er eine eMail zurückschicken, auf Ihrer Web-Seite landen, telefonisch Kontakt aufnehmen, gar nichts tun? Beschreiben Sie ganz konkret die Schritte, die Ihr Kunde unternehmen soll, um Ihr Angebot wahrnehmen zu können. Und was er dafür bekommt!

Hand aufs Herz: Haben Sie tatsächlich etwas anzubieten? Etwas von Nutzen? Etwas Neues, zum Sonderpreis, etwas zeitlich oder mengenmäßig Limitiertes? Eine kostenlose Lieferung oder Installation, einen 365-Tage-Service, eine 50-jährige Garantie? Prüfen Sie Ihr Angebot und Ihre Angebots-Ausstattung daraufhin, ob Sie dadurch eine Alleinstellung gegenüber Ihrer Konkurrenz einnehmen können.

5. Regel: Bieten Sie nur etwas wirklich Vorteilhaftes an!

Haben Sie zusätzliche Anreize wie Gewinnspiele, Verlosungen, Vereinbarungen mit Partnern, die einen Zusatz-Vorteil versprechen?

6. Regel: Nutzen Sie zusätzliche Anreize!

Haben Sie Ihre Problem-Lösungen in Form von Hyperlinks formuliert, um Response zu erzeugen und diesen auch messbar zu machen und damit Ihre Kunden-Gruppen segmentieren zu können?

7. Regel: Bauen Sie Hyperlinks ein!

Bieten Sie Ihrem Kunden Sicherheit? Beim Datenschutz? Bei der Bestellung? Klären Sie ihn bei allen Abfragen auf, warum und wie Sie Kunden-Daten verwenden wollen. Geben Sie eine schriftliche Datenschutz-Garantie ab.

8. Regel: Garantieren Sie die Daten-Sicherheit!

Holen Sie für jeden Wissens-Schritt die explizite Erlaubnis Ihres Kunden ein. Gehen Sie offen damit um, was Sie tun wollen und welche Vorteile sich für Ihren Kunden dadurch ergeben. Bauen Sie immer eine „opt-out“-Möglichkeit mit ein.

9. Regel: Permission einholen, Offenheit zeigen!

Wenn Sie diese Punkte berücksichtigen, so haben Sie zusammen mit Ihrem Angebot und Ihrem Kunden-Wissen die besten Voraussetzungen, besonders erfolgreiche eMails zu veröffentlichen!

Zusammenfassung von Kapitel 6: Interaktiv und völlig legal wertvolle Kunden-Kontakte knüpfen!

Je mehr Sie über Ihre Kunden wissen, desto besser können Sie diese bedienen. Das Internet schafft zuvor nie dagewesene Möglichkeiten, aus elektronischen Kunden-Kontakten zu lernen.

In der digitalen Wirtschaft wird der Wert Ihres Unternehmens nach der Qualität Ihrer Kunden-Beziehungen eingeschätzt und berechnet. Mehr Kunden-Orientierung, beispielsweise durch den Einsatz von „Customer Relationship Management" (CRM), hilft gleichzeitig, vertriebsrelevantes Wissen aufzubauen.

Wenn Sie die Wünsche Ihrer Kunden kennen und systematisch in einer Kunden-Datenbank speichern, können Sie einzelne Kunden-Gruppen auch viel gezielter ansprechen.

Moderne Data-Mining-Techniken helfen nicht nur, heterogene Wissens-Datenbanken verfügbar zu machen, sondern dieses Kunden-Wissen zur gezielten Segmentierung nach Präferenzen und Profitabilität zu nutzen.

Das Internet bietet durch die ständige elektronische Interaktion des Kunden mit einem Anbieter eine Fülle von Transaktionsdaten. Jeder einzelne Mausklick auf einen Hyperlink wird in Protokoll-Dateien anonym gespeichert und kann zum Erkennen von Trends und Wünschen analysiert werden.

Völlig neuartige Marketing-Möglichkeiten ergeben sich, wenn Sie morgens einen Newsletter mit zwei Hyperlinks - einen auf Fleisch und einen auf vegetarische Gerichte - versenden und schon am Nachmittag ein gezieltes Mailing nur an die vegetarisch interessierten Kunden machen.

Ebenso lassen sich Kunden-Daten auch direkt per Eingabe-Formular oder mit Ankreuz-Feldern sammeln. Wichtig ist nur, Kunden immer offen darüber zu informieren, was mit ihren Daten geschieht beziehungsweise was es für einen Nutzen bringt, wenn diese Daten gesammelt werden.

Da es wichtig ist, mit möglichst vielen Kunden-Kontakten möglichst viel Wissen zu sammeln, sollten alle Chancen genutzt werden, Interaktivität zu bieten.

Materielle Anreize, Neugierde und die richtige Formulierung helfen dem Newsletter-Redakteur dabei, Response zu erzeugen. Dies bedeutet, dass interessierte Kunden einen Hyperlink anklicken, der entweder auf das eigene oder auf Fremdangebote verweist.

Nach dem Teledienstedatenschutzgesetz muss dieses Klick-Verhalten getrennt von den personenbezogenen Daten gespeichert werden. Profile über Nutzer-Verhalten dürfen nur anonymisiert angelegt werden und nicht mit Personendaten zusammengeführt werden.

7 Praxis-Beispiele: Womit auch Sie Kunden-Wissen sammeln

1. Newsletter mit Hyperlinks: GruenderLinX

Beispiel eines gelungenen Newsletters mit kurzem textlichen Themen-Anriss plus Hyperlink: GruenderLinX Abo-Möglichkeit über http://www.gruenderlinx.de.

GruenderLinX Newsletter 11/2000 (16.06.2000)

Liebe Leserin, lieber Leser,

hier ist er wieder, der GruenderLinX-Newsletter mit den Links fuer Existenzgruender, Unternehmer und Selbstaendige. Heute sind Marketingthemen und Customer Relationship Management (CRM) unsere Schwerpunkte. Aber natuerlich gibt es noch einiges mehr.

Ein schoenes Wochenende wuenscht
Ihre GruenderLinX-Redaktion

[...]

CUSTOMER RELATIONSHIP MANAGEMENT

- CRM: Grundlagen
Das CRM-Forum bietet neben Neuigkeiten und einem Glossar auch Grundlagentexte zum Thema Customer Relationship Management und Computer Aided Selling.

http://www.gruenderlinx.de/kundendienst.html

- Infoquelle: CRM
Informationen von Infoquelle zum Customer Relationship Marketing im E-Commerce.

http://www.gruenderlinx.de/webmarketing.html

Beispiel eines gelungenen Newsletters mit kurzem textlichen Themen-Anriss plus Hyperlink: GruenderLinX Abo-Möglichkeit über http://www.gruenderlinx.de.

[...]

MARKETING ALLGEMEIN

- Fachartikel Marketing
Joachim Knollmann stellt Aufsaetze zu vielen Marketingthemen bereit, von "Kundenansprache auf neuen Wegen" bis zu "Praxistipp Messenachbereitung".

http://www.gruenderlinx.de/marketing.html

- Leichter Verkaufen
Tipps und Texte zu Kundenselektion, zur Vorbereitung, Durchfuehrung und Nachbereitung von Kundenkontakten, zu Beziehungspflege, Auftreten und zum Internetverkauf.

http://www.gruenderlinx.de/marketing.html

[...]

PRODUKTION/KOSTENRECHNUNG

- Prozesskostenrechnung
Prozesskostenrechnung dient dazu, indirekte Leistungsbereiche als Kostenfaktor in die Kostenrechnung einzubeziehen. Eine Einfuehrung von Michaela Heidrich.

http://www.gruenderlinx.de/produktion.html

OUTSOURCING

- Outsourcing: wie, was, warum?
Eine Hausarbeit von Gregor Sliwa.

http://www.gruenderlinx.de/outsourcing.html

HANDELSRECHT

- Markengesetz
Das Markengesetz im Wortlaut.

http://www.gruenderlinx.de/handelsrecht.html

[...]

----

gruenderlinx.de - http://www.gruenderlinx.de/
Leserzahl: >5.500 (Stand: Juni 2000)
Anzeigenkontakt: mailto:bulang@akademie.de

Exemplar fuer: <[...]>
Archiv und Aenderungen:
http://www.kbx.de/cgi/lyris.pl?enter=gruenderlinx
Abmelden: Schicken Sie eine E-Mail an
leave-gruenderlinx-1164022H@liste.akademie.de
Ein Projekt von akademie.de -
http://www.akademie.de/
Copyright HRP GmbH 1999

***** Besuchen Sie den Sponsor unseres Newsletters
****
http://www.speedlink.de/click/glx

Beispiel eines gelungenen Newsletters mit kurzem textlichen Themen-Anriss plus Hyperlink: GruenderLinX Abo-Möglichkeit über http://www.gruenderlinx.de.

2. FAQ's (frequently asked questions): AVM

AVM, Hersteller der bekannten und beliebten Fritz! Cards ist auch beim digitalen Dialog Spitze: Hier mit häufig gestellten Produkt-Fragen plus der entsprechenden Antwort-Hyperlinks. So weiss AVM, welche Themen seine Kunden am brennendsten interessieren (www.avm.de).

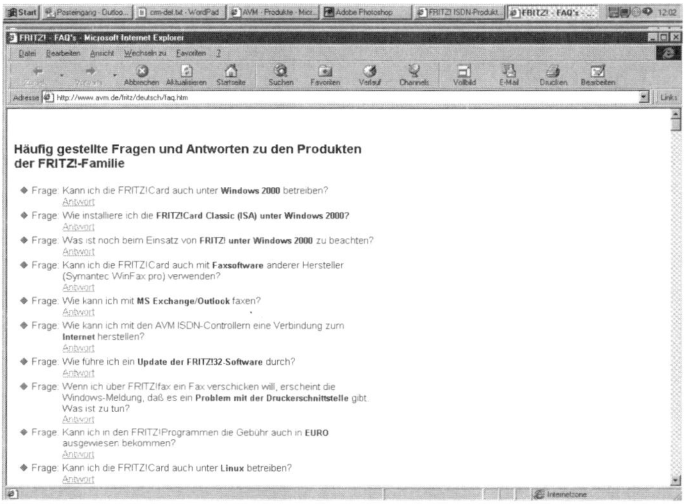

3. Web-Katalog: www.katalog-kiosk.de

Web-Kataloge sind speziell zusammengestellte, vorkonfigurierte Link-Verzeichnisse zu den unterschiedlichsten Themen. Hier ein spezieller Web-Katalog namens „Ad Guide" für den Bereich Internet Advertising, Marketing und eCommerce (www.adguide.de).

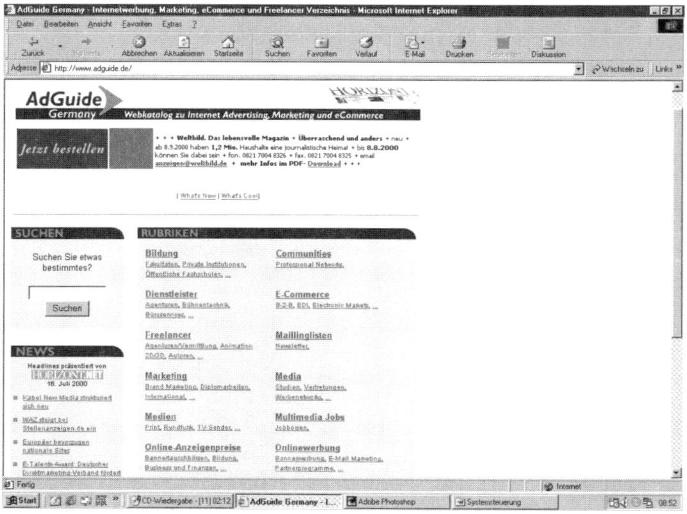

4. Suchmaschine: MetaGer

Einer der meistgenutzten „Super-Pfadfinder" für den deutschsprachigen Raum ist die Meta-Suchmaschine MetaGer, die wiederum andere Suchmaschinen nach bestimmten Kriterien durchforstet (www.metager.de).

5. Konfigurator: VOBIS

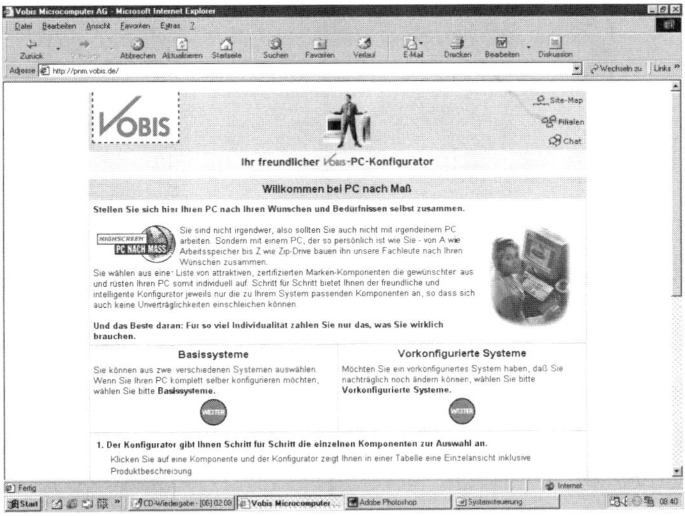

Für alle, die ihren PC selbst zusammenstellen wollen, bietet VOBIS einen Konfigurator an. Und erhält dadurch aussagekräftige Plan-Daten, welche Bestandteile besonders gefragt sind (www.vobis.de).

6. Kalkulator: SUNDIRECT

SUNDIRECT, einer der günstigsten Online-Versicherer, bietet hier einen Kalkulator in Form eines Tarifrechners, um ein Kfz-Versicherungs-Angebot unterbreiten zu können (www.sundirect.de).

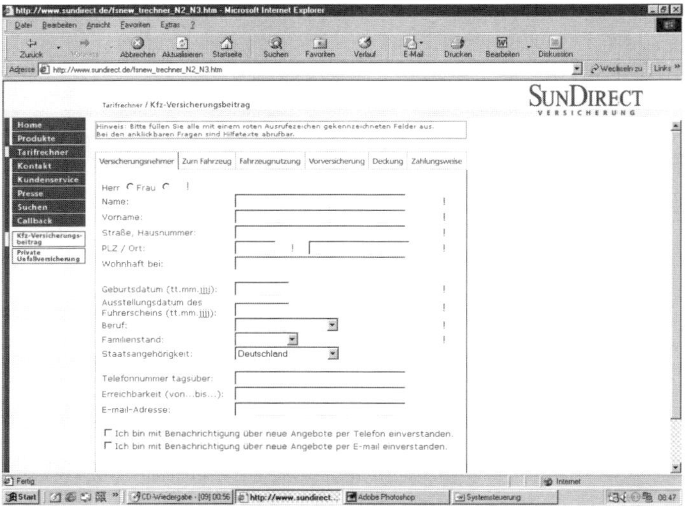

7. Formular: GERLING

Ein Formular für eine Wohngebäude-Versicherung des bekannten GERLING-Konzerns. Da hier ein eindeutiger Nutzen gegeben ist, wird so der „Filter" einer umfangreichen Daten-Eingabe überwunden (www.gerling.de).

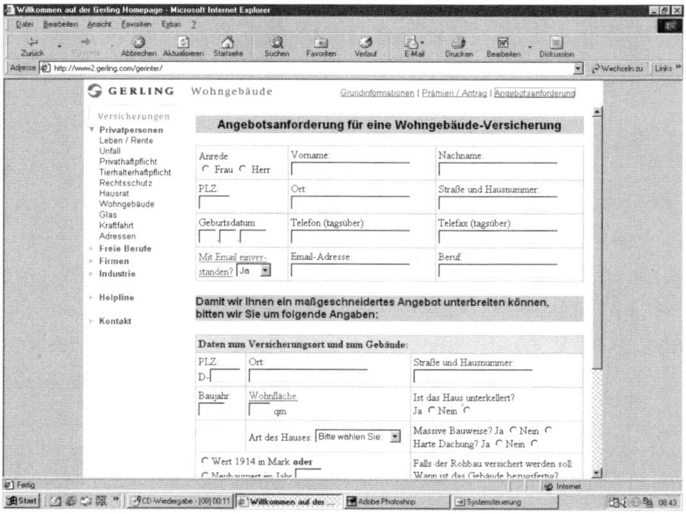

Wie Sie Kunden-Wissen systematisch zur Kunden-Bindung einsetzen

7

PERMISSION MARKETING - KAPITEL 7 ...

Kapitel-Abstract für Schnell- und Diagonal-Leser

Nur wer seine Kunden kennt, kann Botschaften verfassen, die garantiert „ankommen". In diesem Kapitel erfahren Sie, wie Sie Ihr Kunden-Wissen einsetzen, um Nachrichten zu schreiben, die von Ihren Kunden freudig erwartet werden. Machen Sie Ihre Kunden süchtig! Sie lernen, was Ihre Kunden interessiert und senden nur noch Botschaften, die erwünscht, relevant und persönlich sind.

Ja, so ein Laphand oder Palmheld das wäre genau das Richtige. Da könnte man noch abends vor dem TV oder unterwegs ... Gedacht, getan, denn mit dieser Idee ging ich schon längere Zeit schwanger.

Nach einigen informativen Blitz-Besuchen auf den einschlägigen PC-Sites will ich zuschlagen und mir so ein praktisches kleines Computer-Schoßhündchen zulegen. Das Modell hat sich bereits herauskristallisiert (Hebel-Backbord oder so ähnlich) und Tasten hat es auch. Denn mit einem lächerlich dünnen Stift alle Buchstaben zu malen, das kann beim Schreiben epochaler literarischer Werke ganz schnell ins elektronische Holzauge gehen.

Jetzt fehlt nur noch der beste Preis. Also rasch ein paar eShops „durchwühlt". Aha, bei XYZ spare ich doch gegenüber allen anderen - ohne Auktion oder Powershopping, Reverse oder doppelten Rittberger - glatte und satte 300 DM! Also gleich dem Warenkorb eins aufs Auge gedrückt, Klick- äh Kredit-Karte gezückt, Nummer eingegeben (SSL-verschlüsselt versteht sich) und ab damit - schnelle Lieferung garantiert.

Als ich nach den versprochenen drei Lieferzeit-Tagen immer noch ohne digitalen Begleiter einsam vor der TV-Mattscheibe sitze, surfe ich noch einmal die XY-Site an. „Schönen guten Tag, Herr Schwarz" werde ich namentlich begrüßt. Oh Wunder! Na, wenn die mich schon mit Namen begrüßen, dann haben die meine Bestellung längst ausgeführt und der Fehler liegt natürlich beim Paketdienst. Das klären wir doch sofort.

Aber: Fehlanzeige! Weder Tracking-System noch Kundenstatus-Übersicht vorhanden. Da bleibt nur noch eine eMail mit Problem-Schilderung und Aufforderung zur umgehenden Erledigung an die berühmte, weil besonders aussagekräftige info@XY.de-Adresse.

Als ich nach sieben einsamen Tagen weder eMail-Response noch Ware bekommen habe, greife ich zur letzten „Waffe": Der guten alten servicepflichtigen Hotline. „Uns liegt keine Bestellung vor" flötet eine „aufregende" Stimme am anderen Ende der langen XY-Leitung.

Blitzschnell läuft ein bedrohlicher Film in meinem Kopf ab: Ärger mit dem Kreditkarten-Unternehmen (Geld abgebucht, Ware nicht da), endlose elektronische und „snail-mail"-Elaborate, Beschimpfungen, Drohungen, der Gerichtsprozess, der Absturz ins soziale Nichts - Angstschweiss kriecht mir aus allen Poren.

Doch ich nehme es wie ein Mann, was sage ich - wie Arnold „himsölf"! Ich bestelle einfach dasselbe noch einmal. Und rufe gleich am nächste Tag besagte Hotline wieder an! „Ja, Ihre Bestellung ist bei uns eingegangen!" Ha! Die zuckersüßen Worte hör' ich wohl - allein mir fehlt der rechte Glaube. (Wie kann man nur so pessimistisch sein?)

Drei Tage später liegt mein neuer elektronischer Freund in chicem Bleue/Silber vor mir. Einmal bestellt, einmal gekommen und auch nur einmal bezahlt, wie sich zum guten Schluss dann herausstellt.

*Was bleibt ist ein fader Nachgeschmack, ein nützlicher Mini-Computer und ein nerviger, weil vor Eigen-Werbung und Fremd-Anzeigen strotzender eMail-Newsletter, den ich wohl gleich morgen per „opt-out" in seine digitalen Schranken verweisen werde. Denn ich kann mich nicht erinnern, diesem virtuellen Serien-„Täter"
Einlass gewährt zu haben ...*

Junge, komm bald wieder! Der Titel dieses Evergreens beschreibt kurz und treffend die leider auch heute noch überwiegende Haltung vieler Anbieter. Offline und Online nutzt man kaum die Chancen einer erhöhten emotionalen Bindung kurz vor und nach dem Kauf-Zeitpunkt.

In diesem Kapitel wollen wir deshalb diese besonders wichtigen Phasen näher beleuchten. Sie erfahren, wie Sie systematisch das gesammelte Kunden-Wissen mit Hilfe von Kundenkontakt-Programmen zu einer Bindung nutzen können, die „süchtig" macht.

Das Atom und des „Pudels Kern"

Im 2,2 Kilometer durchmessenden SPS-Ringbeschleuniger von CERN in Genf schleudert man fast mit Lichtgeschwindigkeit Elektronen und andere Kernteilchen aufeinander, um durch den Zusammenprall die alte Faust'sche Frage, was die Welt im Innersten zusammenhält, vielleicht irgendwann doch noch vollständig beantworten zu können.

Genauso „flüchtig" wie Elektronen, Pro-tonen und andere Kernteilchen sind heutzutage die Präferenzen und Wünsche potentieller Kunden. Es sei denn, diese werden mittels eindeutiger Nutzen-„Targets" sichtbar gemacht und durch ständige „Rückkopplung" zu immer persönlicher wer-denden Vorteils-Angeboten ver-schmolzen.

„Closed Loops" als Idealziel der Kundenbindung

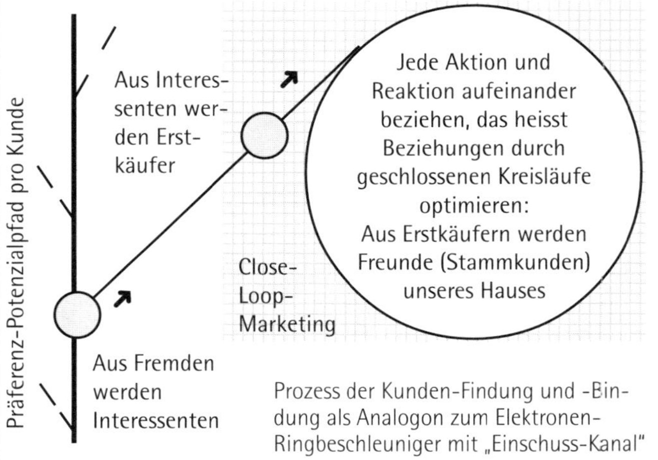

Prozess der Kunden-Findung und -Bindung als Analogon zum Elektronen-Ringbeschleuniger mit „Einschuss-Kanal"

Um zu erfahren, was des „Pudels Kern“ bei unseren Kunden-Beziehungen ist, müssen wir zum Glück keinen solchen Aufwand betreiben wie bei CERN. Aber das Prinzip ist ein ähnliches: Unsere Beschleuniger sind die verschiedenen Dialog-Instrumente. Unsere Detektoren sind die Rückmeldungen! Der Response zeigt uns an, welche Wünsche unsere jeweiligen Interessenten und Kunden „im Innersten“ zusammenhalten.

In den vorangegangenen Kapiteln haben wir einige Mittel und Wege kennengelernt, um aus Interessenten Erstkäufer werden zu lassen. Für eine dauerhafte Bindung bedarf es jedoch mehr. Dazu müssen spätestens nach der ersten Bestellung Kundenkontakt-Programme greifen, die das Vertrauen des Kunden in uns weiter festigen.

Wie Sie systematisch und mit Erfolg „Closed-Loop“-Beziehungen aufbauen

Warum Status-Meldungen besonders wichtig sind

Die Schwelle zur ersten Bestellung können Sie durch eine eindeutige Nutzen-Kommunikation via Permission-Leiter nicht nur senken. Sondern dann mittels relevanter und deshalb auch erwarteter Nachrichten zusammen mit einem schrittweisen Segmentieren von Kunden-Gruppen immer persönlicher werden lassen und dadurch überwinden.

Nehmen wir an, Ihr Kunde hat mit dem letzten Mausklick seine Bestellung abgeschickt. Genau hier sollte nun Ihr Kontakt-Programm einsetzen. Das bedeutet aber, dass ein einfaches „Dankeschön für Ihre Bestellung“ an dieser Stelle nicht genügt! Sondern Sie sollten bereits hier, bei der Bestell-Bestätigung, einen wichtigen „Roten-Faden“-Zusatz einfügen. So dass Ihre Bot-

Unabdingbar zur eindeutigen Zielgruppen-Segmentation ist das integrierte Zusammenspiel aller Kommunikations-Mittel und -Maßnahmen sowie deren digitaler Erfassung und Auswertung mittels Database und CRM.

Segmentations-Techniken („Targeting"):

Ziel dieser Targeting-Techniken ist natürlich dem individuellen Kunden das passende Angebot zum richtigen Zeitpunkt zu unterbreiten. Durch das Wissen um zumindest einige der im Folgenden genannten Kriterien:

- **Content-Kriterien**
Affinität zur Branche, zum angebotenen Produkt oder zur Produkt-Range. Über Suchmaschinen-Platzierungen und Banner-Werbung selektierbar. Zusätzliche Produkt-Informationen (zum Beispiel der Stiftung Warentest) oder Gratis-Test als Nutzen-Argument zur Wissens-Gewinnung.

- **Regionalen Kriterien**
Land- oder Stadt-Bewohner, Groß- oder Kleinstadt, Einkommens-Struktur der Region, der Stadt, des Stadtteils, der Straße. Die Postleitzahl als Angabe zur Nutzen-Gegenleistung „Übersicht regionaler Händler". Regionale Segmentierung und Geobusiness haben beim derzeitigen Boom-Trends „Mobile Electronic Commerce" („mCommerce") an Bedeutung zugenommen. Mit GPRS und später UMTS wird es dann regionalisierte Angebote direkt aufs Handy geben.

- **Zeitlichen Kriterien**
Geburts-, Namenstag, Weihnachten, Ostern, sonstige Feier- und Festtage (Kommunion, Konfirmation, Verlobung, Hochzeit), zeitlimitierte Angebote (Subskriptionspreis bei Büchern). Geschenk-Angebot per Auswahl-Maske nach verschiedenen Kriterien („Geschenke-Hits" für alle Gelegenheiten) abrufbar und als Wissens-Erweiterung geeignet.

- **Sozio-demographischen Kriterien**
Alter, Geschlecht, Einkommen, Familienstand, Zahl der Kinder. Zum Beispiel über angebotene Themen-Newsletters (Hyperlinks) eruierbar. Nutzen-Kommunikation: Spezielle Informationen (zum Beispiel zur kindgerechten Ernährung) regelmäßig erhältlich.

- **Lifestyle-Kriterien**
Typ, Hobbies, Freizeit-Gewohnheiten. Abenteurer-Typ oder „couch-potatoe"? Beispielsweise über News-Links („die coolsten Seiten im Netz"; „Helikopter-Skiing - die besten Gletscher-Angebote" ...) selektierbar.

- **Technik-Kriterien**
Wie ist der technische „Background" des (potentiellen) Kunden? Internet-User oder noch nicht? Welcher PC, welcher Browser, welches Handy? HiFi-Anlage, Dolby-TV-Set vorhanden? Welches Kfz? Meinungs-Umfragen zu technischen Themen oder zur Medien-Nutzung als Targeting-Instrument.

- **Psychologischen Kriterien**
Vom sogenannten „early adaptor" (psychologischer Typus), der immer die neuesten Trends und Produkte als Erster wahrnimmt und ausprobiert über den Meinungs-Multiplikator (zum Beispiel Redakteure) bis zum Nachahmer gibt es die unterschiedlichsten Einstufungs-Möglichkeiten und Nutzen-Argumentationen („NEU"; „Die beliebtesten CD's").

```
bestellstatus@amazo, 08:45 18.07.00 +0, Ihre Bestellung bei Amazon.de
Subject: Ihre Bestellung bei Amazon.de (#028-1263122-22853

To: schwarz@absolit.com
Subject: Ihre Bestellung bei Amazon.de (#028-1263122-2285362)
Date: Tue, 18 Jul 2000 01:45:13 -0700 (PDT)

Vielen Dank fuer Ihre Bestellung!

Nachfolgend haben wir zur Kontrolle Ihre Bestellung noch einmal
aufgelistet. Bei Fragen sind wir jederzeit fuer Sie da: Schreiben Sie
einfach an bestellstatus@amazon.de!

E-Mail-Adresse:      schwarz@absolit.com

Versenden an:        Torsten Schwarz
                     Gleiwitzer Str. 9a
                     D-68753 Waghaeusel-Wiesental

Tel.:                +49 7254 951700
-----------------------------------------------------------

1 "Dreißig ( 30) Minuten für die richtige Entscheidung."
 Jane Smith; Taschenbuch; zu je DM 9,80
     (Versandfertig in 24 Stunden)

-----------------------------------------------------------
Zwischensumme inkl. MwSt.:           DM 9,80
Versandkosten inkl. MwSt.:              0,00
                                     -------
MwSt. auf Artikel:                      0,64

Ust-Id.-Nr.: DE 17694347 6
Auf unserer Website koennen Sie jederzeit Ihr Konto
und den Status Ihrer Bestellungen einsehen. Gehen Sie einfach
zur Seite "Mein Konto" unter der Adresse:

http://www.amazon.de/exec/obidos/account-access-login/

Geben Sie dort Ihre E-Mail-Adresse und Ihr Passwort ein. Sie haben
hier auch die Moeglichkeit, Ihre E-Mail-Adresse oder Ihr Passwort zu
aendern oder sich fuer unsere E-Mail-Abos einzutragen. Hier koennen
Sie auch Bestellungen, die noch nicht an Sie versandt wurden,
stornieren.
```

Sofort nach Eingang der Bestellung wird diese automatisch per eMail bestätigt.

```
bestellstatus@amazo, 17:10 19.07.00 +0, Ihre Bestellung bei Amazon.de
Subject: Ihre Bestellung bei Amazon.de (028-1263122-2285362)

To: schwarz@absolit.com
Subject: Ihre Bestellung bei Amazon.de (028-1263122-2285362)

Unser Vertriebszentrum hat den unten stehenden Artikel soeben
verschickt! Die Sendung geht an:

      Torsten Schwarz
      Gleiwitzer Str. 9a
      D-68753 Waghaeusel-Wiesental
      Germany

Der Versand erfolgt ueber: Deutsche Post Buechersendung 1 business day.

Ihre Bestellnr. 028-1263122-2285362 (eingegangen 18. Juli 2000 10.45 MET DST)
----------------------------------------------------------------------
Bestellt  Titel                          Preis   Versandt   Zwischen-
                                                              summe
----------------------------------------------------------------------
1        Dreissig ( 30) Minuten fuer die  DM 9,80  1        DM 9,80
----------------------------------------------------------------------
                               Zwischensumme inkl. MwSt.:  DM 9,80
                                    Porto und Verpackung:  Ohne Berechnung
                                   Endbetrag inkl. MwSt.:  DM 9,80
                                 Enthaltene MwSt.: 7,00%:  DM 0,64

Ihre Bestellung ist damit vollstaendig ausgefuehrt.

-----------------------------------------------------------------

GUTSCHEINE ueber 10,- DM fuer Sie und Ihre Freunde mit der
Amazon.de Freundschaftswerbung!

http://www.amazon.de/freundschaftswerbung/

-----------------------------------------------------------------
Bei Fragen steht unser Kundenservice stets zu Ihrer Verfuegung.

Und so erreichen Sie uns:
-----------------------------------------------------------------------
E-Mail: bestellstatus@amazon.de
```

Sofort, nachdem die Ware das Lager verlassen hat, bekommt der Kunden eine automatische Statusmeldung

Es dauert sicher nicht mehr lange, dann bekommen Sie automatisch eine Status-eMail, wenn Ihre 20.000 km-Inspektion fällig ist oder wenn Ihr Heizöltank nur noch 500 Liter enthält.

schaft nunmehr zum Beispiel folgendermaßen lauten sollte: „Herzlichen Dank für Ihre Bestellung. Diese ist soeben bei uns eingetroffen. Sie werden über den Status Ihrer Bestellung bis zum Eintreffen bei Ihnen ständig auf dem Laufenden gehalten!"

Welche Nachrichten dann folgen, das ist natürlich stark abhängig von Ihrem Produkt und Ihrer Logistik. Wichtig ist, dass Ihr Kunde das Gefühl hat, dass sein Kauf-Entschluss richtig war. Deshalb senden Sie Kaufbestätigungs-Signale bereits in dieser frühen Phase. Ja, Sie können sogar noch weiter gehen und - je nach Angebot - auch in diesem Stadium die Response Ihres neuen Kunden in Ihr Konzept mit einbeziehen.

Beispiel eines Status-Kontaktprogramms aus der PC-Branche

Ihr Kunde hat sich soeben mit Hilfe Ihres PC-Konfigurators (siehe letztes Kapitel) seinen Wunsch-PC online zusammengestellt und den entscheidenden „Abschicken"-Button angeklickt.

1. Rückmeldung für Erstkäufer: „Herzlichen Dank für Ihre Bestellung. Wir haben diese Bestellung soeben entgegengenommen und werden Sie nun ständig über den genauen Liefer-Status informieren, bis Ihre Bestellung bei Ihnen eintrifft."

2. eMail (4 Stunden später): „Gerade wird Ihr neuer XY-Computer im Werk nach Ihren Wünschen zusammengestellt und konfiguriert. Es dauert nicht mehr lange."

3. eMail (2 Stunden später): „Ihr Computer ist fertig zusammengebaut, wurde soeben verpackt und verlässt gerade per UPS unser Werk."

4. eMail (30 Minuten danach von UPS): „Ihr Paket wurde von uns aufgenommen und ist bereits unterwegs zum zentralen Versandlager in Frankfurt."

5. eMail (UPS; 1 Stunde später): „Guten Tag. Ihr bestellter Computer ist soeben in unserem Zentrallager angekommen. Er wird morgen gegen 10.30 Uhr bei Ihnen eintreffen."

6. eMail (UPS; am nächsten Tag 10.33 Uhr): „Sehr geehrter Kunde, Ihr Paket wurde vor 3 Minuten von Ihrem Pförtner in Empfang genommen und müsste jeden Moment bei Ihnen eintreffen. Herzlichen Dank für Ihre Bestellung und Ihr Vertrauen auch im Namen von XY (Ihr Firmenname)."

Ein übertriebenes Beispiel, was mit elektronischer Kommunikation heute möglich ist? Doch bedenken Sie: Status-Meldungen gehören zu den beliebtesten persönlichen, erwarteten und vor allem auch relevanten Nachrichten und sind deshalb ein optimales Instrument, gleich nach der ersten Bestellung das zarte „Pflänzchen" der Kunden-Beziehung zu festigen.

HTML-Mails - das Ende der klassischen eMails?

Ob Status-Meldungen oder Newsletter - der heutige Standard beim eMail-Versand sind einfache Text-eMails: Nicht besonders schön, aber informativ. Was Sie tun können, um das etwas triste Erscheinungsbild dieser trockenen „Text-Wüsten" dennoch etwas aufzulockern wurde in Kapitel fünf vorgestellt.

Wesentlich mehr Möglichkeiten als diese reinen Text-Mails bieten Ihnen neuerdings die sogenannten HTML-Newsletter, also elektronische Briefe im Webseiten-Format HTML. Durch die damit verbesserten grafischen Gestaltungs-Möglichkeiten kann damit Ihr Newsletter beispielsweise durchaus auch den Charakter einer Kunden-Zeitschrift annehmen.

Diese grafisch „aufgepeppten" HTML-Newsletter oder eMails können zwar (noch) nicht von allen Empfängern gelesen werden, sind aber bei all denen, die sie bereits empfangen können, naturgemäß sehr viel beliebter.

HTML-Mails sehen aus wie Webseiten und erreichen derzeit circa zwei- bis dreimal so hohen Response wie klassische Text-eMails. Warum also alles nur in Schwarz auf Weiss statt in Farbe?

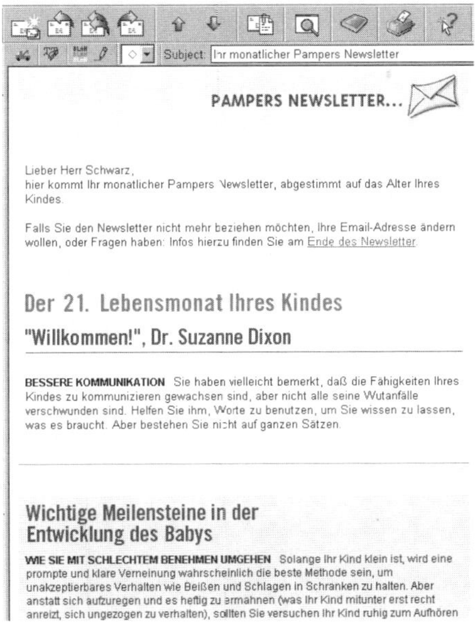

Beispiel eines formatierten, farbigen HTML-Newsletters

Moderne Mail-Programme bieten die Auswahl-Option, ob eine Nachricht nur als Text oder in HTML oder auch in beiden Formen übertragen werden soll. Solche Programme erkennen bereits beim Abonnieren eines eMail-Newsletters, welche eMails Ihr Kunde lesen kann.

Leider bedeuten HTML-eMails derzeit doppelte Arbeit: Nicht alle können sie lesen, und deshalb muss alles sowohl als Text als auch in HTML geschrieben werden. In den USA können 40% aller eMail-Nutzer derzeit HTML-Mails lesen, bei uns sind es etwa 30%. Auch herrscht nicht überall Begeisterung für flimmernde Bilder und lange Ladezeiten: Umfragen unter Lesern bestehender Text-Newsletter ergeben oft, dass die Leser eher einen Informations-orientierten Text-Newsletter bevorzugen. Aber es muss nicht bei HTML-eMails allein bleiben!

Rich-Media: Videothek per eMail

„Rich-Media" bedeutet, dass nicht nur Texte versandt werden, sondern auch Bilder, Sprach- oder Musikdateien und auch komplette Videosequenzen. So prognostizieren die Marktforscher von Forrester denn auch, dass in fünf Jahren mindestens 92% der Surfer „Rich-Media-eMails" bevorzugen werden.

Natürlich ist es spannender, wenn die Vorschau zu dem aktuellen Film nicht als reine Textnotiz, sondern live zum Ansehen kommt. Völlig neue Kunden-Bindungsprogramme für Kinos und Videotheken werden denkbar, wenn anschliessend die angepriesenen Filme auch noch via Internet heruntergeladen werden können. Dies wird angesichts besserer Komprimierungstechnik und höherer Bandbreiten vielleicht schon in sehr naher Zukunft möglich sein. Ein Beispiel dazu finden Sie unter http://216.122.100.249/pub/RDexs/browstrp.htm (einfach die PLAY-Taste drücken).

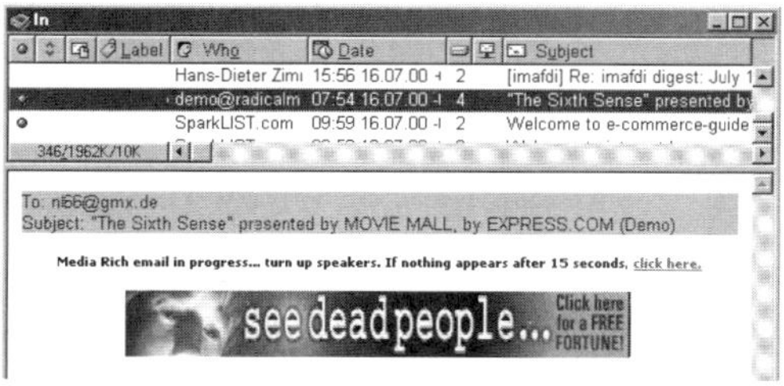

Beispiel für Videosequenzen via eMail und WWW

Wie Sie auch heute schon ansprechende eMails senden.

Natürlich kann nicht jede eMail wie ein Fernsehspot produziert werden. Auch ohne aufwändige Video-Technik gibt es schon heute Möglichkeiten, animierte eMails herzustellen, die Kunden süchtig machen und fast jeden zum neugierigen Klick verführen: Flash-Mails!

Die Erfolgsstory von Macromedias Software „Flash" liest sich fast wie ein Märchen: Die schöne Prinzessin HTML träumte davon, ihre zahlreichen Botschaften möglichst vielseitig und abwechslungsreich dargestellt über das World Wide Web verbreiten zu können. Da kam der berühmte Frosch und versprach, sie in genau diese spannende farbenfrohe Welt zu entführen. Sie küsste den Frosch, und er verwandelte sich in - Flash! Und fortan wurde alles bunter und bewegter, einfach faszinierend!

So schön das Märchen, so vielseitig und interessant ist dieses Design-Tool (mittlerweile in der Version 5.0) für den Einsatz im eMail-Marketing.

Flash-Mails schaffen Erlebniswelten. Mit Flash können lebendige, interaktive Websites gestaltet werden, die bewegte Bilder, Sprache oder Musik auf den Bildschirm holen und damit die statische Welt der HTML-Seiten ergänzen. Diese Art von Animation setzt sich nicht grundlos immer mehr im Internet durch. Schliesslich gehören bewegte Bilder, eingebunden in eine Story, dem Drehbuch zum jeweiligen Thema, durch Film und Fernsehen zu unseren alltäglichen Sehgewohnheiten.

Der persönliche Infospot via Internet?

Um eine Selbstdarstellung möglichst kreativ, mediengerecht und informativ zu gestalten, reichen Texte und statische Bilder allein nicht aus. Nur zu schnell verliert der Betrachter das Interesse am rein passiven Betrachten.

Durch dynamisch animierte Webseiten jedoch kann er länger und effektiver am Bildschirm gehalten werden. Zwar hat der Betrachter eine ähnlich „gebannte" Position inne wie vor dem Fernseh-Gerät, aber er kann eben interaktiv in den Informationsspot eingreifen.

Durch einen funktionalen und unterhaltsamen Auftritt wird durchschnittlich eine deutlich längere Aufenthaltsdauer des Besuchers auf der Webseite erzielt. Mit sehr geringem Aufwand - der Download des Flash-Plug-Ins dauert nicht lange, ist kostenfrei und für jeden Internet-User einfach zu handhaben - erhält er eine individuell wirkende und detaillierte Produktinformation.

Der Weg, Erlaubnis zu erhalten!

Mit diesen mehr Aufmerksamkeit erzeugenden Flash-Mails lässt sich nach dem AIDA-Modell eine hohe Werbewirkung erzielen: Attention (Wirkung sehr hoch: Neugier, Innovation); Interest (sehr hoch: multimediale Anwendung, interaktiv); Desire (hoch: gute Präsentation, gutes Produkt, Lust auf mehr); Action (sehr hoch: interakiv, schnell, positiv-anerkennend).

Durch integrierte Response-Elemente lassen sich Kundendaten aktualisieren und durch weitere One-to-One-Instrumentarien, zum Beispiel „Callings", die Daten verifizieren. So entsteht ein verdichtetes, per Database angelegtes Kundenprofil über den gesamten Geschäfts-Lebenszyklus.

Der grosse Vorteil für ein Unternehmen besteht darüberhinaus auch in folgendem Nutzen-Effekt: Innerhalb des erstellten Flash-Designs können unterschiedliche Inhalte für mehrere Mailingaktionen eingepflegt werden! Diese sogenannten Template-Lösungen ermöglichen es, hinter einem Masterdesign mehrere Mailing-„Campaigns" mit unterschiedlichen Inhalten zu realisieren. Diese hohe Flexibilität auf der Anwenderseite sowie die interessante und effektvolle audio-visuelle Darstellung auf der User-Seite zeichnen also Flash-Mails aus.

Ein Flash-Mail-Beispiel:

Diese Szene bietet dem Empfänger die Möglichkeit zur Kontakt-Aufnahme mit dem Versender.

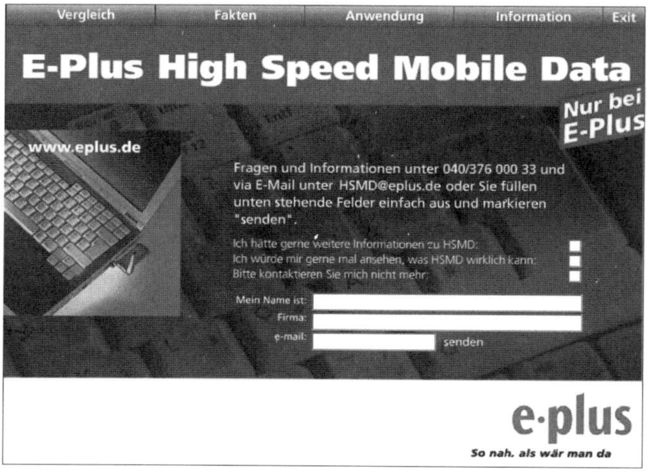

Der Empfänger kann seine weiteren Wünsche bezüglich des Produktes (weitere Informationen, Vorführung des Tools, keine weiteren Informationen) detailliert an den Versender weitergeben. Diese Vorgehensweise ermöglicht einen qualitativ hochwertigen Umgang mit dem Kunden.

Flash-Animation per eMail: Durch einen animierten Vergleich, der abläuft, wenn die Mail geöffnet ist, wird der Empfänger auf die Thematik eingestimmt und neugierig gemacht.

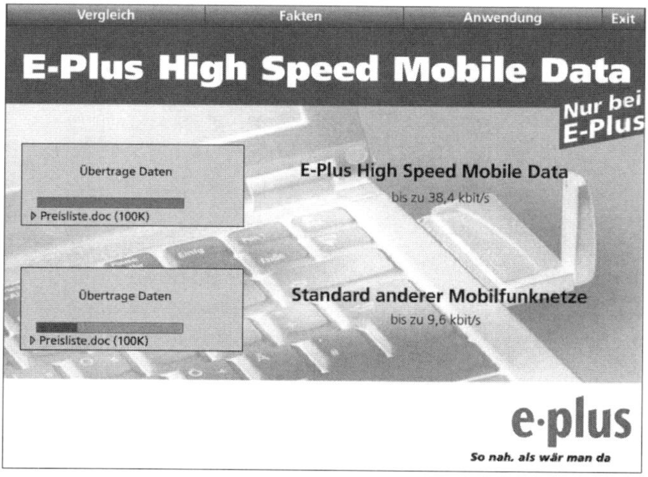

In diesem Fall wird eine Datenübertragung mit 2 verschiedenen Tools simuliert, bei der das angepriesene Tool eindeutig schneller ist.

8 Tips, wie Sie Ihre Kunden süchtig machen:

1. Segmentieren Sie Ihre Kunden:
Sammeln Sie Wissen über Ihre Kunden und nutzen Sie dieses, um Gruppen mit ähnlichen Interessen zu bilden, die Sie dann persönlicher ansprechen können.

2. Senden Sie individuelle Statusmeldungen:
Nutzen Sie die Segnungen elektronischer Kommunikation, indem Sie mit Statusmeldungen individuelle Botschaften versenden, die Vertrauen erzeugen.

3. Entwickeln Sie ein Kontaktprogramm
Machen Sie von der ersten Statusmeldung bis zu Cross-Selling-Angeboten einen systematischen Kontaktplan für jedes Kundensegment.

4. Bieten Sie Kunden die Chance zur Kontaktaufnahme
Nutzen Sie jede Möglichkeit, Kunden aufzufordern, sich bei Ihnen zu melden. Dies kann ein Anruf bei einer 800er Nummer sein, eine Rück-eMail, ein Online-Chat oder allgemein der Kontakt zu Ihrem „Customer Interaction Center".

5. Nutzen Sie Rich-Media-eMails
Nichts gegen Informations-orientierte eMails , aber ein Appell an die Sinne in Form einer Flash-Animation oder eines Kurzvideos per eMail erfreut jede Beziehung.

6. Seien Sie schneller
Das Besondere an elektronischen Mailings ist, dass die Zeitspanne von der Idee in Ihrem Kopf bis zur fertigen eMail im Arbeitsplatzrechner Ihres Empfängers auf wenige Minuten reduziert ist. Wenn Sie Glaser sind, bieten Sie Ihre Scheiben doch direkt nach einem Wirbelsturm an.

7. Etablieren Sie ein Bonus-Programm
Das Rabattmarkensystem erlebt im Internet ein Revival, weil die Verwaltungskosten entfallen. Bieten Sie Ihren treuesten Kunden etwas Besonderes. Sogar durch das Anklicken von Hyperlinks in einer eMail können Sie heute schon Treuepunkte sammeln lassen.

8. Lassen Sie Ihre Kunden für Sie werben
Das Internet eröffnet völlig neue Möglichkeiten für Kunden-Empfehlungs-Programme. Lassen Sie Ihre Kunden mit interessanten eCards für Sie werben.

Was Sie direkt nach dem Eintreffen der Bestellung tun sollten

Nach dem Eintreffen der Bestellung beginnt unsere nächste Kontakt-Phase. Es sind beim Kunden jetzt folgende Möglichkeiten denkbar: Es ist alles so, wie es sein soll. Oder es gibt Probleme der verschiedensten Art. Vom defekten Gerät bis zum fehlenden Zubehör, von der zu komplizierten Bedienungs-Anleitung bis zu den berühmten zwei „linken" Händen Ihres Kunden.

Was tun Sie deshalb? Richtig! Sie werden unmittelbar nach dem Kauf Response generieren. Und sich erkundigen, ob alles seine Richtigkeit hat, ob alles funktioniert, ob alles so ist, wie der Kunde es sich gewünscht hat. Und - falls wider Erwarten Probleme auftreten - Ihrem Kunden wiederum eine sofortige Rückmelde-Möglichkeit bieten, seinen eventuellen Kummer, aber auch seine wahrscheinlichere Freude mitzuteilen.

Nicht nur nach dem Eintreffen bestellter Ware sondern auch nach dem Abruf von Informationen oder nach dem Download von Gratis-Software und Test-Versionen sollten Sie die sich dabei bietende hervorragende Response-Chance nutzen.

> Dear Peter,
>
> Thank you for downloading our demo version of PC MACLAN for Windows NT/2000 the leading Windows-based solution for PC-to-Mac connectivity. This download demonstrates all of the award-winning features our software offers to assist you in making your purchase decision.
>
> I will be contacting you via email in a week or so to make sure that everything ran smoothly. If you should experience any problems curing the installation of the demo, please feel free to visit our Technical Support Website at http://support.miramarsys.com/techsupp/ or email support@miramarsys.com. We also offer limited technical support for our demo products at 1-805-965-5161 (Monday-Friday, 8am-5pm PST). We look forward to serving you.
>
> Sincerely,
>
> Daryl Bulthius Customer Service/Sales Executive
> darylb@miramarsys.com (800) 862-2526 Ext. 170

Ob Sie diese Response-Möglichkeit über Ihre Web-Site per Check-Box bieten oder noch schneller und direkter per Segmentations-Hyperlinks (siehe letztes Kapitel) in einer eMail, das bleibt Ihnen überlassen. Das Wichtigste ist zunächst einmal, die Vertrauensbasis weiter zu festigen. Und durch eine solche Nachfrage auch eventuelle negative Eindrücke auffangen und ins Positive umkehren zu können. Wenn dieser unmittelbare Kaufzeitpunkt glücklich überstanden ist, dann bitten Sie in der nächsten Phase Ihren Kunden nach ein paar Tagen um eine detaillierte Meinung zum bestellten Produkt.

Dazu haben Sie wieder mehrere Möglichkeiten, die durchaus auch solche Offline-Instrumente wie Doppel-Postkarte (abtrennbare Rückantwort als Response-Element), Fax, SMS oder telefonische Befragung mit einschließen, falls Ihr Kunde Ihnen dazu die Erlaubnis gegeben hat. Sie sollten allerdings bei den letztgenannten Möglichkeiten streng auf das „Updaten“ Ihrer Database mit den jeweils aktuellsten Kunden-Informationen achten.

Diese Umfrage erfüllt einen doppelten Zweck: Zum einen verstärken Sie durch diese Meinungs-Plattform die Kunden-Bindung. Zum anderen generieren Sie zusätzliches Wissen, mit dem Sie ähnlich gelagerte Kunden-Wünsche noch besser zu erfüllen. Indem Sie zum Beispiel die Auswahl erleichtern oder passende Zusatz-Angebote offerieren können.

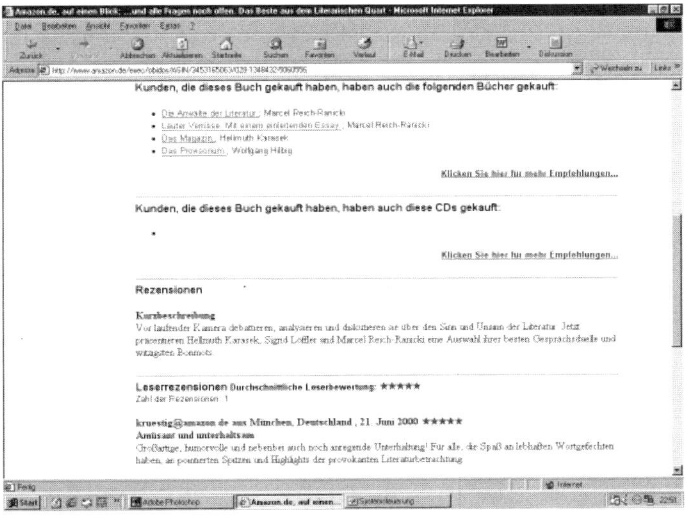

„Feedback Loops“ als Teil einer „learning relationship“ zwischen Anbieter und Nachfrager sind für Amazon (www.amazon.de) integraler Bestandteil der Unternehmens-Philosophie. Zum Beispiel durch eine Kunden-Bewertung von Büchern, durch die dann wiederum individualisierte Angebote ermöglicht werden.

Wie Sie mit einem „After-Sales"-Programm die Kunden-Bindung weiter verstärken

Nach diesen kurzen Beispielen ist klar, was Sie, abhängig von Ihren individuellen Anforderungen (Angebot, Logistik, Service, Branche), tun sollten: Unabdingbar ist in jedem Fall ein durchgängiges Konzept, mit dem Sie Ihren Kunden von der ersten Bestellung bis zum Folgekauf begleiten sollten.

Ideal, weil besonders kostengünstig und konkurrenzlos schnell ist als Basis-Medium Ihres Kunden-Bindungsprogramms natürlich eMail. Hier können Sie in Zusammenarbeit mit Logistik, Service und Call-Center auch relativ problemlos vernetzte Web-Strukturen schaffen, mit der eine lückenlose medienübergreifende Kommunikation plus Rückkopplung mit Ihren Kunden realisiert wird. Dabei können Sie mit Hilfe Ihres Call-Centers zusätzliche Interaktions-Mechanismen (siehe Kas-

Beispiel eines Kunden-Kontaktprogramms für die Automobil-Branche

Wichtig bei allen Kontakt-Programmen ist natürlich das Wissen um die verschiedenen produkt-abhängigen Zyklen. So zum Beispiel der Produkt-Lebenszyklus sowie Informationen darüber, nach welcher Zeit durchschnittlich Ersatz- oder Reparatur-Bedarf besteht.

Zeit in Jahren nach Erstkauf

0
- Welcome-Package
- Fragebogen zur Kaufzufriedenheit
- Kunden-Zeitschrift
- Freundschafts-Werbeaktion
- Kunden-Zeitschrift

1
- Kostenloser Garantie-Check
- Kunden-Bindungsmessung
- Kunden-Zeitschrift
- Sonder-Angebot „Winter-Check"

2
- Zufriedenheits-Check
- Kunden-Zeitschrift
- Einladungs-Aktion
- Frühjahrs-Check
- Kunden-Zeitschrift
- Erinnerung Termin Hauptuntersuchung

3
- Kunden-Bindungsmessung
- Angebot „Probefahrt"
- Kunden-Zeitschrift
- Zufriedenheits-Check
- Finanzierungs-Angebot
- Kunden-Zeitschrift

4

Ein solches in einen Ablauf-Plan gegossenes Konzept mit Kontroll-Mechanismen ist zur Durchführung von After-Sales-Maßnahmen unabdingbar.

Exkurs: Interaktion per Call-Center und Internet optimieren
Gerade bei modernen Technologien wie eMail oder Internet-Chats erwartet der User eine umgehende Rückmeldung seines Ansprech-Partners. Hier können Sie in Zusammenarbeit mit einem Call-Center Ihre Kommunikation durch intelligente Technik-Verknüpfung wesentlich beschleunigen.

Text-Chat: Schnelles Online-„Frage-und -Antwort-Spiel".

Call-me: Formular-Abruf per Web-Button plus anschließender Rückruf eines Call-Center-Mitarbeiters.

Call-back: Zeitgleiche Internet-Sitzung mit Call Center-Telefongespräch (ISDN oder zweite Analog-Amtsleitung beim Kunden nötig).

Voice-over-IP: ISDN-Leitung dient zum parallelen Surfen und Telefonieren (multimediafähiger PC incl. Soundkarte und Headset).

Video-over-IP: Zusätzliche Bildverbindung zum Call Center-Agenten.

Collaborative-Browsing: Gemeinsames Surfen von Kunde und Call Center-Mitarbeiter. Letzterer kann wie in der Fahrschule die Maus des Kunden führen und so Hilfestellung leisten.

Document-Sharing: Formulare können gemeinsam betrachtet und auch von beiden Teilnehmern ausgefüllt werden.

Immer mehr verschmelzen vorher getrennt agierende Bereiche wie zum Beispiel Call-Center und Internet zu neuen wirksameren Instrumenten.

ten) wie etwa Chats oder Call-back-Buttons genauso integrieren wie zum Beispiel auch einen bereits besprochenen automatischen eMail-Beantworter. Dabei werden auf eine eMail-Anfrage standardisierte Antworten verschickt, die sich auch am Auftreten einzelner Schlüsselworte orientieren können.

Vorsicht ist jedoch geboten, wenn mit automatischen Antworten gearbeitet wird. So kann leicht auf eine Kunden-Beschwerde mit der Antwort „Wir danken für Ihre freundliche Nachricht und ..." geantwortet werden, und der Kunde meint, er wird auf den Arm genommen.

Sinnvoll können automatische Antworten jedoch sein, wenn der Autohändler eine eMail-Adresse „Gebrauchtwagenangebote@autohaus-lux.de" einrichtet, bei der aus der Datenbank heraus automatisch eine eMail mit den aktuell verfügbaren Gebrauchtwagen-Angeboten generiert wird. Oder der Heizöl-Lieferant, der eine automatische eMail-Adresse „Tagespreise@oel-meier.de" einrichtet, in der er über die Tagespreise informiert.

Generelle Aussagen, wie nun Ihr individuelles „After-Sales"-Kontaktprogramm ganz konkret auszusehen hat, lassen sich natürlich nicht treffen.

Das Wichtigste ist aber zunächst, eine reibungslose Kommunikations-Plattform in Ihren Unternehmens-Ablauf zu integrieren. Denn eines ist sicher: Der Kunden-Kontakt wird zunehmend multimedial. Sei es, dass neben das Telefon immer mehr das Internet als Kommunikationsweg tritt oder dass außer Sprache zunehmend auch ein Bewegt-Bild des Gesprächs-Partners mit übertragen werden kann.

Erfahrene Online-Anbieter wie Dell Computer, die jeden Tag 40 Millionen US-Dollar Umsatz im Web machen, sorgen hier vor. Auf jeder Web-Seite steht eine Telefon-Nummer, über die verzeifelte Kunden auch persönlich bedient werden können. Und selbstverständlich sind für Dell-Kunden jederzeit auch Zwischen-Lösungen nutzbar: Online-Fragen und Diskussions-Foren werden immer von einem realen Dell-Mitarbeiter begleitet, der individuell Auskünfte erteilen kann.

An welchen Stellen dann Ihr Kunde wie und mit welchen Instrumenten Zugriff bekommt, das entscheiden Sie mit Ihrem unternehmensspezifischen Konzept. Weil Sie als „Insider" in Ihrer Branche und in Ihrem Unternehmen die Abläufe am besten kennen. Wobei der eMail-Technik aber noch aus einem weiteren Grund der Vorzug gegeben werden sollte.

Nicht die Großen werden die Kleinen fressen, sondern die Schnellen die Langsamen

Die beste Marketing-Chance haben Sie immer dann, wenn Sie ein Monopol innehaben. Sei es durch einen einzigartigen Produkt-„USP“, ein Patent, eine ausgeklügelte Logistik oder eine völlig neue Markt-Idee. Wir sprachen an früherer Stelle schon darüber.

Doch die Chance auf ein traditionelles Monopol nach den eben angesprochenen „Strickmustern“ wird angesichts der Konkurrenz in jeder Branche und der schier grenzenlosen Ideen-„Wut“ im und durch das World Wide Web immer seltener. Aber zeitlich befristete Trend-Monopole könnten auch für Sie zum Wettbewerbs-Faktor Nummer eins im neuen Jahrtausend werden. Und auch hier kommt eMail als adäquates Marketing-Instrument ins Spiel.

Unerwartete Schachzüge haben dann eine Chance, wenn sie auf fundiertem Wissen beruhen und innerhalb eines dazu geschaffenen Konzeptes kurzfristigst zur Anwendung gelangen. Das Know-how bekommen Sie durch eine ständige Kommunikation mit dem Trend-„Scout“ schlechthin - eMail und eMail-Newsletter.

Wenn Sie morgens gegen 9.00 Uhr einen Newsletter „loslassen“, dann haben Sie nach drei Stunden schon die ersten Reaktionen. Und können ungefähr abschätzen, ob eine der darin enthaltenen Botschaften oder Nachrichten sich zum brandheißen, hochinteressanten (Trend-) Thema bei Ihren Kunden „hochschaukeln“ wird.

Marktforschung in Echtzeit: Senden Sie morgens eine eMail und Sie wissen mittags, welche Themen im Trend liegen.

Durch einen per eMail-Newsletter realisierten permanenten Dialog mit den Markt-Teilnehmern, Ihren Kunden und Interessenten, aber auch Ihren Partnern, haben Sie es also in der Hand, kommende Trends früher als andere aufzuspüren. Das Konzept dazu kann beispielsweise lauten: Permanente Kurz-Umfragen via Hyperlinks regelmäßig in Ihre Newsletters zu integrieren. Und dann gilt es nur noch, rasch zu handeln ...

Was für Trend-Monopole gilt, ist auch bei der Kunden-Bindung richtig und wichtig: Durch permanente Kontakt-Erlaubnis und Offenheit Vertrauen schaffen, eine Vertrautheit und damit Präferenzen für Ihr Angebot und Ihren Service herstellen.

Hier sollten Sie allerdings im Gegensatz zum kurzfristig zu realisierenden Trend-Monopol einen längeren Atem haben. Und auf langfristigere, weil dann um so erfolgreichere Bindungen abzielen. Zumal bei diesem Prozess eine besondere psychologische Komponente, die wir schon im ersten Kapitel angesprochen haben, eine große Rolle spielt.

Wodurch Sie emotionale Wechsel-Barrieren aufbauen

Die unbewusste Furcht vor allem Neuem, weil Fremdem und Unbekanntem können wir bei Neukunden mittels Dialog-Techniken, Vorteils-Versprechen und einer Permission-Strategie Schritt für Schritt in ein Vertrauens-Verhältnis umwandeln.

Gleichzeitig spielt sich parallel dazu ein weiterer wichtiger Prozess ab, der für unsere Kunden-Bindung eminent wichtig ist. Je vertrauter wir unserem neuen Kunden werden, desto geringer die Wechsel-Wahrscheinlichkeit zu einem anderen Anbieter! Dieser „Lock-in“-Prozess wird uns an einem Beispiel aus „good old England“ vielleicht am besten deutlich.

Nehmen wir an, Sie haben als englischer Lord im besten Mannesalter seit Jahrzehnten auch einen diskreten und absolut zuverlässigen Butler, der für Ihr Wohlergehen so gut wie unentbehrlich geworden ist. Denn es braucht keine langen Erklärungen, wie Sie Ihr Frühstück einnehmen wollen oder welche Garderobe Sie bei Empfängen bevorzugt tragen sollten ...

Würden Sie diesen Butler, der ja bis auf gewisse „Standesunterschiede“ fast zum Freund geworden ist, ohne Not von heute auf morgen gegen einen fremden Diener tauschen wollen?

Der logische Umkehrschluss kann deshalb nur lauten: Lassen Sie Ihr Angebot zum persönlichen Butler, zur „Tante Emma“ Ihrer Kunden werden!

Im „Tante Emma“-Laden um die Ecke wurde man früher ganz persönlich bedient. Je öfter Sie dort einkauften, desto stärker war ein „Lock-in“ durch das vorhandene Wissen über Sie, über Ihre Interessen und Vorlieben, das weit über das normale Angebot oder allgemeine Wetter-Themen hinausging.

Und wie beim englischen Lord brauchte man keine langen Erklärungen abzugeben: „Ja, der Herr Schwarz nimmt heute wieder seine geliebten Nudeln mit, gell?“ So konnte man den Aufenthalt bei „Tante Emma“ noch angenehmer gestalten. Indem man zum Beispiel die neuesten Neuigkeiten austauschte oder unisono wie ein griechischer Chor den Kopf schüttelte über den ach so üblen Tratsch anderer Leute - Anwesende natürlich ausgenommen ...

„Lock-in“ durch Wissen ist also ein wichtiges Bindungs-Kriterium: Je mehr Sie über den einzelnen Kunden wissen, desto individueller können Sie ihn bedienen und desto höher die emotionale Wechsel-Barriere!

„Lock-in“ durch Technik wäre ein anderes Bindungs-Merkmal, das den Willen zum Wechseln schwinden lassen kann. Das heisst, durch die gewachsene Vertrautheit mit allen Abläufen Ihres Unternehmens - von der eShop-Navigation bis zur Bestellung - steigt die emotionale Barriere, zu einem anderen Anbieter zu wechseln. Und je weiter Ihr Kunde auf der Permission-Leiter nach oben klettert, desto höher wird diese Wechsel-Barriere werden.

Hier sollten Sie noch mehr tun und Ihrem „König Kunden" durch die Eingabe eines von ihm gewählten Passwortes einen exklusiven, schnellen und einfachen Zugang zu Ihrem Angebot verschaffen. Ganz so wie der berühmte Direktoren-Fahrstuhl in manchen Groß-Unternehmen, der ausschließlich zur Benutzung durch die oberste Führungsebene gedacht ist.

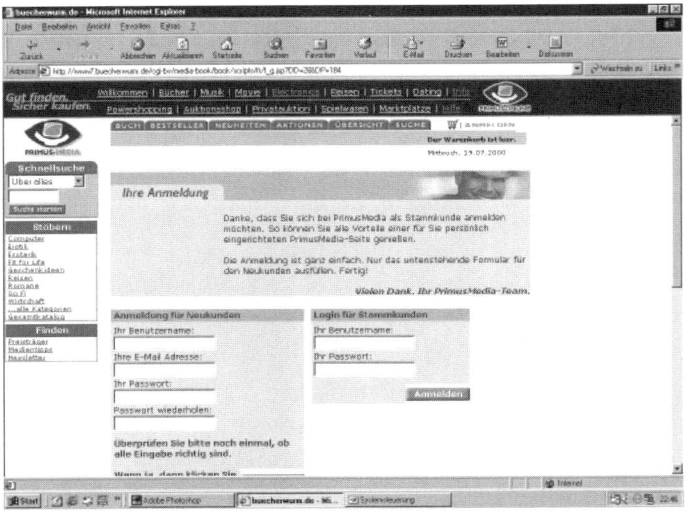

Dank persönlichem Passwort bekommen Kunden einen exklusiveren Status und können mit relevanteren Angeboten versorgt werden.

Doch nicht nur beim Lock-in durch Technik soll der Kunde wieder König sein. Nein, wir bieten seiner Majestät auch allüberall zusätzliche Belohnungen an, wenn er uns die Gnade seiner Aufmerksamkeit gewährt - was übrigens weder ironisch noch sarkastisch gemeint sein soll. Denn die heutige Konkurrenz-Situation zwingt uns eben auch zu weiteren Maßnahmen, um unsere Kunden-Bindung verstärken zu können.

Wie Sie Bonus- und Loyalitäts-Programme richtig einsetzen

Von Mäusen und Meilen

Wo wir früher bei „Kaiser's" noch unsere Rabattmarken sorgsam in unser Rabatt-Büchlein klebten, genügt heute ein Mausklick oder die entsprechende Bonus-Card mit und ohne Zahlfunktion.

Ob durchs Tanken, Fliegen, Essen- oder Kinogehen, online oder offline - Punkte gibt es inzwischen so gut wie für fast alles. Das Handling ist dementsprechend ebenfalls ganz einfach: Maus oder Kartenleser genügen, schon sind „Miles", „eBuxx" und Konsorten auf unserem Konto gutgeschrieben. Inzwischen hat diese auch bei uns immer mehr um sich greifende Schnäppchen-Jagd auf Punkte-Trophäen sogar bei der Bundesregierung Eindruck geschunden.

Jene hat nämlich die Absicht, einem ziemlich dicken deutschen Bonus-„Stolperstein" endgültig den Garaus zu machen: Dem Rabattgesetz und der Zugabeverordnung, beide aus den dreißiger Jahren. Denn nach wie vor gilt in Deutschland: Hersteller, Händler und Dienstleister dürfen von einhundert Mark Warenwert maximal drei Prozent als Bonus wieder an die Kunden aus-

Wann fallen deutsches Rabattgesetz und Zugabeverordnung?

Bis Mitte 2001 muss eine Richtlinie der EU zum europaweiten elektronischen Handel umgesetzt werden. Diese Richtlinie sieht das sogenannte Herkunftsprinzip vor: Bei jedem Geschäft gelten die rechtlichen Bedingungen des Landes, in dem der Händler seinen Sitz hat.

Das Bundeswirtschaftsministerium will diesem Wettbewerbsnachteil für in Deutschland ansässige und damit unter Rabattgesetz und Zugabeverordnung fallende Unternehmen durch die Abschaffung dieses Gesetzes und dieser Verordnung entgegentreten.

schütten. Und das sieht eben vor allem bei unseren europäischen Nachbarn deutlich lockerer aus.

Für eine Handvoll Punkte auch mal „Dollars"

Zum Synonym dieser modernen Form des Rabattmarken-Sammelns ist das „Miles & More"-Programm der Lufthansa geworden: Rabatt-Meilen sammeln und diese dann gegen reale Flugmeilen eintauschen, also je nach Punkte-Stand durchaus auch mal „kostenlos" fliegen. Oder eben seine Meilen gegen andere Prämien eintauschen.

Dafür sorgen dann unter anderem auch die Lufthansa-Tochter „Payback" (www.payback.de) oder andere Anbieter wie die „Webmiles AG" (www.webmiles.de) oder „bonus-net" (www. bonus. net).

Neben der Umwandlung von „Points" in Sach-Prämien oder Leistungen der verschiedensten Art (vom Kuli bis zum Abendessen mit Prominenten) gibt es auch den direkten Weg zum Bargeld. So honoriert beispielsweise „ciao.com" Meinungsbeiträge in „cash".

Payback, Tocher der Lufthansa und der Unternehmensberatung Roland Berger, bietet ein breit vernetztes Punkte-System per Card an, das virtuell und real für die Kunden-Bindung sorgt.

Bonus.net will mit einem starken Partner pro Branche ein breitgefächertes Punktesammel-Netzwerk von großen Internet-Shops und Web-Dienstleistern schaffen.

Zwanzig Prozent mehr Umsatz sollen quer über alle Branchen hinweg mit einem solchen Bonus-Programm „drin" sein, glaubt man einer Studie der Unternehmensberatung „Boston Consulting". Doch wie funktioniert das Ganze eigentlich genau und was ist dabei zu beachten?

Last but not least die „Webmiles AG" (www.webmiles.de), die das digitale Punkte-Sammeln so richtig ins Rollen brachte.

Payback, Tocher der Lufthansa und der Unternehmensberatung Roland Berger, bei der Neukunden-Gewinnung via klassischem Direct Mail: Versandkuvert, Brief mit aufgespendeter Payback-Karte plus Zweitkarte, Anmelde-Formular, Flyer „Leistungen“, Flyer „Partner“ plus Antwortkuvert.

Warum Sie „selbstgestrickte" Bonus-Lösungen vermeiden sollten

Mit Bonus- und Loyalitäts-Programmen soll ein bestimmtes gewünschtes Verhalten belohnt werden. Ganz wichtig ist nun, worin dieses Verhalten bestehen soll. Dieses Verhalten muss immer eine „Leistungs"-Komponente, eine gewisse „Hürde" in sich tragen. Denn psychologisch betrachtet sind Belohnungen ohne vorhergehende Leistungen sinnlos, die Belohnung als solches verliert dann ihren Charakter.

Belohnung ohne Leistung wirkt vor allem deshalb auch unglaubwürdig, weil wir alle seit frühester Jugend darauf konditioniert wurden, Belohnungen über eine Art Pawlowschen Reflex („wenn-dann"-Relation) wahrzunehmen: Für gute Noten in der Schule gibt es soziale Anerkennung und heute meist auch gutes Geld von den Eltern; wenn gute Leistungen im Beruf gezeigt werden, dann steigt die Aussicht auf ein höheres Gehalt, diverse Zusatz-Gratifikationen und damit insgesamt einen höheren sozialen Standard. Genau in diesem Kontext sind auch Bonus-Programme zu sehen, die wirksam zur Kunden-Bindung eingesetzt werden sollen.

Schnell mal nach Riad abbiegen - der Belohnung wegen

Ein wunderbares Beispiel für Leistung mit der Aussicht auf eine (fürstliche) Belohnung gibt Seth Godin in seinem Buch „Permission Marketing" (ISBN 0-684-85636-0) zum Besten: Um besonders wohlhabende Reisende dazu zu bringen, ihre Flüge künftig über das geplante Flugzentrum Riad zu buchen, verloste eine Fluggesellschaft jeden Tag einen Rolls Royce an einen Erste-Klasse-Passagier, der die saudi-arabische Hauptstadt als Zwischenstation anflog. Und die Sache wurde zum Riesenerfolg! Obwohl sich die Gewinner ohne weiteres einen solchen Wagen selbst hätten leisten können!

Sie sollten also sehr genau überlegen, welche Form der Leistung mit welcher Punkte-Gegenleistung belohnt wird. Denn die große Gefahr beim derzeit grassierenden Sammel-Fieber ist doch die drohende Inflations-Spirale ohne Ende. Wie bei den bereits angesprochenen

Preiskämpfen auf manchen Märkten. Jeder erhält wahllos Punkte auch für „Null"-Leistungen; der einzelne Punkt ist immer weniger wert, spendet damit keinen Nutzen mehr; das ganze Bonus-System verliert als Kunden-Bindungsinstrument gesamtwirtschaftlich und damit auch für das einzelne Unternehmen gesehen nach und nach an Bedeutung!

Der zweite Punkt, dem Sie Ihre Aufmerksamkeit schenken sollten, ist die Integration eines solchen Bonus-Systems in Ihr Unternehmen. Ist das Know-how in Sachen Abwicklung, Logistik und Punkte-Verwaltung intern vorhanden? Kann es zügig aufgebaut werden? Oder nicht?

Entweder kreieren Sie also Ihr eigenes System oder Sie arbeiten mit einem der unabhängigen Dienstleister zusammen. Bei einer Eigen-Lösung ist jedoch äußerste Vorsicht geboten: Bonus-Punkte sind nichts anderes als eine Währungsform. Sie müssen in diesem Fall bankentaugliche Soft- und Hardware sowie genügend „manpower" für Abwicklung, Logistik und Internet-Know-how einkalkulieren, wobei das Thema „Sicherheit" Priorität hat. Denn Fehler werden weder von Kunden noch von der Presse verziehen. Und dann ist die Konkurrenz tatsächlich nur den berühmten Mausklick entfernt ...

Problemloser geht es mit den vorhandenen, inzwischen auch bewährten Konzepten der unabhängigen Punkte-Unternehmen. Hier ist meist eine Bank oder eine der großen Kreditkarten-Gesellschaften mit „im Boot", die eben das Know-how bezüglich eines sicheren, schnellen und einfachen (Geld-) Transfers von Hause aus mitbringen. Und außerdem zum Beispiel auch Bonus-Karten mit oder ohne Bezahl-Funktion anbieten können.

Das unabhängige Bonus-Unternehmen verwaltet dann die Sammelpunkt-Konten der Kunden aller angeschlos-

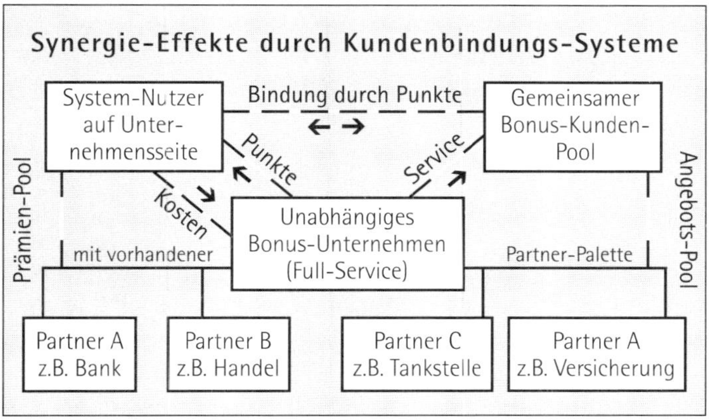

Vielfältige vernetzte Synergie-Formen von der Banner-Werbung bis zur Huckepack-Paketbeilage sind hier zusätzlich denkbar. Dadurch ist neben einer Kunden-Bindung auch eine permanente Chance zur Neukunden-Gewinnung nutzbar.

senen Partner-Firmen. Und es gibt beispielsweise über eine eigene Web-Site oder regelmäßig per Post jedem Teilnehmer die Möglichkeit, seinen Punkte-Stand abzufragen. Um dann seine Sammel-Punkte gegen diverse Prämien-Leistungen über verlinkte Partner-Webseiten oder via Katalog einzutauschen.

Mit diesen Dienstleistern werden ganze Online-Einkaufspools für den Kunden geschaffen, der sich so mühevolles Suchen im Netz ersparen kann. Denn über die „Drehscheibe“ der unabhängigen Punkte-Zentrale sind alle anderen Partner per Banner, Button oder Link erreichbar.

Dabei war das Internet nur der erste Schritt. Inzwischen gibt es immer mehr medienübergreifende, vernetzte Lösungen. „Payback“ zum Beispiel deckt mit seinen Partnern-Unternehmen große Teile der Konsumwelt ab: Von Apollo Optik über Kaufhof bis zu den UFA-Filmtheatern und online von AOL über den Online-Broker Consors bis zum Internet-Auktionshaus QXL.

Punkte-Gutschriften gibt es inzwischen für alles Erdenkliche, was Response generieren kann: Von der Eröffnung des eigentlichen Punkte-Kontos bis zur Teilnahme an Gewinnspielen oder dem vorgegebenen „Absurfen" bestimmter Web-Seiten. Von der Mietwagen-Charter bis zum Lesen von eMails und dem Vermitteln von neuen Teilnehmern.

Damit haben Sie zum einen eine breite Palette von Maßnahmen zur Kunden-Bindung und zum anderen die Möglichkeit, über die angeschlossenen System-Partner auch neue Kunden zu gewinnen.

Möglichkeiten der Bonus-Punkte-Staffelung

- Nach Wert:
Pro DM Einkaufswert gibt es bestimmte „points"
- Nach Zeit:
Für die Mindest-Einkaufssumme innerhalb einer bestimmten Periode (z.B. Monat) plus Staffelung für übersteigenden Umsatz
- Nach Umsatz:
Ab 500 DM, ab 1.000 DM gibt es gestaffelte Punkte-Beträge
- Nach Faktor:
Bei jedem dritten Einkauf gibt es eine festgelegte Punkte-Summe

Das ist ein nicht zu unterschätzender Vorteil bei solchen Bonus-Programmen, denn gerade die Neukunden-Gewinnung ist quer durch alle Branchen inzwischen zum kostenintensiven (Haupt-) Problem der meisten Unternehmen geworden.

Dazu kommt, dass bei einem solchen Loyalitäts-Programm die Gewinnung neuer Kunden über vorhandene Kunden die nach wie vor beste Möglichkeit ist, an Neukunden zu kommen: Es ist die Weiter-Empfehlung!

Wenn wir es schaffen, dass unsere Kunden uns weiterempfehlen, dann haben wir die besten Verkäufer überhaupt und sollten hierfür auch die entsprechenden attraktiven Belohnungen parat haben.

Wieso Sie „MGM" immer den Vorzug geben sollten

„Eine Hand wäscht die andere ..."

Vergessen Sie alle klassischen Neukunden-Gewinnungsmaßnahmen! Forcieren Sie lieber Ihr Empfehlungs-Marketing! Zum Beispiel über ein Bonus-Programm wie eben besprochen. Oder durch eigenständige Freundschafts-Werbeinstrumentarien. Denn herkömmliche Mailings im Neukunden-Bereich bringen im Schnitt weniger als ein Prozent und bei besser laufenden mehrstufigen Aktionen kostet das eben, wenn es professionell gemacht ist, auch noch „eine ganze Stange" mehr.

Was könnte also besser sein als ein aktives Empfehlungs-Angebot an unsere Stammkunden? Zumal diese persönlichen Vorteils-Tipps unter Freunden und Bekannten sowieso üblich sind, denn nur so „sprechen sich" ja gute Angebote in Windeseile überall herum - über Mund-zu-Mund-Propaganda! Deshalb sollten Sie hierzu auch Anschub-Hilfen über ein Prämien-Programm leisten.

Solche „Member-get-Member" oder kurz „MGM"-Maßnahmen sind außerdem ein ideales Instrument unseres Permission-Marketing. Denn diese funktionieren dann optimal, wenn sie auf Vertrauen (auch in die Stärke des eigenen Angebotes), auf Offenheit, auf Personalisierung und auf Relevanz basieren.

Da aber dieses Empfehlungs- und Prämien-Geschäft für die Vermittlung eines neuen Kunden ganz eigenen Gesetzen folgt, ist hier auf jeden Fall ein erfahrener Partner wichtig und empfehlenswert. Es sei denn, Sie sind bereit, eine eigene Prämien-Abteilung aufzubauen, was erfahrungsgemäß viel Ausdauer und Geld kostet. Erst recht, wenn Sie (zusätzlich) ein Online-Prämienprogramm planen. Hier sind unter anderem die Bereiche Beschaffung, Logistik (Einzel-Versand statt Massen-Abwicklung) und Reklamationen sowie das Thema „Sicherheit" von ausschlaggebender Bedeutung für eine erfolgreiche Realisierung.

Denn auch hier gilt die bereits bei den Bonus-Systemen erwähnte bankenfähige Hard- und Software als unbedingte Voraussetzung. Und ohne ein äußerst leistungsfähiges Warenwirtschaftssystem sowie eine flexible Database, die für alle Print-Aktionen wie Anzeigen, Kataloge, Mailings oder Prospekte aber auch für die Internet-Seitengestaltung Bildmaterial zur Verfügung stellt, ist das Prämien-Geschäft heute im größeren Stil nicht mehr zu machen.

Das Erfolgsgeheimnis einer wirksamen Empfehlungs-Werbung

Die professionelle Handhabung des MGM-Geschäftes begann im Versandhandel und bei den Zeitungs- und Zeitschriften-Verlagen nach dem Motto: Ein neuer Kunde für mich, eine oder zwei von mehreren oder vielen Prämien für Dich.

Je nach Branche und Zielgruppe sollten Sie Ihr Prämien-Angebot ständig testen und der Nachfrage anpassen. Hier bietet sich natürlich wieder das kostengünstigere Internet an: Der Austausch von Test-Artikeln in Ihrem Prämien-Shop lässt sich wesentlich schneller und preiswerter bewerkstelligen als im Print-Bereich. Denn im Zusammenspiel mit Ihrer Database und Ihrem Warenwirtschaftssystem kann dieser Prozess weitestgehend automatisiert ablaufen und zum anderen fallen online weder Porto- noch Druckkosten an.

Empfehlungs-Werbung ist nach wie vor die beste „Medizin" gegen fehlende Neukunden! Hier jeweils ein Prämien-Prospekt aus dem Versandhandel (Völkner; www.voelkner.de) und dem Zeitungs- und Zeitschriften-Bereich (IPO Meier GmbH für Verlags-Kunden; www.ipo-meier.de).

Sie werden dann nach mehreren Tests schnell die Erfahrung machen, dass ungeachtet aller Versuche, mit andersartigen Prämien zu locken, einige wenige Prämien die absoluten „Hits" sind - und bleiben! Bei Zeitungs- und Zeitschriften-Prämien sind zum Beispiel klassische Artikel für den Haushalt und die Küche nach wie vor die „Renner", denen vom Erfolg her allenfalls Einkaufs-Gutscheine gleichkommen.

Wie sich dies in Ihrer Branche verhält, lässt sich schlecht vorhersagen. Um hier Kosten zu sparen, beobachten Sie deshalb vor allem die Prämien der Konkurrenz oder solcher Märkte, die eine starke Affinität zu Ihrem Angebot aufweisen. Und dann heißt es eben auch immer wieder testen, testen und nochmals testen!

Welche Empfehlungs-Variante Sie im Internet zusätzlich nutzen können

Mit Grüßen aus dem Cyberspace haben Sie eine derzeit sehr beliebte zusätzliche Möglichkeit, über eine Adress-Generierung an neue Kunden zu kommen. Diese eCards,

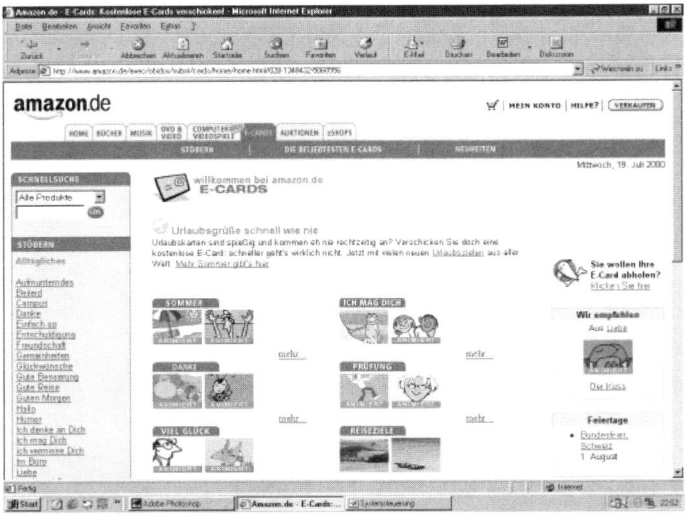

Eine bunte eCard-Mischung mit passenden Motiven, jahreszeitlich oder auf einen jeweiligen Anlass abgestimmt, trägt viel zum Erfolg dieser Online-Chance zur Adress-Generierung bei. Hier bietet Amazon seine E-Cards als schnelle Urlaubs-Grüße zum sofortigen Versenden an.

elektronische „Postkarten", tragen thematisch oder jahreszeitlich orientierte Motive und können durch Adress-Eingabe, einige Grußzeilen des Kunden einer wahlweisen Musik-Untermalung per Mausklick ohne sonstige Kosten an den Empfänger weitergeleitet werden.

Zusammenfassung von Kapitel 7: Ihr Kunden-Wissen sorgt für Bindung, Ihr Vorteils-Angebot macht süchtig!

Nachdem Sie in Kapitel 6 erfahren haben, wie Sie Ihre Kunden noch besser kennenlernen, wenden Sie dieses Wissen nun an, um Ihre Kunden fester an sich zu binden. Besser noch: Sie machen sie süchtig!

Dazu müssen Kunden zunächst einmal persönlich angesprochen werden. Da dies, außer bei der Anrede, mit extrem hohem Aufwand verbunden ist (echtes „1:1"-Marketing wird in der Praxis bisher eher selten eingesetzt), empfiehlt sich die Bildung von Kunden-Gruppen mit ähnlichen Interessen.

Sie segmentieren dabei Gruppen, die Sie mit dem gleichen Text persönlich ansprechen können, so dass kein Standardtext entsteht („Sicher haben Sie mit Ihren Kindern ..."). Die besten Nachrichten sind natürlich wirklich individuelle und persönliche Botschaften.

Sehr beliebt sind hier die sogenannten Statusmeldungen. Dabei generiert ein Computer bei einem bestimmten Vorgang - zum Beispiel einer Bestellung oder Auslieferung - eine vorab definierte Nachricht, die dann individuell an den Kunden gesandt wird. Mit der Status-eMail über die erfolgte Bestellung sollte eigentlich ein systematisches Kontakt-Programm beginnen, bei dem ein Kunde in regelmässigen Abständen auf ganz unterschiedlichen Kanälen angesprochen wird.

Sicher wird die klassische Text-eMail noch lange Bestand haben, zunehmend werden sich aber auch Rich-Media-eMails durchsetzen, die dann auch etwas mehr das ästhetische Empfinden der Leser berücksichtigen.

Das Besondere an elektronischen Medien ist die Geschwindigkeit, mit der Kunden-Kommunikation stattfindet. Frühmorgens hat der Marketingleiter eine Idee, am frühen Vormittag ist der Mailingtext fertig und innerhalb von Minuten ist die Botschaft bei Tausenden von Kunden. Schon am Nachmittag - oder bei Privatkunden am späten Abend kann eine erste Abschätzung vorgenommen werden, auf welche der angesprochenen Themen besonders hohe Response erfolgt. Und spätestens nach einigen Tagen ist die Aktion abgeschlossen und präzise ausgewertet, ohne dass es irgendeiner händischen Responsezählung bedarf.

Kunden-Bindung kann durch den Aufbau von Wechselbarrieren erhöht werden: Je mehr Sie über Ihre Kunden wissen, desto individueller der Service. Bei einem Anbieterwechsel verzichtet der Kunde auf viel gewohnten Komfort.

Wie Pilze schiessen derzeit die Bonus-Programme aus dem Boden, da es via Internet ohne viel Aufwand möglich ist, auch kleinere Aktionen, wie einen einzelnen Mausklick, zu belohnen. Damit es zu einer nachhaltigen Kundenbindung kommt, sollten Sie Ihren treuesten Kunden jedoch mehr bieten als nur eine Rückzahlung.

Ein echter Nutzen ist zum Beispiel, dass Stammkunden nicht warten müssen oder anderweitig vor „normalen" Kunden bevorzugt werden. Der Gipfel der Kunden-Bindung sind Weiterempfehlungen durch Kunden. Auch hier bietet das Netz eine Reihe neuer Chancen.

Wie Sie Ihre Kunden zum Kauf bewegen

PERMISSION MARKETING - KAPITEL 8 ...

8

Kapitel-Abstract
für Schnell- und Diagonal-Leser

In diesem Kapitel erhalten Sie die wichtigsten Informationen, um Botschaften zu entwerfen, die Ihre Kunden zum Kauf bewegen. Sie setzen Ihr gesammeltes Kunden-Wissen ein, um ganz gezielt dem richtigen Kunden zum richtigen Zeitpunkt das richtige Angebot zu machen. Umgekehrt erhalten Ihre Kunden von Ihnen schließlich nur noch persönliche Angebote, die, weil sie wirklich relevant sind auch gerne angenommen werden.

Handwerksmeister Hämmerle, rühriger Geschäftsführer eines regional bekannten Baumarktes, wälzt sich unruhig im Schlaf und ist plötzlich hellwach.

Ein Donnerschlag läßt die Grundfesten seines Einfamilien-Reihenhauses erbeben. Blitze zucken unaufhörlich, Donnergrollen, Sturmwind kommt auf, der sich im Laufe dieser Nacht zum Orkan auswächst und vielerorts Stromausfall verursacht und entwurzelte Bäume und abgedeckte Dächer zurückläßt.

Nach einer ersten Bilanz des Schreckens gewinnt bei Hämmerle dann jedoch wieder der schwäbische Sinn fürs „Praktische" die Oberhand: Alle brauchen Hilfe, bei vielen besteht Ersatzbedarf - beides könnte er doch anbieten. Am besten sofort!

Jetzt zahlt es sich aus, dass Hämmerle seit einiger Zeit intensiv die Möglichkeiten moderner Kommunikation studiert und gleich in die Praxis umgesetzt hat: Allen Kunden und Interessenten seines Baumarktes offeriert er seit drei Monaten neben einer eShopping-Möglichkeit den „Hämmerle-Ticker", einen eMail-Newsletter mit vielen Tipps, Tricks und Trends rund ums Bauen, Renovieren, Verschönen von Haus, Hof und Garten.

Was anfangs etwas zähflüssig anlief - Web-Site und eMail-Adresse mußten ja schließlich erst bekannt gemacht werden - hat sich inzwischen zu einer kleinen Klick-Lawine entwickelt: Immer mehr Kunden und Interessenten sind „online" unterwegs, um auch Hämmerles Web-Angebot zu nutzen.

Durch die mehrfache Anwendung von thematisch sowie jahreszeitlich orientierten Newsletter-Hyperlinks, die immer auch direkt zum jeweiligen Angebot der eShop-Abteilungen führen, konnte der pfiffige Schwabe inzwischen mehrere homogene Kunden-Segmente herausfiltern: Das sind zum Beispiel die engagierten Hobby-Holzheimwerker, die privaten Garten-Designer, die selbsternannten Innen-

architekten... Und schon sitzt Hämmerle am PC und schreibt seinen Sonder-Newsletter: „Blitz-Nachricht: Sofort-Hilfe für alle sturmgeschädigten Baumarkt-Kunden" steht im Betreff. Es folgen drei Newsletter-Contentblöcke.

Zum einen, segmentiert nach Kunden, besondere „Schadensersatz"-Links. Diese Hyperlinks führen zu jeweils einer für solche Fälle vorbereiteten, aber eben nur dann aktivierten eShop-Abteilungsseite mit Sonderangeboten und garantierter Lieferung innerhalb eines Tages.

Im zweiten eMail-Textblock bietet Hämmerle allen seinen Abonnenten eine Sofort-Hilfe-Checkliste: Von der Benachrichtigung der Versicherung (mit einem ausformulierten, kopierfähigen Text-Vorschlag seines Schwagers, der ja schließlich in der Versicherungs-Branche tätig ist; inklusive dessen eMail-Adresse plus dem Hinweis: „Erste Hilfe bei eigener Schadens-Verursachung unter ...") bis zum systematischen Vorgehen bei der Schadens-Überprüfung und -Feststellung.

Und als „I"-Tüpfelchen offeriert Hämmerle allen geschädigten Kunden zusätzlich, ab dem nächsten Morgen in seinem Baumarkt täglich warme Mahlzeiten einzunehmen. Kostenlos, versteht sich. Tische, Sitzgelegenheiten und wetterfeste Überdachung sind vorhanden. Die Zusammenarbeit mit örtlichen Partnern (Supermarkt, Metzgerei, Bäkkerei, Party-Service) gestaltet sich einfach und unbürokratisch: Da neben einer kostenlosen Werbe-Möglichkeit auch eine gute PR garantiert ist, wollen alle helfen.

Das Mahlzeiten-Angebot im Newsletter führt mittels dreier Antwort-Hyperlinks („ja, ich komme"; „nein"; „vielleicht") zu einer einzigen, schnell eingerichteten Webseite, die lediglich ein textliches „Dankeschön für Ihre Antwort!" zu enthalten braucht. Die Logfile-Auswertung der Antworten erlaubt dann die genauere Planung des Essens-Bedarfs für die kommenden Tage ...

In unserem fiktiven Beispiel hat Handwerksmeister Hämmerle schnell reagiert und zum richtigen Zeitpunkt ein Angebot gemacht: Genau in dem Moment, in dem seine Kunden ein brennendes Problem zu lösen hatten. Natürlich kam ihm dabei das schnelle Medium eMail entgegen, ohne das eine solche Aktion gar nicht möglich gewesen wäre.

Wie sie den richtigen Kunden zum richtigen Zeitpunkt das richtige Angebot machen

Die richtigen Kunden konnte er ansprechen, weil er schon vorher genau analysiert hatte, welche Kundengruppen sich mit ähnlichen Dingen beschäftigen. Das richtige Angebot konnte er machen, weil er sich in die Lage seiner Kunden hineinversetzte und genau überlegte, welche Kundengruppe jetzt welches Angebot benötigen könnte, um ihr individuelles Problem umgehend zu lösen.

Durch die gezielte Ansprache ist der Streuverlust minimiert, jeder Kunde fühlt sich persönlich angesprochen, und entsprechend hoch ist die Bereitschaft, das Angebot anzunehmen. Der rettende Engel im richtigen Moment.

Wie Sie herausfinden, wer Ihre besten Kunden sind

Das richtige Angebot an die richtigen Kunden! Wie leicht sagt sich das, aber was steckt dahinter? Zunächst einmal eine systematische Analyse, um herauszufinden, welche Kunden-Gruppen Sie bedienen und welche Gruppen ähnliche Wünsche haben.

Gleichzeitig sollten Sie bedenken, mit welchen Kunden-Gruppen Sie den höchsten Deckungsbeitrag erzielen, um diese wiederum bevorzugt anzusprechen beziehungsweise hier höherwertige Kaufanreize zu bieten. Investieren Sie in solche Kunden, bei denen Sie wissen, dass der „Customer Lifetime Value" besonders hoch ist, also indem Sie nicht nur auf das schnelle Erstgeschäft schielen.

Wie lassen sich nun diese Kunden-Gruppen unter Nutzung elektronischer Kommunikationswege segmentieren? In Kapitel 6 wurde ausführlich auf die Chancen eingegangen, die sich durch eine Logfile-Analyse ergeben. Dort haben Sie auch erfahren, wie Sie in eMail-Newslettern bewußt Themen anbieten, um zu testen, welche Kunden auf welche Angebote und Informationen klicken. Alle diese Kunden-Gruppen können Sie dann später gezielt anschreiben.

So hat Handwerksmeister Hämmerle beispielsweise immer gezielt analysiert, wer einen Garten hat. Durch Spezial-Tipps zur Verwertung des Herbstlaubs wußte er dann genau, in welchen Gärten Bäume standen, die jetzt bei dem Orkan eventuell umgekippt sein und auf den Nachbar-Grundstücken Schäden angerichtet haben könnten.

Auch hatte er immer Tipps weitergereicht, wie man durch einfache Vorkehrungen verhindert, dass sich auf dem eigenen Dach Schneelawinen bilden. Dadurch wußte er genau, wem er jetzt vielleicht neue Dachziegel anbieten könnte ...

eMail-Newsletter bieten also viele Möglichkeiten, mehr über die eigenen Kunden herauszufinden und entsprechend zu segmentieren.

12 „A-Z"-Beispiele aus ebensovielen Branchen, wie Sie systematisch aussagefähiges Kunden-Wissen sammeln

Dem richtigen Kunden zum richtigen Zeitpunkt das richtige Angebot machen! Sammeln Sie das Wissen, wofür sich Ihre Kunden interessieren und was sie anklicken. Im zweiten Schritt können Sie zielgerichtet Angebote versenden, die wirklich „ankommen".

Antiquitätenhändler verschickt Tabellen zur Bewertung von Designer-, 50er Jahre-, Jugendstil- oder Bauern-Möbeln.

Bank sendet Informationen zu Börsenkursen, Aktienfonds oder Wertpapieren.

Baumarkt schickt Tipps zum Tapezieren, zur Holzbearbeitung oder zum Arbeiten mit Elektroinstallationen.

Bibliothek sendet Infos zu Autoren, Aktionen (Lesungen, Performances), Epochen, Neuerscheinungen.

Elektrogeschäft versendet Informationen über die Standorte der Mobilfunk-Sendemasten, Tricks zur Programmierung von Videorecordern oder Spar-Tipps für Waschmaschinen.

Kino schickt thematisierte Informationen zu Krimis, Liebes- oder Science-fiction-Filmen oder zu einzelnen Schauspielern.

Konzerthaus versendet regelmäßig Hintergrund-Informationen zu Opern, Sinfonie-und Kammer-Konzerten oder zu Bach, Mozart, Wagner. Mit diesem Wissen können bei entsprechenden Konzerten die richtigen Zuhörer angemailt werden.

Möbelhaus versendet Einrichtungstipps für unterschiedliche Stilrichtungen.

Optiker versendet regelmäßig Tipps gegen Schwerhörigkeit oder Augentraining für Kurz- oder Weitsichtige sowie Hinweise für die Träger von Kontaktlinsen.

Schreibwarenladen versendet neueste Treiber für Drucker, Vorlagen für Fax-Deckblätter oder Tipps für Hobbymaler.

Tiefkühlservice verschickt regelmäßig Kochtipps und Rezeptideen zu Fertig-Gerichten, Gemüse oder Meeresfrüchten.

Verlag verteilt an seine Kunden und Interessenten Informationen zu aktuellen Neuerscheinungen aus den Bereichen Krimis, Lebenshilfe, Sach- oder Fachbuch bis hin zu Börsenkursen... Schauen Sie einfach in Kapitel 6 nach.

Wie Sie den Geschmack Ihrer Kunden exakt treffen

Das richtige Angebot an die richtigen Kunden! Aber was heißt das genau? Ihr Angebot sollte so beschaffen sein, dass es den Geschmack Ihres Kunden auch exakt trifft. Oder wollen Sie als Bewohner einer Eigentumswohnung gerne Dachziegel angeboten bekommen? Also muss Ihr Kunde förmlich rufen: „Whow, das hat er ja extra für mich gemacht!". Leichter gesagt als getan, höre ich Sie jetzt sagen. Keine Bange!

Wie treffen Sie den Geschmack Ihrer Kunden? Indem Sie beispielsweise ein lernfähiges System installieren, das automatisch seine Wissensbasis erweitert. Klingt kompliziert? Ist es nicht!

Angenommen, Sie sind Buchhändler und wollen den individuellen Geschmack Ihrer Kunden treffen. Zunächst einmal bieten Sie eine bunte Palette von Büchern an. Im ersten Schritt darf Ihr Kunde dann sagen, welches Buch ihm wie gut gefällt. Er kann zu jedem Buch auswählen zwischen: a) Das Buch kenne ich nicht; b) Das Buch ist schlecht; c) Das Buch ist nichts für mich; d) Das Buch ist in Ordnung; e) Das Buch finde ich gut; f) Ich liebe dieses Buch.

Dadurch, dass Sie als Buchhändler schon unzählige solcher Meinungen schon gesammelt haben, wissen Sie genau, wie Sie den jeweiligen Geschmack am besten treffen. So wissen Sie beispielsweise, dass alle, die die englische Taschenbuchausgabe des ersten Harry Potter-Bandes kaufen, sich mit hoher Wahrscheinlichkeit auch für „The Testament" von Grisham interessieren.

In der Folge können Sie dieses Wissen um die Wünsche Ihrer Kunden noch weiter verfeinern, indem Sie immer speziellere Angebote machen. Solche „Recommendation Engines" sind in der Praxis noch nicht sehr weit verbreitet, da die Wissensverarbeitung von solch komplexen, zum Teil aber auch nur fragmentarisch vorhandenen Informationen bei vollkommener Automatisierung nicht immer zu plausiblen Ergebnissen führt.

Da ist manchmal der reale Buchhändler doch noch etwas zuverlässiger in seiner Beurteilung. Noch, denn das „One-to-One"-Marketing, zu dem diese „Recommendation Engines" gehören, ist nichtsdestoweniger ein Gebiet, in dem sich derzeit eine stürmische Entwicklung vollzieht.

Wie sieht es nun aber aus, wenn nicht gleich ein aufwändiges Data-Warehouse eingerichtet werden soll? Ein einfacher eMail-Newsletter bietet ebenfalls vielfältige Möglichkeiten, Angebote zu individualisieren und speziell auf die Bedürfnisse von Kunden hin zuzuschneidern.

So kann bei einem „lernfähigen" eMail-Newsletter im ersten Schritt der Buchhändler eine gleichlautende eMail an alle Kunden senden, die drei Themen enthält: Kochrezepte, Garten und Karriere.

Jedes Thema enthält einen Hyperlink auf weiterführende Angebote und somit kann der Buchhändler messen, welches Thema wen interessiert. Im zweiten Schritt wird der Newsletter versandt und Kunden klicken jeweils die Angebote an, die für sie interessant sind.

Anschließend kann ausgewertet werden, welche Angebote auf hohes Interesse stoßen und welche nicht. Wenn nun die nächste Aktion startet, geht der Buchhändler schon mit besserem Kunden-Wissen ins Spiel und sendet eine Nachricht speziell für Kochinteressierte, eine speziell für Gartenfreunde und so weiter.

Prinzip einer lernfähigen Beziehung

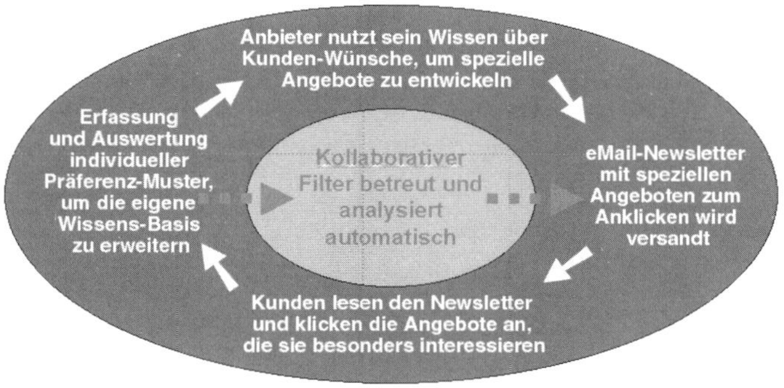

Bevor Sie Kaufangebote an Kunden versenden, vergewissern Sie sich in Ihrem Online-Shop, dass diese Produkte von den jeweiligen Kunden nicht schon gekauft wurden.

Ein wesentlicher Vorteil von Electronic Commerce ist die Verknüpfung unterschiedlicher Datenquellen. Was würden Sie dazu sagen, wenn Ihnen Ihr Buchhändler ein Buch anbietet, das Sie schon vor zwei Wochen bei ihm gekauft haben? Im Moment ist das noch ganz „normal". In Zukunft jedoch werden Sie sich über diese schlechte Kunden-Orientierung genauso ärgern, wie es Sie heute verwundern würde, wenn Ihnen der Autohändler, bei dem Sie vor vier Wochen einen Mittelklasse-Wagen gekauft haben, ein Sonderangebot für die Extra-Edition des gleichen Wagens zusendet.

Wenn jedoch Ihr Warenwirtschaftssystem oder Ihr Online-Shop mit Ihrem Versand-System für eMails verknüpft sind, verhindern Sie solche sinnlosen Angebote automatisch selbst bei Niedrigpreis-Artikeln. Und so wie Sie das Angebotssortiment individuell auf die Wünsche Ihrer Kunden hin ausrichten, lässt sich natürlich auch das Produkt selbst auf den individuellen Geschmack hin ausrichten. „Mass Customization" heißt das neudeutsche „Buzzword" dazu.

Bei Dell beispielsweise wird jeder Computer einzeln nach den individuellen Wünschen des Kunden zusammengebaut. Auch immer mehr Automobil-Hersteller bieten Ihren Kunden solche Online-Konfiguratoren an, um die Autos individuell zusammenzustellen. Inzwischen sind diese Programme schon so weit fortgeschritten, dass der Kunde automatisch beraten wird, welche Komponenten am besten zusammenpassen und welche Lösung individuell am besten geeignet ist. Somit wird zum Beispiel ausgeschlossen, dass Kunden ein Cabrio mit Schiebeverdeck ordern.

Wie Sie durch Schnelligkeit und Marktnähe mehr verkaufen

Das neue Paradigma der heutigen digitalen Ökonomie heißt Schnelligkeit. Kein Kunde möchte mehr lange warten, alles muss sofort sein. Wer als Erster kommt, der mahlt zuerst. Wenn Sie elektronische Medien einsetzen, haben Sie die Chance, in vielfältiger Hinsicht immer zu den Ersten zu gehören.

Durch den Einsatz elektronischer Nachrichten ist der Zeitraum vom Versenden eines Angebots bis zum fertig vollzogenen Kaufprozess durch den Kunden theoretisch nur noch wenige Minuten kurz. In New York gibt es bereits Unternehmen, die anschließend auch noch garantieren, dass es nach spätestens einer halben Stunde an der Türe klingelt und die gewünschte Ware da ist.

So können Sie am Morgen nach der Presseagentur-Meldung zur geänderten Steuergesetzgebung gleich eine eMail an alle Kunden versenden, um zu testen, wer akutes Interesse am Thema „Steuern sparen" hat. Und gleich am nächsten Tag bekommen alle diejenigen, die das Thema angeklickt haben, ein Angebot zum Kauf des Buches „7 Tipps zum Steuern sparen" zugesandt.

Ebenso könnten Sie beispielsweise durch Auswertung Ihrer Logfiles herausfinden, dass in letzter Zeit besonders aus Tschechien erhöhte Zugriffsraten für Ihre Holzbearbeitungs-Maschinen zu verzeichnen sind. Nachdem Sie vorher schon in Ihrem Newsletter nach Ländern segmentiert haben, bekommen die tschechischen Abonnenten jetzt natürlich ein spezielles Angebot zu solchen Geräten. Ihr Wettbewerber dagegen weiß noch überhaupt nichts davon, dass sich hier neue Märkte eröffnen und wundert sich nur, als Sie die Eröffnung einer eigenen Niederlassung in Prag bekanntgeben.

Ein großes Potenzial bietet in Zukunft auch der „Mobile Electronic Commerce". Sie haben die Information hinterlegt, dass Sie durchaus gehobenen kulinarischen Genüssen nicht abgeneigt sind, fahren auf der Landstraße durch das Elsaß und erhalten plötzlich eine elektronische Nachricht auf Ihr Mobiltelefon, in dem ein Fünf-Sterne-Restaurant mitteilt, dass es nur einen Kilometer entfernt liegt und eine interessante Abendkarte anzubieten hat.

Oder Sie fahren auf der A61 gerade an Worms vorbei, da piept Ihr Handy und das Weingut Dr. Bürklin-Wolf lädt Sie ein, kurz in Wachenheim vorbeizuschauen und eine Kiste 97er Kirchenstück mitzunehmen - eine Flasche gibt es als kostenlose Dreingabe. Wenn Sie es gerade eilig haben, können Sie aber auch per Knopfdruck bestellen - E-Commerce macht es möglich.

Der richtige Moment, noch etwas zu verkaufen, kann auch in der Nachkauf-Phase sein. Sobald der elektronische Kaufvorgang glücklich abgeschlossen ist, kann mühelos ein passendes Zusatz-Angebot gemacht werden. Die Daten müssen ja nicht noch einmal eingegeben werden. Ein Mausklick genügt schon um zu bestellen!

An dieser Stelle wird bewusst die Diskussion über die Bedienkomfort- und Nutzer-Freundlichkeit deutscher Online-Shops vermieden. Fast zwei Drittel aller kaufentschlossenen Online-Shopper verlassen den elektronischen Laden frustriert wieder, weil sie entweder ihr Produkt nicht gefunden haben oder die Bezahl-„Prozedur" zu umständlich war. Hier ruhen gigantische Umsatzpotenziale, die erschlossen werden wollen!

Wenn Sie in einer eMail auf ein Angebot hinweisen, sollte der Hyperlink deshalb natürlich exakt auf dieses Produkt hinweisen, das dann auch mit einem, beziehungsweise ganz wenigen Klicks bestellt werden kann.

Wie Sie Kaufreize befriedigen, solange sie bestehen

Nichts ist doch schlimmer, als wenn einem jemand den Mund wässrig macht und einen anschließend im Regen stehen läßt. Auf Ihr Angebot sollte der Kunde deshalb auch sofort reagieren können und nach Möglichkeit schnell zu seinem Produkt kommen.

Elektronischer Handel setzt sich immer mehr durch

- 0,9% Umsatzanteil wird eCommerce im B2C-Markt technischer Gebrauchsgüter im Jahr 2000 mit über 2,5 (Vorjahr: 1,2) Mrd. Umsatz erreichen (GfK Juli 2000)
- 42 Mio. US-$ Tagesumsatz generieren einzelne Unternehmen bereits heute über Internet (Dell)
- 55,9 Mrd. Dollar Umsatz werden deutsche Onlineshops im Jahr 2005 machen - 1999 waren es 1 Mrd. Dollar (Datamonitor (Mai 2000)
- 15,4 Mio. Bundesbürger sind online - im Herbst 99 waren es nur 9,9 Mio. (GfK Mai 2000)
- 7,1% der deutschen Bevölkerung sind Online-Käufer, 1999 waren es 3,7% (Allensbach Mai 2000)
- 63% der Internet-Nutzer, die bereits online eingekauft haben, wollen dies künftig öfter tun (Allensbach Mai 2000)
- 85% der Kunden genießen die unbegrenzten Ladenöffnungszeiten als wichtigsten Grund für Online-Shopping (W3B Mai 2000)
- 80% der deutschen Surfer haben sich bereits online über Produkte informiert, 33% haben gekauft, 12% haben online bezahlt (Datamonitor April 2000)
- 74% der Online-Käufer haben den Kauf schon abgebrochen, weil die Versandkosten zu hoch waren, 69% weil sie das Produkt nicht gefunden haben (W3B Mai 2000)
- 15 Mio. Webserver gibt es weltweit - im Mai 99 waren es noch 5 Mio. (Netcraft, Mai 2000)
- 2,5 Mio. de-Domains sind in Deutschland bereits angemeldet, im April 99 waren es noch 0,5 Mio. (Denic, Juni 2000)
- „In fünf Jahren werden alle Unternehmen Internet-Unternehmen sein - oder es gibt sie nicht mehr." (Intel-Chef Andy Grove)
- 80% der Vorstände der 2000 weltgrößten Firmen meinen, dass eCommerce den Markt komplett oder wesentlich verändern wird (PWC)
- Der amerikanische „B2C"-Online-Umsatz wird von 13,1 Mrd. US-$ 1999 auf 24,2 Mrd. in 2000 ansteigen (BCG März 2000)

Beispiel für eine personalisierte eMail mit einem Zusatzangebot in der Nachkaufphase

„Sehr geehrter Herr Müller,
vielen Dank, daß Sie sich für das Buch „Direktmarketing via Internet" von Hans Post entschieden haben. Dieses Buch steht derzeit bei uns an 357. Stelle.
Noch beliebter ist bei unseren Kunden derzeit übrigens das Buch „Mails in 5 Minuten" von Frank Fix.

Beste Grüße nach München

Ihr Bert Buch,
Geschäftsführer Online-Buchladen"

Sehr erfolgreich ist daher das sogenannte „One-Click-Shopping". Dabei können Ihre Kunden ein Produkt mit nur einem einzigen Mausklick bestellen. Selbstverständlich ist es bei solchen Systemen natürlich problemlos möglich, eine Bestellung auch wieder rückgängig zu machen. Aber zunächst einmal bedeutet es einfaches Bestellen ohne lange überlegen zu müssen, ob es so oder anders funktioniert.

Wie Sie Ihren Marketingmix effizient einsetzen

Wie erfahren Ihre Kunden eigentlich von Ihren interessanten Angeboten? Kreieren Sie teure Direkt-Mailings oder schalten Sie Werbe-Anzeigen? Klemmen Sie Zettel unter die Scheibenwischer parkender Fahrzeuge?

Ein effizienter Weg, um Kunden preiswert und ohne Belästigung anzusprechen, ist das Medium eMail. Nicht nur wegen seiner hervorragenden Response-Raten und weil es ausdrücklich erwünscht ist, sondern weil sich direkt Umsatz generieren läßt!

Wie erfahren Online-Käufer von neuen Produkten? Die meisten erfahren es durch den direkten Besuch der

Website. Aber wie viele Websites gibt es, und wie stark ist der Wettbewerb? Glaubt man den Statistiken, dann surften im Mai 2000 alleine in Deutschland schon 15,9 Millionen Menschen durch das weltweite Informationsnetz. Wie viele Websites besucht jedoch ein normaler Nutzer am Tag? Alleine in Deutschland gibt es derzeit über 2,5 Millionen Domänen.

Geht man nun davon aus, daß die meisten Besucher laut MMXI (Analyse meistbesuchter Websites im März; www.mmxieurope.com) nur die bekanntesten Mega-Sites wie T-Online (8,4 Mio.), Yahoo (5,9 Mio.), Lycos (3 Mio.) und AOL (2,9 Mio.) besuchen, so bleibt für „normale" Internet-Präsenzen wenig Kunden-Kontakt übrig.

Aufwendige Werbemaßnahmen sind nötig, um das WWW als Direkt-Marketing-Plattform zu etablieren und zu halten. Dabei könnte alles viel einfacher sein: Weit vor dem Web rangiert in der Beliebtheitsskala elektronischer Kommunikation das Medium eMail!

Die meisten Nutzer schauen täglich in ihren elektronischen Briefkasten. 84% der Internet-Nutzer bezeichnen eMail als ihre wichtigste Anwendung. Entsprechend viele Online-Shopper erfahren dann auch über dieses Medium von für sie interessanten Produkten.

Was kostet Permission Marketing?

Permission Marketing ist eine langfristig angelegte Marketing-Strategie, deren echter Nutzen sich oft erst nach langer Zeit ergibt, wenn aus guten Freunden gute Kunden und damit auch gute Weiterempfehler wurden.

Entsprechend erfordert Permission Marketing ein radikales Überdenken der gesamten Kommunikationsstrategie. Wo es bisher das erklärte Ziel von Werbe-Kampagnen war, die Aufmerksamkeit von Kunden zu erobern und eine Marken-Botschaft einzuhämmern, gelten nun neue Regeln.

Kunden sollen sich auf Ihre Botschaft freuen, weil es ihnen einen Nutzen bringt. Erste Voraussetzung dabei ist, dass Sie das Vertrauen Ihrer Kunden beziehungsweise Ihrer Interessenten haben. Am einfachsten wird dies dadurch erreicht, dass Sie beim Erstkontakt Ihre Kunden durch ein gezieltes Angebot bewegen, Kontakt zu Ihrem Unternehmen aufzunehmen.

Dabei können Sie eine kostenlose Probeversion, ein Schnupper-Abonnement, eine wertvolle Checkliste oder andere Dinge versenden, die für Ihre Kunden „wertvoll" sind. Die erste Herausforderung für Ihr Unternehmen besteht also darin, eine Sache zu finden, die hohen Kunden-Nutzen verspricht und gleichzeitig niedrige Herstellungs- und Distributionskosten verursacht.

Wertvolle Informationen per eMail haben sich in der Praxis erfolgreich bewährt. Um hier jedoch eine qualitativ hochwertige Kommunikation zu gewährleisten, ist entsprechender personeller Aufwand zu berücksichtigen. Es ist die Aufgabe des „Kundenmanagers", das Vertrauen von Kunden zu rechtfertigen und nicht zu missbrauchen.

Also bitte keine plumpen Werbe-Botschaften verschikken, sondern das Vertrauens-Verhältnis ausbauen. Dazu muss ein klarer Plan erarbeitet werden, wie das Vertrauen weiter ausgebaut wird. Damit auch bei Ihren kritischsten Kunden die Botschaft erhärtet wird: Alles, was von diesem Unternehmen kommt, bringt mir Nutzen.

Regelmäßige Informationen in einem eMail-Newsletter sind dabei ein probates Mittel. Für den Unternehmens-Alltag bedeutet dies, dass alle für Kunden interessanten und relevanten Informationen systematisch gesammelt, auf echten Nutzen überprüft und dann erst versandt werden sollten.

Voraussetzung für die erfolgreiche Implementierung einer Permission-Marketing-Strategie im Unternehmen ist zunächst das Erarbeiten eines systematischen Kontaktplans: Welche Botschaften werden in welcher Reihenfolge an Interessenten geschickt, um erstens Vertrauen aufzubauen und zweitens die Kenntnis des eigenen Produkts zu verbessern.

Je nach verfügbarem Budget muß festgelegt werden, welche Kommunikations-Medien (Print, Radio, TV, WWW, eMail, Telefon) eingesetzt werden. Vorteile der interaktiven Medien wie WWW, eMail und Telefon ist die Chance, den Kunden direkt agieren zu lassen. Dadurch kann wiederum Kunden-Wissen erworben werden, das bei Folge-Aktionen für eine stärkere Personalisierung des Kontakts eingesetzt werden kann.

Denkbar ist beispielsweise der Kontakt über eine hochwertige eMail-Software, bei der die Kunden-Interaktion direkt gemessen werden kann. So ist es möglich, in einer eMail bewusst Hyperlinks zu integrieren und dann das Anklicken zu messen.

Wertvolle Informationen auf Webseiten, die für Kunden interessant sind, können via Hyperlink verschickt werden und Ihr Kunde ist mit einem einfachen Mausklick bei dem Angebot, das Sie ihm empfohlen haben.

Eine gute Kampagnen-Management-Software zeigt dann direkt in Echtzeit an, wie viele Kunden welchen Hyperlink und damit welches Thema bevorzugen - also anklicken. Dabei ist es unabdingbar, dass die Software die Daten über das Klick-Verhalten getrennt von den persönlichen Kunden-Daten speichert.

Wie soll es dann aber zu der beim Permission Marketing notwendigen Personalisierung kommen? Eine Lösung ist die anonymisierte Speicherung, bei der ohne Verletzung des geltenden Datenschutzes trotzdem auf diese Profile zugegriffen werden kann, um Kampagnen möglichst streuverlustarm zu realisieren.

Kosten für unterschiedliche Direkt-Marketing-Kanäle (Werte für klassisches Direkt-Mailing nach dem Direct Marketing Association Statistical Fact Book 1999, Werte für eMail und Banner von Forrester Research, Feb. 2000).

	klassisches Direktmailing an gekaufte Adressen	Banner-Anzeigen	eMail-Mailing an gemietete Adressen	klassisches Direktmailing an eigene Kunden	eMail-Mailing an eigene Kunden
Materialkosten je Tausend	$ 462	keine	keine	$ 462	keine
Adress-/ Schaltungskosten je Tausend	$ 118	$ 15	$ 195	keine	keine
Versandkosten je Tausend	$ 270	$ 1	$ 5	$ 270	$ 5
Gesamtkosten je Tausend	$ 850	$ 16	$ 200	$732	$ 5
Klickrate	entfällt	0,8 %	3,5 %	entfällt	10 %
Kaufrate	1,2 %	2,0 %	2,0 %	3,9 %	2,5 %
Kosten je Verkauf	$ 71	$ 100	$ 286	$ 19	$ 2

Während die Kosten für jeden Verkauf bei klassischen Direkt-Mailings und bei Banner-Anzeigen sehr hoch sind, läßt sich über eigene oder fremde eMail-Adressen sehr viel preiswerter Umsatz generieren.

Bei gemieteten eMail-Adressen handelt es sich um Anbieter, die einen Pool von qualifizierten eMail-Adressen verwalten, an die sie dann quasi wie ein Lettershop elektronische Mailings im Auftrag von Kunden versenden. Eine weitere Variante ist die Werbung in zielgruppenspezifischen Newslettern, die ebenfalls gute Werte hervorbringt.

Mit Abstand die preiswerteste Methode, den Umsatz zu steigern, sind jedoch eigene Kunden, die explizit ihr Einverständnis zum Erhalt von eMails gegeben haben. Diese Permission-based eMails errreichen oft sogar weitaus höhere Response-Raten als 10 %!

Wie Ihre Kunden jedes Produkt von Ihnen kaufen

Je besser Sie Ihre Kunden kennen, desto sicherer können Sie vorhersagen, wie diese Kunden auf Ihr Angebot reagieren werden. Wenn Sie Ihre Angebetete gut kennen, werden Sie recht bald wissen, welches der geeignete Zeitpunkt und welches der richtige Ort ist, um ihr das entscheidende Angebot zu machen.

Es gibt Angebote, die sind unwiderstehlich. Bei solchen Offerten ist Ihr Kunde froh darüber, daß er es mit einem so bequemen Medium wie dem Internet zu tun hat, wo zwischen der Kauf-Entscheidung und dem Kauf-Prozess nur ein einfacher Mausklick liegt.

Wenn Sie als Buchhändler wissen, was Ihre Kunden gerne lesen, können Sie Ihnen einmal die Woche ein einziges Angebot machen, das so gut, so persönlich und so relevant ist, daß Ihr Kunde nicht widerstehen kann. Nebenher sammeln Sie auch Erfahrungen darüber, welche Angebote beim wem besonders unwiderstehlich sind, um beim nächsten Mal noch besser zu werden. Kurz gesagt: Sie entwickeln eine „lernende Beziehung".

Nach einiger Zeit werden Ihre Kunden noch nicht einmal einen zweiten Mausklick benötigen, um süchtig zu werden! Holen Sie sich dazu die Erlaubnis, ihnen einmal im Monat ein besonders interessantes Angebot zu machen, das sie dann auch automatisch kaufen. Jeder Buchclub macht genau das Gleiche; Theater-Abonnements leben nach dem identischen Prinzip!

Viele Menschen sind übrigens durchaus froh, wenn ihnen jemand die Entscheidung abnimmt, was für sie das Richtige ist. Denn oft fehlt auch einfach die Zeit, sich mit all den unterschiedlichen Angeboten auseinanderzusetzen.

Und deshalb:

MACHEN SIE SICH ZUM BERATER IHRER KUNDEN. MACHEN SIE ANGEBOTE, DIE ERWÜNSCHT, PERSÖNLICH UND RELEVANT SIND!

Zusammenfassung von Kapitel 8: Dem richtigen Kunden zum richtigen Zeitpunkt das richtige Angebot!

Zunächst einmal haben Sie im Vorfeld Kundengruppen segmentiert, die ähnlich gelagerte Interessen und Bedürfnisse haben. Diese erhalten nun spezielle Kaufangebote genau in dem Moment, wo ein Bedarf entsteht.

So erhält ein Dachbesitzer nach einem Sturm ein gezieltes Angebot für Dachziegel von seinem Baumarkt. Ein Buchhändler kann die speziellen Buchwünsche seiner Stammkunden herausfinden und entsprechend aktuelle Neuerscheinungen bekanntgeben.

Durch den Aufbau einer lernfähigen Beziehung können Sie Ihren Kunden immer spezifischere Angebote unterbreiten. Je persönlicher diese Angebote gestaltet sind, desto höher die Kaufwahrscheinlichkeit. Ein entscheidender Vorteil von eMail liegt darin, dass ein Kunde, den ein Angebot interessiert, durch einen einfachen Mausklick ein Produkt auch bestellen kann.

Die Kosten für den regelmässigen Kontakt zum Kunden liegen weit unter denen traditioneller Direkt-Marketing-Werkzeuge. Druck-, Papier und Versandkosten entfallen im Vergleich zu Print-Mailings. Zudem sind die Response-Raten um den Faktor zehn höher als beim klassischen Direkt-Marketing.

Aber nicht nur die Klickrate ist höher, auch die Kaufrate ist aufgrund des bequemen Kaufvorgangs deutlich höher. Während bei klassischen Print-Direktmailings an bestehende Kunden mit einem Kosten-Aufwand von 19 US-$ je getätigtem Verkauf gerechnet wird, liegt dieser Wert im Fall von Permission-Based eMail bei nur zwei Dollar. Dies ist nur einer der Gründe dafür, dass sich dieses Medium im Moment rasant durchsetzt.

Glossar

Kleines Permission Marketing-Glossar

Einige kurze Erläuterungen zu den in diesem Buch verwendeten Fach-Begriffen, Methoden und Marketing-Instrumenten. Die folgenden Begriffs-Bestimmungen sind nur als erster, kurzer Einstieg in die Materie gedacht, ohne Anspruch auf erschöpfende Auskunft und Vollständigkeit.

AIDA
Diese Abkürzung erklärt, wie eine Werbebotschaft aufgebaut sein soll. Es sind die Anfangsbuchstaben der vier englischen Worte Attention (Aufmerksamkeit), Interest (Interesse), Desire (Wunsch, Begehren) und Action (Handlung). Im Direkt-Marketing bedeutet dies, zunächst einmal Aufmerksamkeit erregen, dann Interesse am Angebot wecken, dann das Verlangen danach wecken und schließlich zum Handeln auffordern.

Beziehungsmarketing
Marketingstrategie, bei der nach Möglichkeit langfristige Beziehungen zu Personen und Gruppen aufgebaut und gepflegt werden.

Business-to Business (B2B)
Geschäftstätigkeit eines Unternehmens, die sich bevorzugt an Unternehmen oder an Entscheider in Unternehmen wenden.

Business-to-Consumer (B2C)
Geschäftstätigkeit eines Unternehmens, die sich bevorzugt an private Endverbraucher als Konsumenten wendet.

Computer Aided Selling (CAS)
Verktriebsunterstützung durch Computer. Voraussetzung ist der Aufbau einer Datenbank, die alle verkaufsrelevanten Daten speichert. Diese Informationen sind während des Verkaufvorgangs verfügbar.

Closed Loop Marketing
Elektronische Medien bieten präzisere Meßmöglichkeiten. Dabei kann nicht nur das Antwort-Verhalten, sondern auch das Kaufverhalten als Reaktion auf eine spezifische Werbemaßnahme gemessen werden. Aus dem Kaufverhalten heraus läßt sich wiederum die folgende Marketingkampagne zielorientierter planen. So entsteht ein geschlossener Kreislauf von Wissen, das sich selbst erweitert.

Cross Selling
Verkauf von komplementären Produkten während oder im Anschluß an einen Verkauf. Dabei werden existierende Kunden-Kontakte zusätzlich genutzt, um auf kostengünstige Art weitere Verkäufe zu forcieren.

Customer Lifetime Value

Auch als Life Time Value bezeichneter „Lebenszeitwert", der den Gewinnbeitrag pro Kunde innerhalb der voraussichtlichen Dauer einer Kundenbeziehung abschätzt.

Customer Relationship Management (CRM)

CRM ist ein ganzheitlicher Ansatz zur Unternehmensführung. Er integriert und optimiert abteilungsübergreifend alle kundenbezogenen Prozesse in Marketing, Vertrieb, Kundendienst sowie Forschung & Entwicklung. Dies geschieht auf der Grundlage einer Datenbank mit einer entsprechenden Software zur Marktbearbeitung und anhand eines vorher definierten Verkaufsprozesses. Zielsetzung von CRM ist dabei die Schaffung von Mehrwerten auf Kunden- und Lieferantenseite im Rahmen von Geschäftsbeziehungen.

Customer Touchpoints

Berührungspunkte im Dialog mit den Kunden, an denen potentiell marketingrelevante Daten anfallen, die zur Optimierung des Angebots eingesetzt werden können.

Database

Im Direktmarketing Bezeichnung für Kunden- bzw. Werbedateien mit verkaufsrelevanten Daten, die eine gezielte und persönliche Ansprache des Empfängers möglich machen.

Database Marketing

Alle Marketingmaßnahmen, die sich auf Informationen aus einer Kundendatenbank (Database) stützen.

Dialog-Marketing

Direkt-Marketing-Strategie, bei der die Zielgruppe nicht nur direkt angesprochen, sondern zur unmittelbaren Antwort und zum Dialog mit dem Unternehmen aufgefordert wird; siehe auch „Response".

Direkt-Marketing

Direkt-Marketing umfaßt alle marktgerichteten Aktivitäten, die sich der direkten Kommunikation und/oder des Direktvertriebes bzw. des Versandhandels bedienen, um Zielgruppen in persönlicher Einzelansprache gezielt zu erreichen. Es umfaßt ferner solche marktgerichteten Aktivitäten, die sich einer mehrstufigen Kommunikation bedienen mit der Absicht, einen direkten, individuellen Kontakt herzustellen. (Dallmer: Handbuch Direktmarketing)

Erfolgskontrolle
Ein wichtiger Vorteil des Direktmarketing ist die Möglichkeit, den Erfolg einer Maßnahme präzise zu messen. Durch Codierung von Antwortformularen kann gemessen werden, wer auf welche Aktion reagiert hat. Noch präzisere Meßmöglichkeiten bieten elektronische Medien, wie eMail. Dabei kann nicht nur das Antwortverhalten, sondern auch das Kaufverhalten als Reaktion auf eine spezifische Werbemaßnahme gemessen werden. siehe Closed Loop Marketing.

Give-away
Geschenk, Zugabe oder Gratisleistung als Anreiz zur Bestellung oder Anforderung, die dem Werbemittel beigelegt wird. Der Einsatz von Give-aways erhöht in der Regel die Response-Rate.

Incentive
Ein Anreiz, der die Response-Rate steigern soll. Die kann als Reaktion der Kauf oder die Anforderung eines Produktes oder einer Dienstleistung sein oder auch nur ein einfacher Mausklick. Meistens werden Prämien, Give-aways oder Gewinnspiele eingesetzt.

Kunden-Datenbank
Kunden- bzw. Werbedateien mit verkaufsrelevanten Daten, die eine gezielte und persönliche Ansprache des Empfängers möglich machen.

Life Time Value
Auch als „Customer Lifetime Value" bezeichneter „Lebenszeitwert", der den Gewinnbeitrag pro Kunde innerhalb der voraussichtlichen Dauer einer Kundenbeziehung abschätzt.

Mailing
Adressierte Werbesendung, die an ausgewählte Empfänger gesandt wird. Meist besteht ein Mailing aus einem Umschlag, einem Anschreiben einem Prospekt und einem Response-Element.

One-to-One-Marketing
One-to-One-Marketing ist eine Strategie, um den Geschäftserfolg zu verbessern, indem unterschiedliche Kunden auch unterschiedlich behandelt werden. Hierzu wird das dazu notwendige Wissen systematisch in einer komplexen Datenbank gesammelt beziehungsweise aus mehreren Datenbanken zusammengezogen und zielgerichtet ausgewertet.

Permission Marketing
Permission Marketing ist eine auf dem Einverständnis des Empfängers basierende Direkt-Marketing-Strategie. Mit interaktiven Kommunikationstechnologien - vorwiegend eMail - werden Nachrichten versandt, die ausdrücklich erwünscht sind. Die Erlaubnis dazu kann vom Empfänger jederzeit widerrufen werden. Ziel des Permission Marketing ist es, eine nachhaltige Beziehung aufzubauen, indem - im Einverständnis mit dem Empfänger - Wissen über diesen gesammelt wird, um damit Angebote zu personalisieren.

Personalisierung
Die Herstellung eines persönlichen Version einer Botschaft an einen Kunden. Dies kann ein persönliches Anschreiben, eine persönliche eMail, aber auch ein persönlich zusammengestellter Katalog oder eine entsprechende Webseite sein. In der einfachsten Form wird Personalisierung durch Einfügen einer Adresse und einer Anrede in einen Serienbrief erreicht.

Recommendation Engine
Ein Software-Programm, das Kunden-Wünsche sammelt und diese dann als Empfehlungen an andere Kunden weitergibt. Dabei wird eine Wissensbasis aufgebaut, die eine stärkere Personalisierung von Angeboten erlaubt.

Response
Der Rücklauf, der auf eine Direktwerbe-Aussendung beim Absender eingegegangen ist. Die unmittelbare und direkte Erfolgskontrolle ist neben der individuellen Zielgruppen-Ansprache der entscheidende Vorteil von Direktwerbung gegenüber klassischer Werbung. Response im Internet geschieht durch den Mausklick auf einen Hyperlink, ein meist unterstrichener, interaktiver Textbereich.

Response-Element
Komponente eines Mailings, mit dem der Mailing-Empfänger reagieren kann (z.B. Antwortkarten, Coupon, Hyperlink).

Robinson-Liste
Adreßliste, in die sich jeder aufnehmen lassen kann, der keine Direktwerbung von Unternehmen erhalten möchte, zu denen keine Kundenbeziehungen bestehen. Diese Liste wird vom Deutschen Direktmarketing Verband (DDV), Wiesbaden, geführt.

Unique Selling Proposition (USP)
Der USP beschreibt die Einzigartigkeit eines Verkaufsangebots. Der Begriff bezeichnet die Eigenschaft eines Produktes, durch die es sich von Wettbewerbsprodukten unterscheidet.

Praxis-Check-listen

Sofort einsetzbar, kopierfertig ...
... oder bequemer per Download
unter www.torstenschwarz.de

Seite 305

Was sind die Ziele Ihres eMail-Newsletters?

Welche Zielgruppen sprechen Sie an?		
❑ Privatkunden	❑ Geschäftskunden	❑ Behörden
❑ Großunternehmen	❑ Mittelstand	❑ Home Office
❑ Bewerber	❑ Presse	❑ Investoren

Priorität Ihrer Ziele ❑❑❑ = unwichtig-egal-wichtig	derzeit	in Zukunft
Image verbessern	❑❑❑	❑❑❑
Bekanntheitsgrad erhöhen	❑❑❑	❑❑❑
Neue Märkte, Geschäftsfelder, Zielgruppen erschließen	❑❑❑	❑❑❑
Gewinnung neuer Kunden	❑❑❑	❑❑❑
Kosten sparen	❑❑❑	❑❑❑
Absatzmenge, Umsatz, Marktanteil steigern	❑❑❑	❑❑❑
Neue Dienstleistungen anbieten	❑❑❑	❑❑❑
Kundenzufriedenheit erhöhen	❑❑❑	❑❑❑
Kundenkontakt/Kundenbindung intensivieren	❑❑❑	❑❑❑
Mehr Service bieten	❑❑❑	❑❑❑
Schnelleren Service bieten	❑❑❑	❑❑❑
Marktforschung: Kundenwünsche kennenlernen	❑❑❑	❑❑❑
Marktforschung: Trends frühzeitig erkennen	❑❑❑	❑❑❑
Analyse von Nutzergruppen, Segmentierung	❑❑❑	❑❑❑
Generierung von Adressen	❑❑❑	❑❑❑
Firmenwert erhöhen	❑❑❑	❑❑❑
Marketingkosten reduzieren	❑❑❑	❑❑❑
Vertriebskosten reduzieren	❑❑❑	❑❑❑

Wie gewinnen Sie eMail-Adressen?		derzeit	in Zukunft
Formulare	Auf allen unseren Adressformularen gibt es ein Feld für die eMail-Adressen	○	○
Website	Auf unserer Website ist ein Eingabefenster für die eMail-Adresse. Das Fenster ist permanent auf allen Seiten sichtbar	○	○
Mailing	Wir versenden Mailings, in denen wir unsere Kunden auffordern, uns Ihre eMail-Adresse zu senden.	○	○
Kaufen	Wir ergänzen die Adressen bereits bestehender Kunden durch Zukauf der eMail-Adresse bei Adressanbietern.	○	○
Telefon	Wir erfragen E-Mail Adressen telefonisch	○	○
Anzeigen	Wir schalten Anzeigen, in denen wir zum Einsenden von eMails auffordern	○	○
Sammeln	Wir suchen systematisch auf Visitenkarten, Webseiten, Geschäftkorrespondenz, eMails, Briefköpfe, Faxe, Geschäftstermine, Prospekte, Messen, Kundenzeitungen	○	○

eMail-Adressen ohne die Einwilligung des Empfängers, auch per eMail kontaktiert zu werden, sind wertlos. Folgende Möglichkeiten haben Sie, um die Einwilligung einzuholen:

Mailing + Faxantwort	○	senden Sie ein Postmailing, das die Vorteile des Mediums eMail anpreist und dem ein Fax-Antwortschein beiliegt, auf dem Kunden ihre eMail-Adresse angeben. Vorteil für Sie: Sie haben das Einverständnis schriftlich.
Mailing + Webformular	○	senden Sie ein Postmailing, das die Vorteile des Mediums eMail anpreist und auf dem der Hinweis auf ein Formular im WWW steht, auf dem Kunden Ihren eMail-Newsletter abonnieren können. Vorteil für Sie: wenig Aufwand für Sie, keine falsch geschriebenen eMail-Adressen.
Faxmailing	○	senden Sie ein Faxmailing, das die Vorteile des Mediums eMail anpreist. Rest wie bei 1 und 2. Vorteil für Sie: preiswerter Versand.
eMail + Opt-In	○	senden Sie ein Mailing per eMail, das die Vorteile des regelmäßigen Newsletters anpreist und bieten Sie per „Opt-In" die Möglichkeit zum Abonnement des Newsletters. Nachteil: Sie haben nicht alle eMail-Adressen.
eMail + Opt-Out	○	senden Sie ein Mailing, per eMail, das den Kunden freudig als Abonnenten des neuen Newsletters begrüßt und bieten Sie per „Opt-Out" die Möglichkeit, das Zwangs-Abonnement des Newsletters wieder zu kündigen. Nachteil: Sie haben nicht alle eMail-Adressen und manche Kunden reagieren verärgert auf das ungefragte Versenden.

Wofür geben Ihre Kunden ihre eMail-Adresse: Motivatoren Mit welchen Argumenten können Sie Ihre Kunden und Interessenten dazu bewegen, sich via eMail informieren zu lassen? Womit bieten Sie Ihren Kunden einen echten Mehrwert? **Trifft dieser Nutzen für Ihre Kunden zu?**	nein - ja
Sie werden früher informiert als auf klassischem Wege	❑❑❑❑❑❑
Sie erhalten personalisierte Nachrichten, bei denen Sie selbst wählen können, welches Thema für Sie relevant ist	❑❑❑❑❑❑
Sie erhalten ausgewählte Angebote, bei denen Sie mit einem einfachen Mausklick bequem bestellen können	❑❑❑❑❑❑
Sie sind jederzeit informiert über aktuelle Neuigkeiten	❑❑❑❑❑❑
Sie erhalten alle Informationen bequem in digitaler Form, ersparen sich die Papierablage und finden das Gesuchte schneller	❑❑❑❑❑❑
Sie erhalten Produktinformationen sofort mit angehängten PDF-Dokumenten	❑❑❑❑❑❑
Sie werden ständig über Ihren Liefer- bzw. Bestellstatus auf dem Laufenden gehalten	❑❑❑❑❑❑
Sie erhalten regelmäßig interessante Surftipps unserer Mitarbeiter	❑❑❑❑❑❑
Sie werden sofort benachrichtigt bei Produkt-Änderungen oder -Neuheiten	❑❑❑❑❑❑
Wir informieren Sie über aktuelle Trends	❑❑❑❑❑❑
Sie erhalten jeweils aktualiserte Software-Updates bequem mit Hyperlink zum Downloaden	❑❑❑❑❑❑
Sie dürfen an unseren beliebten Online-Befragungen teilnehmen	❑❑❑❑❑❑
Sie erhalten exklusive Informationen, noch bevor die Presse davon erfährt.	❑❑❑❑❑❑
Sie werden rechtzeitig an Ihre Wartungstermine erinnert und kommen dann bequem per Hyperlink zur Terminreservierung.	❑❑❑❑❑❑
Sie erhalten bequemen Zugriff auf unsere Datenbanken, ohne dass Sie sich umständlich mit Nutzerkennung und Passwort legitimieren zu müssen.	❑❑❑❑❑❑
Sie werden vorab über unsere Veranstaltungen informiert, damit Sie sich die besten Plätze sichern können.	❑❑❑❑❑❑
Sie erhalten einen Treue-Rabatt.	❑❑❑❑❑❑

Wofür geben Ihre Kunden ihre eMail-Adresse: Incentivierung

Sie sparen durch die eMail-Kommunikation Kosten. Geben Sie die Ersparnis doch weiter: Mit welchen Gratisangeboten könnten Sie Ihre Kunden und Interessenten dazu bewegen, sich via eMail informieren zu lassen?

bitte kreuzen Sie an, welche Gratisangebote für Ihre Kunden verlockend sind:

Beratung:	Expertenrat	Persönlichkeitstest
wertvolle Tipps	Checklisten	Typ-/Farb-Beratung
automat. Online-Check	Benimm-Regeln	Mode-Tipps
Bedarfsanalyse	Einrichtungstipps	Astrologie

Information:	Begriffserläuterungen	Themen-Broschüren
Insider-Informationen	Lexikon/Glossar	Tipps zum Reden halten
Dokumentationen	Datenbank-Zugriff	Mitgliederzeitschriften
Anwenderberichte	Anekdoten-Sammlung	Baufinanzierungstipps
Geldanlagetipps	Zitate-Sammlung	Telefonnummern
Spartipps	Kinoprogramm	Veranstaltungstipps

Digitale Produkte:	Digitale Postkarte	Grafiken, Bilder, Fotos
PDF-Dokumente	Bildschirmschoner	Videos, MP3-Audio
Basis-Software	gratis Domain-Name	Berechnungsprogramm
Spiele (Moorhuhn)	Treiber-Bibliothek	Präsentationen
Physische Produkte:	Spiele	Mini-Datenbank
wertvolle CD	Terminplaner	Batterie-Tester
Armbanduhr	Telefonkarte mit Foto	Handy
Produktproben	Versandkataloge	Spezialwerkzeug

Exklusive Angebote:	Gewinnspiele	kostenlose Eintrittskarte
Treuerabatt	Autogrammkarten	Talkshow-Teilnahme
Aktienoptionen	Backstage-Pass	Clubangebote
Veranstaltungsteilnahme	Schulung/Seminar	Kundenkarten
Verlosung	Sonderreise	Treffen mit Welt-Stars

Vorab-Angebote:	Sonderangebote sofort	früherer Einlass bei SSV
Exklusiv-Informationen	Event, Messe, Auktion	bevorzugte Behandlung
Infos vor der Presse	Digitales Ticket	

Anlässe für Mailings

bitte kreuzen Sie an, welche Anlässe für Sie geeignet sind, ein Mailing durchzuführen

Events:	Betriebsführung	Betriebsfest
Fachvortrag	Kundenseminar	Messe
Produkt-Präsentation	Tag der offenen Tür	Vorführung
Wettbewerb		
Aktionen:	Beratungs-Gutschein	Gewinnspiel
Gutschein-Aktionen	Meinungsumfrage	Preisausschreibung
Testtage	Weiterempfehlungsaktion	Werbegeschenke
Wettbewerb		
Serviceverbesserung:	Bonus-System	Computerberatung
besseres Web-Angebot	Einkauf per Telefon	Garantieleistung
Online-Beratung	Inzahlungnahme	Probe im Geschäft
Info-Dienst	Rabatt	Zahlungsziel verlängert
Prüf-vor-Kauf zuhause	Zahlungserleichterung	Computerentwurf
Sonderangebote:	Frühbucher-Rabatt	Preise wie früher
Preis-Garantie, zeitliche	neue Preisliste	Saisonangebote
Subskription		
Datum:	Geschäftsjubiläum	Kommunion
Konfirmation	persönliche Jubiläen	Rückruf-Aktion
Geburtstag		
Ankündigungen:	Betriebs-Urlaub	Neuheiten
neue Telefonnummer	Preiserhöhung	Preissenkung
Produktverbesserung	neue Ansprechpartner	
Informationen:	Neuer Katalog	Newsletter
Pressemitteilung	Neuer Prospekt	Umzug
Vorstellung Produkte	Neue Mitarbeiter	neue Website
Wirtschafts-Information		
Saisonale Anlässe:	Aschermittwoch	Einkochen, Einkellern
1. Advent	1. Mai	Fastenzeit
Ferienbeginn	Frühjahrsputz	Frühlingsanfang
Geburtstag	Jahreswechsel	Mittsommernacht
Namenstag	Neujahr	Nikolaus
Ostern	Pfingsten	Ramadan
Silvester	Sommeranfang	Sommerschlussverkauf
Valentinstag	Weihnachten	Winter-Reisen
Wintersportsaison	Winterschlussverkauf	
Stammkunden:	Incentives	Treuegeschenk
Werbeprämie		
Einzelmails:	Begrüßung Neukunden	Dankeschön für Treue
Dankeschön für Kauf	Dank Weiterempfehlung	Geburtstag
Kundenjubiläum	Rückruf-Aktion	Status-Information

Welche Inhalte füllen Ihren Newsletter?

Die Qualität und nicht die Masse der Informationen in einem Newsletter entscheidet darüber, ob Ihre Leser nicht abbestellen.

1) bitte kreuzen Sie an, welche Partner Ihnen eventuell Inhalte liefern könnten:
2) bitte kreuzen Sie an, welche Quellen Ihnen wertvolle Informationen liefern könnten:
3) bitte kreuzen Sie an, welche Informationen für Ihre Kunden relevant sind:

1)		PR/Marketing-Abteilung		Unternehmensberater		Universitäten/Schulen
		Freie Autoren		Trendforscher		Verbände
		Fach-Redaktionen		Fachreferenten		Händler / Hersteller
		Lokalredaktionen		Verlage		Partnerunternehmen
		befreundete Redakteure		Universitätsmitarbeiter		Meinungsführer
2)		Geschäftsberichte		Studien		Fachzeitschriften
		Pressemitteilungen		Marktforschungsbericht		Kundenzeitungen
		Intranet		Patentrecherchen		Online-Datenbanken
		Produkt-Prospekte		Diplomarbeiten		Suchmaschinen
3)		**Tagesaktuell**		Partnermeldungen		Aktienmarkt
		Branchenmeldungen		Warnungen (z.B. Viren)		Börsentipps
		Gerichts-Urteile		EU-Rechtsprechung		Tageskurse
		neue Verordnungen		EU-Richtlinien		Umfragen
		Produkte		Neueinführungen		Schnäppchen
		Sonderangebote		Restposten		Sommerschluflverkauf
		neue Features		Testimonials		Komplementärprodukte
		Verbesserungen		Kunden präsentieren		Zubehör
		Anwenderberichte		Problemlösungen		Spartipps
		Interna		Saison-Highlights		Jubiläen
		neue Mitarbeiter		neue Vertriebsstruktur		Zweigstellen
		neue Telefondurchwahl		Online-Bestellungen		Zweigstellen
		Events		Messeplan/Hallenplan		Terminkalender
		Messen/Kongresse		Anfahrtskizze / Tipps		Verbandssitzungen
		Arbeitskreise		Online-Expertenchat		Branchentermine
		Fachtagungen		Seminarangebote		Kundentag / Roadshow
		Externe Themen		Expertenmeinungen		neue Technologien
		Branchenklatsch		zu aktuellen Fragen		Themen von Lesern
		Trends		geänderte Vorschriften		neue Software
		Lesetipps		Neuerscheinungen		Links zu Websites
		Artikel in Zeitschriften		Buchbesprechungen		neue Software
		Bestsellerlisten		Literaturtipps		Online-Expertentreffs
				Wissenschaftsreport		Buchtipp von Kunden
		Individuelle Inhalte		Tracking-Meldungen		individuelle Statistiken
		Statusmeldungen		Datenbankabfragen		Kontoauszug
		Auftragsstatus		Miles&More-Status		Wartungs-Intervalle
		Bestellübersicht		Terminerinnerung		Profil-Eigenschaften

Regeln für erfolgreiche eMails

relevant, interessant, nutzenorientiert, persönlich: eMails können jederzeit abbestellt werden. Um das zu verhindern, muss der Inhalt relevant, interessant, nutzenorientiert und persönlich sein.

kurz, prägnant, präzise: eMails werden schnell gelesen. Deshalb kurze Sätze verwenden, in denen sofort präzise der wesentliche Kundennutzen erläutert wird.

Inhalt statt Layout: Standard-eMail-Programme erkennen keine Layout-Funktionen. Die minimalen Gestaltungsmöglichkeiten erfordern umso mehr Aufwand beim Texten.

Betreff mit Kundennutzen: Die Betreffzeile entscheidet darüber ob eine eMail geöffnet wird. Daher sollte der Kundenutzen deutlich erkennbar sein und neugierig darauf machen, die Mail zu lesen.

Persönlich statt Standardmail: Via eMail ist es einfacher, an unterschiedliche Kundensegmente unterschiedliche Mailings zu versenden. Nutzen Sie die Chance zur Personalisierung.

Adressenverwendung: Haben Sie Ihren Kunden gesagt wozu Sie ihre Adresse verwenden?

Zustimmung: Haben die Empfänger Ihres eMail-Newsletters diesem Abonnement explizit zugestimmt?

Fremdeintrag: Verhindern Sie, dass jemand ungefragt Ihren Newsletter erhält, weil ein anderer seine Adresse eingetragen hat?

Abbestellung: Deutlich sichtbare Möglichkeit mit einer einfachen Prozedur?

Personalisierung: Sind Ihre Nachrichten persönlich auf den Empfänger zugeschnitten?

Relevanz: Sind Ihre Nachrichten für den Empfänger wichtig und relevant?

Selbstbestimmung: Kann Ihr Empfänger z. Bsp. selbst Frequenz und Themen einstellen?

Datenschutz: Sagen Sie deutlich, welche Daten Sie zu welchem Zweck speichern?

Persönliche Anrede	Wichtiges am Anfang	Sie - Ansprache
wichtigstes Argument im Betreff oder erstem Absatz	Kurze Sätze - maximal 10 Worte	Substantive durch Verben ersetzen
Verständlichkeit: „Hausmeistertest"	Aktion: sagen Sie dem Leser, was er tun soll	Rechtschreibfehler: Prüfprogramm und gegenlesen
Füllworte entfernen	Hyperlinks auf Detailinhalte	Kontaktdaten am Ende der Mail/ Impressum
Hyperlink auf Formular zum Abbestellen	Auswahl HTML/Textmail zum Abbestellen	Möglichkeit zum Weiterempfehlen

Textmails	Absätze maximal 5 Zeilen	keine GROSSBUCHSTABEN
Zeilenlänge maximal 70 Zeichen	Keine Tabellen mit Leerzeichen "basteln"	Spiegelstriche zur Auflockerung verwenden

HTML-Mails	Layout der Website übernehmen	Schriftgrösse mindestens 11-Punkt
Standard-Schriftarten: Times, Arial	Hintergrund hell, damit ausdruckbar	Kontrast Hintergrund/ Schrift ausreichend

Technik	keine Adressen im CC-Feld	keine Attachments
Response auf Hyperlinks messen	Archiv alter Newsletter	